Führen und Meditieren

Führen und Meditieren

Aufbruch in ein neues Bewusstsein

Hans Wielens (Hrsg.)

PETER LANG

Frankfurt am Main · Berlin · Bern · Bruxelles · New York · Oxford · Wien

Bibliografische Information Der Deutschen Bibliothek
Die Deutsche Bibliothek verzeichnet diese Publikation in der
Deutschen Nationalbibliografie; detaillierte bibliografische
Daten sind im Internet über <http://dnb.ddb.de> abrufbar.

Gedruckt auf alterungsbeständigem,
säurefreiem Papier.

ISBN 3-631-50519-1

© Peter Lang GmbH
Europäischer Verlag der Wissenschaften
Frankfurt am Main 2003
Alle Rechte vorbehalten.

Printed in Germany 1 2 3 4 5 6 7

www.peterlang.de

Vorwort

Dieses Buch ist den Orientierung suchenden Führungskräften gewidmet.
Denjenigen Führungskräften, die spüren, daß sie trotz all ihrer Macher-
qualitäten kurzatmig geworden sind, daß sie schnell außer sich geraten
und daher in sich gehen, zu sich kommen möchten. Führungskräften, die
merken, daß die tägliche Hektik nicht nur aus den schneller gewordenen
Veränderungen erwächst, sondern daß sie selbst dazu beitragen, Hektik
zu verbreiten, den Veränderungsursachen nicht mehr genügend auf den
Grund zu gehen und daß sie mit all ihrer Schnelligkeit vieles gar nicht
mehr mitbekommen, wichtige Aspekte gar nicht mehr spüren und erfassen, weil sie nicht mehr zuhören können, Widersprüche kaum noch ertragen können, was mit der Gefahr verbunden ist, daß ihnen das Gespür für
die wirklichen Trends abhanden kommt. Das Buch ist den Führungskräften gewidmet, die merken, daß sie nicht mehr das sagen, was sie denken, und nicht mehr das tun, was sie sagen, und die anfangen zu begreifen, daß sie sich so nicht mehr treu bleiben, daß sie nicht mehr authen-
tisch sind und an Glaubwürdigkeit verlieren. Es ist denen gewidmet, die
merken, daß sie sich nicht mehr allein auf ihre Ratio verlassen können
und eine Führungskraft aus mehr besteht als aus Verstand, Fachkompetenz, Disziplin und Ehrgeiz und daß eine Führungskraft letztlich nur dann
dauerhaft erfolgreich sein kann, wenn sie sich selbst führen kann, wenn
sie einen funktionierenden inneren Kompaß besitzt, in ein Gleichgewicht
kommt, sich konzentrieren, aber auch entspannen kann und wenn Lebensqualität für sie nicht zu einem Fremdwort wird.

Das Buch ist den Verantwortlichen für die Personalentwicklung gewidmet, die erkennen, daß es nicht ausreicht, die Führungskräfte noch
stärker einseitig mit Sach- und Fachkenntnissen voll zu stopfen und ihr
technisches und kaufmännisches Know How zu erweitern, sondern daß
es gilt, die richtigen Rahmenbedingungen in den Unternehmen zu schaffen, um das Orientierungsvermögen, die Entwicklung der Persönlichkeit
und die Führungskompetenz der Führungskräfte zu stärken und wieder
ins Bewußtsein zu rufen, daß der Erfolg der Mitarbeiterführung zunehmend davon abhängig wird, ob es der Führungskraft gelingt, die individuell sehr unterschiedlichen Fähigkeiten der Mitarbeiter zu erkennen, auf sie
individuell einzugehen, all ihre Kreativität, all ihre Begeisterungsfähigkeit
und ihr Engagement zu wecken, um die in ihnen steckenden Potenziale
voll zur Entfaltung zu bringen.

Das Buch ist all den Unternehmensleitern gewidmet, die anfangen zu erkennen oder die bereits erfahren haben, daß die in einer Orientierungskrise befindlichen Führungskräfte sich zu einer gefährlichen Schwachstelle für ihr ganzes Unternehmen entwickeln können und daß sie als Unternehmensleiter daher gefordert sind, nicht nur nach neuen Werten zu rufen, diese von den Führungskräften zu fordern, sondern, daß sie selbst neue Wege zu beschreiten haben, um die qualitative Substanz ihrer Führungskräfte zu erhalten. Es gibt bereits eine Reihe von Unternehmensleitern, denen spirituelle Bedürfnisse ihrer Führungskräfte nicht mehr suspekt sind und die sich mit den Ursachen der psychosomatischen Erkrankungen ihrer Führungskräfte offen und konstruktiv auseinandersetzen und die wissen, daß sie ein ungeheures Leistungspotenzial in ihren Führungskräften wecken können, wenn sie ihnen behilflich sind, den Weg nach innen nicht mehr länger als Spinnerei abzutun. Noch sind diejenigen Unternehmensleiter in der Minderheit, die die Botschaft eines erfolgreichen Unternehmerlebens verinnerlicht haben, nämlich die Botschaft von Reinhard Mohn „Menschlichkeit gewinnt – Eine Strategie für Fortschritt und Führungsfähigkeit", ein Titel, mit dem er seine Führungs- und Organisationsphilosophie beschrieben hat.

Das Buch kann nützlich sein für jeden, der nicht mehr daran glaubt, daß sich durch Sollen und Müssen, durch Gebote und Verbote die gegenwärtige Orientierungskrise meistern und die Führungsqualität verbessern läßt. Es kann nützlich sein für diejenigen, die von den Institutionen und Religionen kaum noch nachhaltige, die Menschen der Gegenwart bewegende Orientierungsimpulse verspüren, weil diese selbst sich in einer Glaubwürdigkeitskrise befinden. Wenn somit nicht zu erwarten ist, daß eine äußere Autorität neue Orientierung zu geben vermag und den richtigen Weg weisen kann, so wird es um so wichtiger, sich wieder darauf zu besinnen, daß es seit Menschengedenken einen unbestechlichen Wegweiser gibt, nämlich den der eigenen inneren Stimme. Das allerdings nur dann, wenn man bereit ist, wieder die Stille und Ruhe einkehren zu lassen, um die innere Stimme wieder hören zu können. Dazu vermag Meditation eine gute Hilfe zu bieten, und das Hören auf die eigene innere Stimme kann dann möglicherweise zu einem Aufbruch in ein neues Bewußtsein führen.

Schließlich ist das Buch allen Führungskräften gewidmet, die wieder jung werden möchten; jung im Sinne von Albert Schweitzer:

Du bist so jung wie Deine Zuversicht,
So alt wie Deine Zweifel,
So jung wie Dein Selbstvertrauen,
So alt wie Deine Furcht,
So jung wie Deine Hoffnung,
So alt wie Deine Verzagtheit.

Niemand wird alt, weil er eine Anzahl Jahre hinter sich gebracht hat,
man wird nur alt, wenn man seinen Idealen Lebewohl gesagt hat. Mit den
Jahren runzelt die Haut, mit dem Verzicht auf Begeisterung aber runzelt
die Seele. Sorgen, Zweifel, Mangel an Selbstvertrauen, Angst und Hoff-
nungslosigkeit, das sind die langen Jahre, die das Haupt zur Erde ziehen.

Ob siebzig oder siebzehn, im Herzen eines jeden Menschen wohnt die
Sehnsucht nach dem Wunderbaren, das erhebende Staunen beim Anblick der Sterne und der kleinen Dinge, das furchtlose Wagnis, die uner-
sättliche kindliche Spannung auf den gegenwärtigen Augenblick und auf
die Vielfalt der in ihm steckenden Möglichkeiten. So lange die Botschaft
der Schönheit, Freude, Kühnheit und Größe das menschliche Herz erreicht, so lange ist man jung.

Was hat das alles mit Führung und mit Meditation zu tun? Die Zen-
Akademie für Führungskräfte arbeitet seit Jahren an diesem Thema. In
dem jetzt vorgelegten Buch werden die wichtigsten Zusammenhänge und
Erkenntnisse veröffentlicht. Ob Sie selbst, verehrte Leserinnen und Leser,
davon profitieren können, vermag ich nicht zu sagen. Prüfen Sie unvoreingenommen, gehen Sie auf eine Entdeckungsreise und finden Sie Ihre
Antwort.

Mein herzlicher Dank gilt allen Persönlichkeiten, die an der Erarbei-
tung dieser Ergebnisse mitgewirkt haben, und vor allem denjenigen Unternehmensleitern und Zen-Lehrern, die einen Beitrag geschrieben haben.

Sao Rafael, Juni 2002
Hans Wielens

(www.zen-akademie.org)

Inhaltsverzeichnis

1. Warum Zen-Meditation für Führungskräfte?

Das gegenstandslose Meditieren ermöglicht eine deutlichere Konfrontation mit der eigenen inneren Welt. Für Führungskräfte ist das ebenso notwendig, wie das Zuhören oder Argumentieren zu erlernen.

Ich habe die Erfahrung gemacht, daß nur derjenige, der sich in seiner Persönlichkeit verändert, auch sein Handeln dauerhaft ändern kann. Das konventionelle Managertraining konditioniert nur Verhalten.

Deshalb ist es wirkungslos. Der kontemplierende Mensch fühlt sich plötzlich mit dem Ganzen – auch mit seinen Mitmenschen – auf eine völlig neue Weise verbunden. Im Laufe eines solchen Prozesses verändern viele Chefs – fast automatisch – ihren Führungsstil, lassen sich ganz anders auf Beziehungen ein und gewinnen eine vorher nie gekannte authentische soziale Kompetenz.

Baldur Kirchner

Wer Schlag auf Schlag Karriere macht, glaubt gern, daß er alles bekommen kann, was er haben will. Er merkt gar nicht, wie er gehabt wird vom Erfolg, von der Macht, vom Geld und von den anderen, die ihn für ihre Zwecke instrumentalisieren.

Erhard Meyer Galow

Gesundheit, die mehr ist als die bloße Abwesenheit von Krankheit, heißt Beziehung zu den Dingen und zur Natur und zu den Menschen haben, auch zur eigenen Leiblichkeit, Geschmack am Leben finden, am Essen, die Sinne öffnen. Achtsam umgehen mit sich und den anderen und mit allen Dingen und mit allem, was man tut. Meditation ist kein Rückzug, sie führt nicht weg von der Welt, sondern auf sie zu. Meditation erdet und gibt Boden unter den Füßen. Offenbar ist die Zen-Meditation daher für Wirtschaftsleute besonders attraktiv.

Jesuitenpater Nikolaus Brantschen

Was wegfällt, ist die innere Abhängigkeit. Man ist nicht mehr auf die Erfolgserlebnisse angewiesen. Aber ein Manager wäre doch kein Manager, wenn er nicht Lust auf Erfolg hätte.

Roland Rapp

Viele Führungskräfte verspüren eine große innere Unruhe. Sie glauben, daß ihr Organismus das Tempo auf der Überholspur, das der permanente Umbau der Unternehmen von ihnen fordert, klaglos mitmachen muß. Zum anderen erlebe ich bei vielen Führungskräften immer deutlicher so etwas wie Gewissensangst – ein neues Phänomen. So wie sie selber oft heute noch nicht wissen, was sie morgen machen müssen, können sie auch ihren Mitarbeitern keine Berechenbarkeit mehr zusichern. Sie glauben deshalb im tiefsten Innern, ihre Leute zu belügen, wenn sie von denen die Loyalität fordern, die sie selber nicht anbieten.

Prof. Horst Eberhard Richter

Leistungsträger neigen dazu, ihre Angst zu verdrängen und sie unbewußt an andere weiterzugeben. Sie machen ihren Mitarbeitern Druck, kontrollieren sie im Übermaß und verbreiten dabei die Verunsicherung und Spannung, die sie für sich unterdrücken.

Prof. Horst Eberhard Richter

Der Mensch unserer Zeit spürt das innere Ungenügen der ihn bestimmenden weltlichen Ordnungen. Aus seinem wahren Wesen leidet er tiefer darunter, daß die Herrschaft der Formen des Denkens und Wirkens, mit denen er sein Leben in der Welt meistert, sein inneres Leben aushöhlt. Sich selber entfremdet, stockt sein innerer Atem. Schuldgefühle und Angst beherrschen ihn. Er weiß nicht warum und sucht den Ausweg. Zen rührt in uns das Eigentliche an, das als das ewig verwandelnde, erlösende und schöpferische Leben vor keinem Gewordenen halt macht und in keine feste Form gebannt werden kann. Zen schlägt die Tore auf ins Freie.

Nähert man sich Zen als vorurteilslos Suchender, kann man erfahren, das Zen nicht nur Östliches ist, sondern in seiner Weise ausspricht, was auch die großen Geister des Abendlandes gewußt und auch gelehrt haben und was immer der schöpferisch erneuernde Urquell des Lebens war.

Karlfried Graf Dürckheim

Zen ist Ermutigung, seine eigene Wesensart zu ahnen und zu verwirklichen. Der Geist des Zen-Praktizierenden ist leer, frei von Verhaltensweisen der Erfahrung und Routine, bereit anzunehmen, zu zweifeln, offen gegenüber allen Möglichkeiten. Es ist die Geistesart, welche die Dinge sehen kann, wie sie sind, die Schritt für Schritt das ursprüngliche Wesen eines jegliches Dinges erkennen kann.

Shunryu Suzuki

Je mehr der Mensch seine Eigenständigkeit auf seine natürlichen Kräfte, insbesondere auf seine rationalen Gaben und auf sein technisches Wissen gründet, um so mehr wird er versucht sein, jede überweltliche göttliche Instanz als einem Kinderglauben zugehörig abzulehnen. Je mehr er sich aber auch in seiner Innerlichkeit von einer solchen trennt, um so sicherer wird sie ihn jenseits aller religiösen Begriffe und trotz aller Rationalität früher oder später, ob er will oder nicht, heim-suchen.

Karlfried Graf Dürckheim

In unübersichtlichen Zeiten ist es das oberste Gebot, Gefühle zu reflektieren und die innere Balance zu finden. Wer seine natürlichen Angstgefühle als Führungskraft in neuen Situationen unterdrückt, neigt zu vorschnellen Entscheidungen. Er sucht nach bekannten, einfachen Lösungen und/oder Personen, die ihm subjektive Sicherheit geben und die Komplexität der Situation scheinbar verringern. Gerade in angespannten Situationen ist es aber notwendig, sich bewußt mental zu stabilisieren, um die eigenen Problemlösungsfähigkeiten zu verbessern, Zeit für Reflexion zu gewinnen.

Hans Wielens

Angst tötet Energie, sie kann krank machen oder abhängig von Tabletten und Alkohol, wenn man es nicht schafft, mit ihr umzugehen. 18 Mrd. DM kosten die Wirtschaft allein die durch Angst verursachten Fehlzeiten jährlich. Die Leistungseinbußen belaufen sich – gemessen an den ausgezahlten Bruttolöhnen – auf jährlich 70 Mrd. DM. Viele Firmen haben inzwischen verstanden, daß sie für die Befürchtungen ihrer Mitarbeiter sensibler werden müssen.

Prof. Winfried Panse

Wenn es Führungskräften nicht gelingt, in turbulenten Situationen die innere Balance zu finden, eigene Gefühle und Handlungsschemata zu erkennen und zu verarbeiten und dabei offen zu sein für eine reflektierte Selbstveränderung, verlieren sie langfristig ihre eigentlichen innovativen Problemlösungskompetenzen. Wenn sie aber ihre Balance finden, werden sie auch seltener unbeherrscht reagieren und können für ihre engsten Mitarbeiter ein wirkliche Vorbildwirkung haben.

Siegfried Greif u. Hans-Jürgen Kurtz

Der Mensch wird nicht von Instinkten geleitet, sondern von den „Metawerten". Die Kraft, die aus dem Inneren kommt, hat eine teleologische Funktion, d.h. sie ist gerichtet. Sie ist die Grundkraft der ganzen evolutionären Bewegung in unserer

Welt. Wer den Weg der Kontemplation oder des Zen geht, versucht, diese Kraft freizulegen.

Pater Willigis Jäger OSB

Als reines Ideal, als Methode oder als innere Haltung paßt die (Zen-Kontemplation), die „diesseitige Mystik" des Zen ausgezeichnet in die bürokratisch-individualistische Ordnung der heutigen Welt. Seine kühle Selbstdisziplin entspricht in idealer Weise der Ausbildungs- und Berufsdisziplin, welche die oberen Ränge der Arbeitswelt kennzeichnet.

Steven M. Tipton

Zunehmend mehr Leistungsmenschen fühlen sich von Meditation angesprochen. Das Interesse kommt nicht von ungefähr. Die Anforderungen sind hoch wie nie – fachlich wie persönlich. Gesund und leistungsfähig sollen Führungskräfte sein, offen und flexibel, charismatisch und durchsetzungsstark. Die gewünschten Qualitäten für den Spitzenjob wechseln so schnell wie die Mode. Wer sich ständig nach wechselnden äußeren Meßlatten verbiegen will, schwächt sich und verliert allmählich den Kontakt zu sich selber.

Brigitta Lentz

In 20 Jahren – so schätzen Fachleute – werden nach Herz-Kreislauf-Erkrankungen Angstneurosen und Depressionen die häufigste Ursache für Arbeitsunfähigkeit sein.

Weltgesundheitsorganisation (WHO)

Leben heißt: sich wandeln! Darum ist auch ein Kennzeichen des reifen Menschen die immerwährende Bereitschaft zu immer neuer Verwandlung.

C.G. Jung

Der wichtigste Augenblick ist immer die Gegenwart. Der wichtigste Mensch ist immer der, der Dir gerade gegenübersteht.
Das notwendigste Werk ist immer die Liebe.

Meister Eckehart

Übe volle Konzentration auf das JETZT Tag für Tag, Stunde für Stunde! So werden Achtsamkeit, Kraft und Können gleichzeitig immer größer.

Myamoto Musashi

Zen gibt Kraft für Neues.

Pia Gyger

Die Grenzen meiner Sprache sind die Grenzen meiner Welt.

Ludwig Wittgenstein

Das Falsche ist oft die Wahrheit, die auf dem Kopf steht.

Siegmund Freud

Tradition ist die Weitergabe des Feuers, nicht die Anbetung der Asche.

Gustav Mahler

Zen ist die Fähigkeit, den Geist für die Wunder des Daseins zu öffnen. Es ist ein Gespür dafür, daß zum Leben viel mehr gehört, als wir gewöhnlich erkennen, daß wir nicht auf die engen Perspektiven beschränkt bleiben müssen, die uns unsere Familie, unsere Gesellschaft und unser gewohntes Denken gezogen haben, daß das Leben viele Schichten, Tiefen, Strukturen und Bedeutungen kennt, die weit über unsere üblichen Überzeugungen und Begriffe hinausgehen.

John Welwood

Ich glaube, daß die grundlegende Alternative des Menschen die Wahl zwischen Leben und Tod ist. Bei allem, was der Mensch tut, muß er diese Wahl treffen. Bei der Wahl ist er frei, allerdings nur in begrenztem Maß. Es gibt zahlreiche günstige und ungünstige Bedingungen, die ihn beeinflussen: seine psychologische Konstitution, die speziellen Bedingungen der Gesellschaft, in die er hineingeboren wurde, seine Familie, seine Lehrer und die Freunde, denen er begegnet und die er sich auswählt. Es ist seine Aufgabe, seinen Raum der Freiheit zu erweitern und sich um Bedingungen zu bemühen, die zum Leben und nicht zum Tod führen. Mit Leben und Tod meine ich keinen biologischen Zustand, sondern einen Zustand des Seins, in dem die Art der Beziehung zur Welt zum Ausdruck kommt. Leben bedeutet ständige Veränderung, immerwährende Geburt. Tod bedeutet Aufhören des Wachsens, Verknöcherung, Wiederholung. Es ist das traurige Los vieler Menschen, daß sie keine Wahl treffen. Sie sind weder lebendig noch tot. Das Leben wird ihnen zur Last, zu einem ziellosen Unterfangen, und ihre Geschäftigkeit ist eine Schutzmaßnahme gegen die Qual, ein Schattendasein zu führen.

Erich Fromm

Wissenschaftliche Untersuchungen belegen, daß Krankheit kein ausschließlich körperliches Phänomen ist, sondern eng mit psychischen und mentalen Denkmustern in Zusammenhang steht. Andere Untersuchungen zeigen, daß Meditation einen positiven Einfluß auf die Gesundheit hat, indem sie Stress ausgleicht und zu einem tieferen Verständnis des Lebens führt. Die Meditation verbindet den Menschen mit seiner Seele und dadurch mit seiner inneren Kraftquelle. Letztlich geht jede Heilung, mental, emotional oder physisch, von dieser Ebene aus.

Heilung ist ein spiritueller Vorgang: Kommt die Seele zu sich selbst, harmonisiert dies alle Ebenen. Geist, Emotionen und Körper kommen ins Gleichgewicht, was die eigentliche Voraussetzung für Gesundheit ist. Dies führt nicht nur zu einem entspannten Zustand, der einen stabilen Gleichmut erlaubt, sondern auch zu tiefer innerer Erfüllung und Liebe.

Sant Rajinder Singh

Wir leben in einer Welt der Angst: Angst vor der Zukunft, Angst vor den anderen, Angst vor der Außenwelt, Angst vor dem Versagen. Heutzutage zeigt sich die Angst in einer ständigen Beklemmung, die den Elan des Lebens bricht. Sie ist der Ursprung von zahlreichen Krankheiten.

Der Grund für die Furcht und Ängstlichkeit ist das Haften an sich selbst und an den Dingen des Lebens. Durch die regelmäßige Praxis von Zazen, durch das Loslassen, verschwindet dieser ängstliche Zustand. Wenn der Geist ruhig ist, wird alles ruhig.

Während Zazen ist es möglich, die Emotionen und Ängste zu beobachten, wie Blasen, die an die Oberfläche eines Flusses steigen. Der Geist wird zum einzigen gegenwärtigen Moment zurückgebracht; er wird wie der weite Ozean, dessen Tiefe nichts erschüttern kann. Die meisten Ängste sind eingebildet und entsprechen keiner realen und unmittelbaren Gefahr.

Taisen Deshimaru

Wenn ihr die Faust geschlossen laßt, erhaltet ihr nur einige Sandkörner. Wenn ihr aber die Hände öffnet, erhaltet ihr allen Sand der Wüste.

Dogen Kigen

Wahre Kunst verbirgt sich nicht in der Schönheit des Gemäldes, sondern in dem
Akt des Malens...Zen-Kalligraphie ist exakt das.

Pablo Picasso

Seit der Renaissance hat sich der Mensch definiert als der denkende Mensch
und nicht mehr als der lebende Mensch....., aber der lebende Mensch ist genau
das, was man im Zazen findet.

Claude Levi-Strauss

Achtsamkeit ist wohl die schwerste, aber auch wichtigste asketische Übung. Sie
ist eine ständige Unterbrechung der Ichbefriedigung; denn der achtsame Mensch
fließt nicht mehr mit dem Strom der Gewohnheit und läßt seinem Bewußtsein
nicht den willkürlichen Lauf, der ein Vordringen in die Tiefe verhindern würde. Mit
der Übung der Achtsamkeit werden wir in unser tiefes, wahres Selbst – also weg
vom Ich – geführt und so nicht mehr von egoistischen Denkweisen beherrscht.

Willigis Jäger

Was wir unser Ich nennen ist nicht anderes als der Schnittpunkt unserer Gedanken, Gefühle, Begierden und Emotionen. Der Weg der Kontemplation lehrt uns,
die Identifikation mit diesen Äußerungen unserer Psyche zurückzunehmen. Eine
Kränkung ist dann z.B. noch da, die Aggression plagt uns noch, aber wir nehmen
Abstand von diesen Regungen. Der Übungsweg hilft uns, auf eine Ebene zu gelangen, auf der die Fixierung an Gedanken oder Gefühle aufgehoben wird. Die
Angst kann auf der Ichebene also durchaus weiterexistieren, Wut kann mich
weiter plagen, aber ich erfahre, daß mein eigentliches Wesen sehr viel tiefer liegt
und von all dem nicht erschüttert werden muß. Ich lerne, Gefühle zuzulassen und
zu haben, ohne von ihnen besetzt oder blockiert zu sein.

Wir dürfen nichts verdrängen. Was da ist, ist da. Schau hin, akzeptiere es,
laß es kommen. Befreunde dich mit der Angst und der Wut! Sie gehören zu dir.
Du schneidest dir ja auch nicht die Zehe ab, wenn sie dir weh tun. Versuche es
einmal mit Traurigkeit: Nimm sie an, aber wälze dich nicht in ihr. Mach nichts be-
sonderes daraus. Sag „Ja" zur Angst, zur Traurigkeit. Wenn wir sie verdrängen,
kommen sie mit einem ganz anderen Gesicht, etwa als Aggression, als Stolz, ja
vielleicht sogar als Tugend, die uns eine Zeitlang täuschen kann.

Alles, was wir sein lassen können, hat die Tendenz, ins Angenehme überzu-
wechseln. Wogegen man sich aber wehrt, das packt einen.

Willigis Jäger

Der einzige Weg, wirklich herauszukommen, ist, genug Selbstwertgefühl zu entwickeln, das unabhängig macht vom Verhalten anderer. Aber Selbstwertgefühl

kann man nicht machen. Es muß wachsen. Je mehr wir Zugang finden zu unserer tieferen Existenz, um so unabhängiger werden wir von den oberflächlichen Emotionsstürmen.

Willigis Jäger

Dies Menschsein ist ein Gästehaus.
An jedem Morgen eine neue Ankunft.
Eine Freude, eine Melancholie, eine Niedertracht,
ein kurzes Gewahrsein
kommen als unerwarteter Besuch.
Heiß sie willkommen und nimm alle auf!
Und seien sie auch eine Horde von Sorgen,
Die mit Gewalt das Haus durchfegen
Der Einrichtung berauben,
Auch dann, geh redlich mit jedem Gast um.
Vielleicht räumt er dich frei für eine neue Wonne.
Den dunklen Gedanken, die Scham, die Tücke,
Begrüße sie an der Türe, lachend,
Und bitte sie herein.
Sei dankbar für jeden, der kommt,
Weil jeder geschickt ist
Als Wegweiser von jenseits.

Rumi

Zeige ich mich offen,
ohne mich darum zu sorgen,
wie der andere darauf reagiert,
werden einige sich
angesprochen fühlen,
andere nicht.
Aber wer wird mich lieben,
wenn keiner mich kennt?
Ich muß es wagen
Oder allein leben.

Sheldon B. Kopp

Ich weiß nicht,
was ich gesagt habe,
bevor ich die Antwort
meines Gegenüber gehört habe

Paul Watzlawick

Wir verstehen nicht
Verstehen,
es entzieht sich uns,
entschlüpft uns,
denn wir merken nicht
das Unglaubliche,
das Rätselhafte,
das Erstaunliche,
das Wunderbare,
das in alltäglichem Gespräch
und Reflexion vor sich geht.
Erst wenn dieser Strom
Von Selbstverständlichkeit
Gestört wird,
stehen wir staunend
vor diesem Wunder.

Heinz v. Foerster

Was immer Du zu sagen hast,
laß die Wurzeln dran,
laß sie hängen,
mitsamt der Erde,
um klar zu machen,
woher sie kommen.

Charles Olson

Halt an, wo rennst du hin?
Der Himmel ist in dir.
Und suchst du ihn woanders,
du fehlst ihn für und für.

Angelus Silesius

Erkenne selber dich.
Wer sich erkennen kann,
trifft inner sich oft mehr
als einen Menschen an.

Angelus Silesius

Meines wahren Meisters Gnade ist es,
die mich erkennen ließ das Unbekannte.
Von Ihm hab' ich gelernt, ohne Füße zu gehen,
ohne Augen zu sehen, ohne Ohren zu hören,
ohne Mund zu trinken, ohne Flügel zu fliegen.

Kabir

Das Himmelreich ist ein Zustand des Herzens und nicht etwas, das 'über der Er-
de' oder 'nach dem Tode' kommt.
Das Himmelreich ist nichts, das man erwartet; es hat kein Gestern und kein
Übermorgen, es ist überall da, es ist nirgends.

Friedrich Nietzsche

Zen ist Alltagsspiritualität. Zen ist ein die Kulturen und Religionen übergreifendes
Phänomen. Wo Sie auch sein mögen, Sie können es immer entdecken. Denn
Zen ist in Ihnen.

Kenneth S. Leong

Echter Humor setzt Wachheit voraus – eine Wachheit, die Ergebnis des Ent-
spanntseins ist und nicht der Angst. Drückt man tiefe spirituelle Wahrheiten in
Worten aus, so scheinen sie wie Widersprüche an sich selbst, wenn nicht gar
wie Albernheiten zu klingen.

Was die meisten als „Ernst" bezeichnen, ist in Wirklichkeit ein Symptom des
Ego. Die meisten von uns sind „ernst", weil wir zu sehr um unser eigenes Ich
kreisen, um unseren Selbstwert und unsere eigenen Vorstellungen darüber, was
gut, was richtig, was wahr ist usw.

Kenneth S. Leong

A Rising Cost of Modernity: Depression!

New York Times

2. Einige praktische Hinweise zur Meditation

Hans Wielens

1. Tradition der Meditation

In allen Weltreligionen und auch bei den Naturvölkern Nord- und Südamerikas sowie Australiens wurden unterschiedliche Methoden der Meditation entwickelt, so daß es weltweit eine reiche Tradition gibt. Alle Methoden verfügen über eigene Riten und Techniken. Bei vielen Meditationstechniken spielt die Atmung eine ganz besondere Rolle.

Im Westen wurden sowohl innerhalb als auch außerhalb der Klöster Meditationsmethoden entwickelt und gepflegt. Berühmt geworden für ihre Meditation sind die Wüstenväter; aber auch die Trappistenmönche entwickelten eine Methode, die Ähnlichkeiten mit asiatischen Methoden aufwies. Typisch für den Westen ist das meditative Beten, wie das Herzensgebet, das Jesusgebet oder das Beten des Rosenkranzes. „Jeshua" (Jesus) bedeutet in der hebräischen Sprache : „Gott ist Hilfe" – „Gott rettet" – „Gott befreit" – „Gott führt in die Weite". Durch die ständige Wiederholung von „Oh Jesus" fühlt sich der Meditierende völlig aufgehoben in den Frieden der Weite Gottes. Man spricht auch vom Gebet der Einfachheit, Gebet des Schweigens, Gebet der Ruhe. In der klassischen Form lautete das Jesusgebet: „Herr Jesus Christus, Sohn Gottes, erbarme Dich meiner". Das Wesentliche des Jesus-Gebetes geschieht in der Vereinigung des Geistes mit dem Herzen. Typisch für die abendländisch-christliche Meditation sind aber auch die Gregorianischen Gesänge. Die Melodien des Gregorianischen Chorals erfahren auch heute noch international große Anerkennung als Meditationsmethode, in der die Einheit zwischen dem Wort Gottes und dem Alltag der Glaubenden erfahren wird.

Eine besonders lange und immer wieder verbesserte Tradition an Meditationsmethoden hat sich in den asiatischen Ländern entwickelt. Von der Vielzahl unterschiedlicher asiatischer Methoden sind im Westen inzwischen Zen, Yoga und Vipassana bekannt und verbreitet. Über diese Methoden gibt es auch eine umfangreiche Literatur, so daß wir hier nicht auf die Unterschiede eingehen wollen.

2. Zen-Meditation

Üblicherweise wird zwar unter Meditation die Konzentration auf etwas Konkretes, z.B. ein Gebet, ein Bild, ein Wort, ein Text usw. verstanden, während das genaue Gegenteil davon als Kontemplation bezeichnet wird, nämlich den Geist und das Gedächtnis auf sich beruhen zu lassen, alle Gedanken und Empfindungen vorbeiziehen zu lassen, ohne an ihnen haften zu bleiben.

Im Westen hat sich jedoch der Begriff Zen-Meditation eingebürgert, obwohl es sich inhaltlich um Kontemplation handelt. Da wir uns in diesem Buch primär auf Zen konzentrieren wollen, werden wir den Begriff der Zen-Meditation beibehalten. Die Konzentration auf Zen erfolgt nicht aus Gründen einer Überlegenheit der Methode, sondern ausschließlich deshalb, weil es sich um eine sehr einfache und konsequente Methode handelt, die von Führungskräften und Managern gern gewählt wird und die praktisch überall ausgeübt werden kann.

Entstanden ist die Zen-Meditation vor über 2.500 Jahren aus der indischen Spiritualität. Ihre Entstehungs- und Entwicklungsgeschichte steht daher auch in engem Zusammenhang mit dem Buddhismus (obwohl die Zen-Meditation nicht religionsgebunden und z.B. auch von den christlichen Kirchen als Meditationsmethode anerkannt worden ist). Im 5. Jahrhundert nach Christus kam die Methode nach China und wurde dort weiterentwickelt. Diese Entwicklung und Befruchtung erfolgte durch eine Art Fusion der indischen Spiritualität mit dem Taoismus, also mit der chinesischen down-to-earth-Weisheit. Als Ch'an erlebte die Methode in China eine Blütezeit. Ch'an ist eine Lesart des Sanskrit-Wortes Dhyana, was „Sammlung des Geistes" bedeutet, die in eine Versunkenheit führt, in der alle dualistischen Unterscheidungen aufgehoben werden.

Im 13. Jahrhundert brachte der japanische Mönch Dogen die Zen-Meditation nach Japan, wo sie mehrfach reformiert wurde. In Japan beeinflußte und prägte sie nachhaltig die Philosophie, die Kunst und Kultur, aber auch den Sport und das tägliche Leben. In den Westen ist die Zen-Meditation erst im 20. Jahrhundert gelangt.

Japanische Zen-Meister sind in den Westen gekommen (Daisetz Suzuki, Taisen Deshimaru) und Persönlichkeiten aus dem Westen haben die Zen-Meditation – vor allem in Japan – kennen gelernt und nach Europa gebracht. Namen wie Hugo Lassalle, Graf Dürckheim und Thomas Merton spielen in diesem Zusammenhang eine wichtige Rolle.

Das Wort Zen ist heute im Westen zu einem Synonym für Schlichtheit, Eleganz und den flüchtigen, paradoxen Charakter des Lebens geworden. In diesem Sinne hat es die Werbesprache erreicht, womit gleichzeitig die Gefahr verbunden ist, daß der wesentliche Inhalt und Charakter der Methode verschleiert werden. Beim Zen geht es um die Achtsamkeit und die volle Konzentration auf den gegenwärtigen Augenblick. Es geht darum, in den kleinsten und unbedeutendsten Dingen und Verrichtungen das Geheimnis und die Schönheit des gegenwärtigen Lebens wahrzunehmen. Es geht darum, wirklich gegenwärtig, wirklich präsent zu sein, denn die

Leiden und Schmerzen entstehen häufig daraus, daß die Menschen meinen, ihr Glück läge in der Ferne oder das Glück müsse verdient werden. Die Bedeutung der Achtsamkeit, die Bedeutung des gegenwärtigen Augenblicks sind von Andreas Gryphius sehr schön in dem folgenden Gedicht beschrieben worden:

„Achte gut auf diesen Tag,
denn er ist dein Leben,
das Leben allen Lebens!
Das Gestern ist nichts als ein Traum
und das Morgen nur eine Vision,
das Heute jedoch – recht gelebt –
macht jedes Gestern zu einem Traum
voller Glück
und jedes Morgen zu einer Vision
voller Hoffnung.
Darum achte gut auf diesen Tag!“

Zen ist somit keiner Religion zuzuordnen. Die Zen-Meditation führt zur Realisation der nicht-dualen Wirklichkeit, wie sie von großen Heiligen, Weisen und Religionsstiftern aller Zeiten und Zonen erfahren wurde. In seinem Ursprung ist Zen transkonfessionell und älter als alle bestehenden Religionen. Zen transzendiert jede Religion und führt über jede Konfession hinaus. Es handelt sich um jene „Philosophia Perennis“, jene ewige Weisheit, die als das wahre Ziel einer jeden Religion zu verstehen ist. Meister Yuansou konkretisiert: „Es gibt keine Lehre für dich, um daran zu kauen oder sich darüber zu hocken. Wenn du nicht an dich selbst glaubst, nimmst du dein Bündel und machst die Runde vor anderer Leute Häuser, nach Zen und Tao zu suchen. Du suchst nach Mysterien, nach Wundern, nach Buddhas, nach Zen-Meistern und Lehrern. Du meinst, das sei Suchen nach dem Höchsten, und du machst es zu deiner Religion, aber das gleicht einem Rennen nach Osten, um etwas zu bekommen, was im Westen liegt.“

3. Was kann man von der Zen-Meditation erwarten, welchen Nutzen hat man davon?

Die Meditation beruhigt die Nerven, beruhigt das häufig rastlose Bewußtsein. Körper und Geist werden entspannt, die Stille fließt in den Meditierenden. Ängste, Anspannungen und Verkrampfungen lösen sich. Die Reizbarkeit nimmt ab, es entwickeln sich positive Gefühle und das Selbstwertgefühl steigt. In dem Zustand der Entspannung verringern sich die Herzfrequenz und der Blutdruck, die Muskelanspannung nimmt ab, die Konzentration zu, man wird gelassener, heiterer, ausdauernder und damit auch erfolgreicher beim Lösen beruflicher und privater Aufgaben.

Die positiven Wirkungen der Meditation sind weltweit intensiv wissenschaftlich untersucht worden. Die Ergebnisse der Untersuchungen weisen darauf hin, daß die Meditation eine beachtlich positive Wirkung auf das Herz und auf den Kreislauf hat, ebenfalls auf den Stoffwechsel, auf den Hormonhaushalt und damit auch auf die Steigerung der körpereigenen Widerstandskräfte.

In den Untersuchungen wurden insbesondere folgende positive körperliche Auswirkungen der Meditation festgestellt:

- das eigene Immunsystem wird gestärkt
- abnorme allergische Reaktionen werden abgebaut
- die Ausdauer wird gesteigert
- es steigt die Energie
- es sinkt der Bluthochdruck
- Genesungsprozesse werden beschleunigt
- Stress wird abgebaut, stressbedingte Krankheitssymptome werden verringert
- die Reaktionsgeschwindigkeit und das Koordinierungsvermögen steigen
- Folgende positive psychologische Wirkungen wurden ermittelt:
- größere emotionale Stabilität
- stärkere Aufgeschlossenheit gegenüber Neuem und Unbekanntem
- größere persönliche Unabhängigkeit von den Erwartungen anderer
- Abbau von Ängsten und Verkrampfungen
- Abbau depressiver Gefühle
- Steigerung positiver Gefühle
- größere Gelassenheit
- verbesserte Urteilsfähigkeit
- erhöhte Kreativität
- verbesserte Konzentrationsfähigkeit
- besseres Gedächtnis
- mehr Sinn und Interesse für spirituelle Dinge
- Klarheit des Denkens und mehr Geduld

Letztlich ist die Meditation die Kunst, sich jedem Augenblick gegenüber mit ruhiger und konzentrierter Bewußtheit zu öffnen. Der Augenblick kann auch gleichgesetzt werden mit einem Problem, einem Gefühl, einer Person usw. Die Meditation führt somit in die Achtsamkeit.

Aber: Meditation lernt man nicht aus Büchern, lernt man nicht aus Diskussionen und Vorträgen. Die einzige Möglichkeit, die positiven Wirkungen der Meditation verspüren und erfahren zu können, besteht im Praktizieren.

4. Wie beginnen?

Meditation ist einfacher, als man glaubt. Am besten beginnt man ohne Vorurteile mit ein paar Vorübungen, ohne schon die Technik der Meditation zu kennen oder gar zu beherrschen.

Wählen Sie sich einen Zeitpunkt, an dem Sie für etwa 10 Minuten ungestört und unbeobachtet sind. Schließen Sie die Tür, stellen Sie das Radio oder den Fernseher ab, legen Sie den Telefonhörer neben den Apparat. Setzen oder legen Sie sich locker und entspannt dorthin, wo sie bequem und unbeobachtet verweilen können. Sie können Ihre Augen schließen, bleiben aber hellwach. Jetzt überlegen Sie, ob und wann es in Ihrem Leben einen Augenblick oder eine Situation gegeben hat, in dem Sie so völlig absorbiert waren, daß Sie die Zeit vergessen haben, daß die Zeit für Sie praktisch stehen geblieben ist. Denken Sie an die Situation, in der Sie völlig eins waren mit dem, was Sie gerade getan haben, an den Augenblick, in dem Sie weder an die Vergangenheit noch an die Zukunft gedacht haben, sondern in dem Sie einfach präsent waren, unbeschwert von irgendwelchen Ängsten, unbelastet von irgendwelchen anderen Gedanken, einfach glücklich. Rufen Sie diesen Augenblick wieder in Ihr Gedächtnis zurück, durchleben Sie ihn wieder, verändern Sie nichts daran, sondern kosten ihn nur erneut aus. Kosten Sie das Gefühl von völliger innerer Übereinstimmung mit Ihrem Tun, gleichgültig, ob es sich dabei um eine Arbeit im Garten, den Anblick einer Landschaft oder einer Blume, das Vertieftsein in ein Spiel oder in einem Buch oder die Arbeit an einem Vortrag gehandelt hat. Es kann eine völlig unbedeutende Sache gewesen sein, die Sie gemacht oder erlebt haben, sie muß keine Wichtigkeit gehabt haben, aber sie hat Sie selbst völlig in Besitz genommen, sie hat erreicht, daß Sie selbst in diesem Augenblick mit Ihrem Tun absolut identisch waren.

Durch das Erleben eines solchen Augenblicks erahnen Sie, was Meditation, was Achtsamkeit für Sie bewirken kann. Es geht um das konzentrierte Leben im Augenblick, wo nichts anderes einen mehr davon abhält, sich voll mit der Sache zu identifizieren, alle seine Aufmerksamkeit auf den gegenwärtigen Augenblick zu bündeln und sich durch nichts davon abhalten zu lassen. Sie ahnen auf diese Weise, welches Glück Ihnen das Einssein mit einer Tätigkeit bringen kann. Dabei spüren Sie, daß es sich um jegliche Art von Tätigkeiten handeln kann und daß es nicht darauf ankommt, ob die Tätigkeit im herkömmlichen Sinne „wichtig" oder „unbedeutend" ist.

Diese Übung können Sie am nächsten Tag wiederholen.

Nehmen Sie sich am dritten Tag wieder 10 Minuten Zeit, um eine weitere Vorübung zu machen. Setzen Sie sich wieder in entspannter Haltung an einen bequemen Platz, an dem Sie nicht gestört werden können. Lassen Sie jetzt alle Gedanken wie Wolken weiterziehen, bleiben Sie nicht haften an irgendwelchen Gedanken. Wenden Sie Ihre gesamte Aufmerksamkeit Ihrem Atem zu, konzentrieren Sie sich voll auf Ihre Atmung ohne daß Sie versuchen, die Atmung zu lenken. Spüren Sie, wie der Atem ganz automatisch kommt und wie er beim Ausatmen Ihren Körper wieder verläßt. Beobachten Sie nur den Atem, ob und wie er sich verändert. Achten Sie auf die Umkehrpunkte von der Einatmung zur Ausatmung und von der Ausatmung zur Einatmung. Es sind jeweils kurzfristige Ruhepunkte der Atmung. Nachdem Sie einige Minuten Ihren Atem beobachtet haben, atmen Sie ganz tief ein, nicht mit der üblichen Brustatmung, sondern ziehen Sie den Atem ganz tief in den Bauch und beobachten Sie, wie sich das Zwerchfell dehnt und wieder in den Normalzustand beim Ausatmen zurückgeht. Mit dem ersten tiefen Atemzug werden Sie wahrscheinlich einen Laut von sich geben und das Gefühl haben, daß eine Last von Ihnen abfällt. Beobachten Sie weiterhin die Bewegung des Zwerchfells bei der Atmung. Lassen Sie das Atmen einfach geschehen. Kümmern Sie sich nicht um aufkommende Gefühle, Empfindungen oder Gedanken, sondern lassen Sie diese einfach vorbeiziehen ohne daß Sie sich konkret dagegen wenden oder sie bewußt ausschalten wollen. Lassen Sie sie einfach zu, aber bleiben Sie nicht an ihnen haften.

Beenden Sie Ihre 10minütige Vorübung. Sie haben nicht nur eine Vorübung gemacht, sondern Sie haben meditiert. Sie sind auf dem Weg!

Sie sehen, es ist wirklich leichter als man glaubt....., aber dran zu bleiben ist das Entscheidende. Nur wer sich die Zeit nimmt, kann auch die positiven Erfahrungen gewinnen. Sicherlich ist es in der heutigen Zeit der Hetze nicht einfach, sich die Zeit zu nehmen, aber bedenken Sie, für was Sie alles an einem Tag Zeit finden und prüfen Sie, ob das alles für Sie wirklich wichtig ist. Sie werden wahrscheinlich feststellen, daß Sie viel Zeit verwenden für Sachen, die Ihnen gar nicht so wichtig sind. Es ist somit selten die objektiv fehlende Zeit, die einen daran hindert zu meditieren, sondern die mangelnde Bereitschaft und der Wille, Prioritäten zu setzen für die Verwendung der zur Verfügung stehenden Zeit.

5. Die Technik der Zen-Meditation

a) Die Körperhaltung des Zazen (Zen im Sitzen)

Über Jahrhunderte hinweg hat sich für die Meditation im Sitzen eine Technik entwickelt, die besonders günstige Voraussetzungen bietet, um den Körper und den Geist gleichzeitig zu beruhigen. Der empfohlenen Körperhaltung liegt somit eine lange empirische Forschung zugrunde, aus der sich eine synergetische Balance zwischen dem Körper und dem Geist ergeben hat. Allerdings gelten die Erfahrungen nur für körperlich und psychisch gesunde Menschen. Liegen diese Voraussetzungen nicht vor, bedarf es der Beratung durch einen erfahrenen Zen-Lehrer und gegebenenfalls der Beratung durch einen Psychologen.

Die Körperhaltung dient dazu, eine stabile und gleichzeitig entspannte Haltung für die Meditation einzunehmen.

Sinnvollerweise beginnt man die Sitz-Meditation zunächst einmal auf einem Stuhl, auf dessen vorderen Teil man sich aufrecht setzt, ohne sich anzulehnen. Die Füße stellt man fest, aber entspannt vor sich auf den Boden, so daß man eine bequeme Haltung einnimmt und sich fest mit dem Stuhl und der Erde verbunden fühlt. Beim Meditieren ist der Bodenkontakt sehr wichtig, man sollte „geerdet" sein, also fest mit dem Boden verbunden. Der Oberkörper wird kerzengerade aufgerichtet, so daß Wirbelsäule und Hinterkopf, Nabel und Nasenspitze im Lot zueinander stehen. Man könnte auch sagen, daß der Kopf so gehalten wird als ob er am Hinterkopf von einer Leine festgehalten wird. Das Becken wird leicht nach vorne geschoben, so daß der Oberkörper leicht und im Gleichgewicht auf dem Rumpf ruht.

Hat man sich an eine solche Sitzhaltung gewöhnt, so kann man später übergehen zu dem üblicherweise für die Sitz-Meditation benutzten Kissen oder Bänkchen. Das Kissen oder Bänkchen wird auf eine Sitzmatte gelegt, die sowohl vor Erdkälte schützt als auch den Knien und Fußknöcheln Schutz bietet. Die richtige Höhe des Kissens ist abhängig von der Körpergröße und von der Elastizität der Bänder. Am besten probiert man unterschiedlich hohe Kissen aus, um eine Höhe auszuwählen, auf der man bequem und möglichst ohne Schmerzen sitzen kann.

Die Beine kreuzt man übereinander, vielleicht zunächst im bekannten Schneidersitz. Wichtig wiederum ist, daß man fest mit dem Boden verbunden ist und die Knie fest auf der Sitzmatte liegen. Zwar ist es in Asien üblich, im vollen Lotussitze Zen-Meditation zu betreiben, aber Europäern bereitet diese Sitzhaltung große Schwierigkeiten und häufig große Schmerzen. Man sollte – ohne falschen Ehrgeiz – zu solchen Sitzformen erst übergehen, wenn der Körper sich an die Sitzmeditation gewöhnt und man durch begleitende Yoga-Übungen die Bänder gedehnt hat. Die sogenannte burmesische Sitzhaltung, bei der die beiden Füße parallel zueinander gekreuzt werden oder der viertel Lotussitz, bei dem ein Fuß auf die Wade des anderen Beines gelegt wird, sind für Europäer leicht erlernbar und – nach gewisser Übung – ohne Schmerz anwendbar. Nützlich ist es in allen Fällen, vor der Meditation einige Dehnübungen zu machen. Generell eignen sich Yoga-Übungen auch dazu, sich auf die Sitz-Meditation vorzubereiten bzw. diese in den Pausen zu begleiten. Unterschiedlich ist die Haltung zum auftretenden Schmerz. Es gibt Auffassungen, daß man „dadurch" müsse. Aber häufig wird etwas falsch gemacht, wenn dauerhaft Schmerzen entstehen, so daß es empfehlenswert ist, seine Sitz-Haltung durch einen erfahrenen Zen-Lehrer überprüfen zu lassen. Nützlich ist es in jedem Fall, begleitend zur Sitz-Meditation die Rükkenmuskulatur zur stärken und Dehnübungen zu machen.

Die Augen bleiben halb geöffnet, der Blick wird etwa einen Meter vor sich auf den Boden gesenkt. Die linke Hand liegt in der rechten mit den Handflächen nach oben. Die Daumen sind waagerecht, berühren sich sanft. Die beiden Hände liegen locker auf den Oberschenkeln und berühren leicht den Unterbauch.

Hinweis: So sehr bestimmte Riten bei der Zen-Meditation sich im Laufe der Jahrtausende aufgrund praktischer Erfahrungen herausgebildet haben, so darf man dabei allerdings nicht vergessen, daß es in Wirklichkeit nicht um die Riten geht, die häufig in Klöstern entwickelt wurden, sondern um Achtsamkeit und daß die Riten nur nützlich sein werden, wenn man sie als Erfahrungswissen akzeptieren kann. Aber man sollte sie nicht zu ernst nehmen. Im Westen müssen wir unseren eigenen Weg finden, um die Zen-Meditation in unsere Kultur einzubringen und für uns erfahrbar und nützlich zu machen.

b) Die Geh-Meditation

In Ergänzung zum Zazen, zur Sitz-Meditation, bietet sich die Geh-Meditation als weitere Möglichkeit an, im Alltag Achtsamkeit einzuüben. Bei der Geh-Medittion lenkt man die gesamte Aufmerksamkeit auf das Gehen und auf die Empfindungen, die das Gehen im Körper hervorruft. Gleichzeitig atmet man tief ein und idR etwas langsamer wieder aus z.B. im Rhythmus 4 oder 6 mal ein- und 6- oder 8mal ausatmen. Finden Sie Ihren eigenen Rhythmus. Bei der Geh-Meditation soll bewußt erfühlt werden, wie man den Fuß auf den Boden setzt, wann er den Boden berührt, wann das Gewicht verlagert wird, wann der Fuß wieder entlastet wird und vom Boden abhebt. Es geht nicht darum, eine bestimmte Strecke zurückzulegen, sondern ganz bewußt – Schritt für Schritt – zu gehen und dabei die Koordinationsleistung des Körpers zu erfahren. Auch die Schnelligkeit spielt keine Rolle. Je langsamer und bewußter Sie gehen, um so mehr erspüren Sie jede Bewegung und jede Empfindung. Im Anfang ist es sinnvoll, die Geh-Meditation nur in einem Raum zu machen, in dem man unbeobachtet ist. Mit der Zeit lernt man jedoch, daß sich die Geh-Meditation praktisch bei allen täglichen Verrichtungen gut einbauen läßt, gleichgültig, ob man einen Brief zum Postkasten bringt, zum nächsten Meeting muß oder Treppen steigt. Man lernt auch, beim Warten in einer Schlange sich nicht zu ärgern, sondern die Chance zu nutzen, tief durchzuatmen und sich körperlich und mental zu beruhigen.

c) Die Atmung

Nachdem man die gewünschte Körperhaltung eingenommen hat, lenkt man die Aufmerksamkeit auf den Atemvorgang. Lassen Sie den Atem ganz natürlich ein- und ausströmen. Beobachten Sie den Atem genau, ohne jegliche Hast, spüren Sie Atemzug um Atemzug. Widmen Sie jedem Einatmen und jedem Ausatmen Ihre ungeteilte Aufmerksamkeit und konzentrieren sich darauf, nur den Atem zu beobachten und zu spüren.

Atmen Sie tief ein, ziehen Sie den Atem tief in den Bauch und beobachten Sie, wie sich Ihr Bauchfell dehnt beim Einatmen und wieder zusammenzieht beim Ausatmen. Üblicherweise ist die Zeitdauer des Einatmens kürzer als die des Ausatmens. Überlassen Sie sich aber Ihrem natürlichen Rhythmus. Mit der Zeit werden Sie feststellen, daß Sie wesentlich weniger häufig ein- und ausatmen als üblich.

Beobachten und registrieren Sie ganz neutral die Impulse des Körpers (häufig werden Sie ein Jucken und Kratzen, einen Schmerz oder ähnliches verspüren) und die vielfältigen Impulse Ihres Geistes (Gedanken, Termine, Ideen usw.), die alle darauf aus sind, Sie von Ihrer Meditation abzubringen und abzulenken. Das ist völlig normal und in aller Regel auch unvermeidlich. Werden Sie nicht ärgerlich darüber, bleiben Sie freundlich zu sich selbst, beschränken Sie sich darauf, diese Regungen zu registrieren, aber lassen Sie sich von der selbst gesetzten Priorität, nämlich zu meditieren, nicht abbringen. Bringen Sie Ihre Aufmerksamkeit zurück auf die Atmung, auf diesen einen Atemzug – wie häufig Sie auch immer unterbrochen werden. Bleiben Sie verständnisvoll, kehren Sie freundlich zurück zu Ihrer achtsamen Haltung. Halten Sie nicht fest an den aufkommenden Gedanken und Überlegungen, lassen Sie diese vorbeiziehen wie die Wolken, gehen Sie nicht ein auf die körperlichen und geistigen Impulse, sondern fahren Sie fort in Ihrer Übung. Atmen Sie tief ein, ziehen Sie den Atem tief in den Bauch und lassen ihn in seinem natürlichen Rhythmus wieder ausströmen.

d) Die innere Einstellung

Die wichtigste innere Voraussetzung für das Praktizieren der Zen-Meditation ist ein offener Geist, der willens ist zu sehen und zu lernen. Achtsam sein bedeutet, ständig wachen Geistes, ständig aufmerksam zu sein, um die Dinge so sehen zu können, wie sie wirklich sind.

Achtsamkeit wird erreicht, wenn man den eigenen Erfahrungen gegenüber die Rolle eines neutralen Beobachters einnimmt, wenn man also nicht sofort bewertet und die Beobachtung mit dem Etikett richtig oder falsch, gut oder schlecht, unangenehm oder sympathisch versieht und sie daher in eine herkömmliche Kategorie einordnet. Ein solches Schubladendenken führt zu unreflektiertem, zu reaktivem Handeln, dem die Objektivität fehlt. Erst wenn wir unsere Gewohnheit durchbrechen, sofort zu urteilen, fangen wir an zu lernen, mit Stressfaktoren in unserem Leben konstruktiv umzugehen, indem wir den Filter unserer Vorurteile beiseite schieben. Diese Art der Achtsamkeit erfordert auch Geduld, mit der wir unser Verständnis und unsere Akzeptanz zum Ausdruck bringen, daß Dinge manchmal ihre eigene Zeit benötigen, um ihre Wirkung zu entfalten: die Ernte einer unreifen Frucht ist keine Bereicherung, sondern Verschwendung.

Integraler Bestandteil der richtigen inneren Einstellung ist das Vertrauen in die in einem ruhende innere Weisheit, das Vertrauen auf die eigene innere Stimme, die hörbar wird, wenn man wirklich zur Ruhe kommt. Wer nur auf äußere Autoritäten hört oder sich gar von ihnen abhängig macht, verschließt sich vor der eigenen inneren Weisheit, die letztlich der eigentliche und verlässliche Wegweiser ist.

Zur richtigen inneren Einstellung gehört auch, loslassen zu lernen; zu lernen, sich nicht von einem Gedanken, einem Gefühl, einer Emotion gefangen nehmen zu lassen. Manche Gedanken und Emotionen üben eine solche Macht aus, daß wir von ihnen nicht loskommen können, sie bereiten uns dann häufig auch „schlaflose" Nächte. Das Loslassen ist daher eine Kunst, wieder über sich selbst bestimmen zu können und sich nicht in die Sklaverei von Gedanken, Sorgen oder Wünschen zu begeben.

Sich selbst zu akzeptieren, Schmerzen zu akzeptieren, Leid zu akzeptieren ist ein weiterer wichtiger Bestandteil der richtigen inneren Einstellung. Man muß sich zunächst einmal grundsätzlich akzeptieren, bevor man darangehen kann, sich zu ändern. Natürlich ist es schwer, eine unheilbare Krankheit eines nahen Verwandten oder eines Freundes zu akzeptieren, aber das sich Auflehnen dagegen hilft auch nicht, am wenigsten demjenigen, der unheilbar krank ist. Jede Krise trägt den Samen einer Chance in sich und Akzeptanz in dem hier behandelten Sinne bedeutet, daß man zu der Krise ja sagt und damit auch den Samen der neuen Chance Wachstumsmöglichkeiten eröffnet. Akzeptanz bedeutet somit nicht, einfach alles gut zu finden und mit allem zufrieden zu sein, sondern Akzeptanz bedeutet zunächst einmal, sich um ein Verständnis zu bemühen, unvoreingenommen zu prüfen, und zwar alle Seiten der Medaille und nicht bei vorgeprägten Meinungen, Empfindungen und Gefühlen stehen zu bleiben. Jeder Augenblick im Leben ist absolut vollwertig, ihn gilt es anzunehmen und zur Entfaltung kommen zu lassen.

Erich Fried hat in seinem Buch „Es ist was es ist", Berlin 1994 ein Gedicht veröffentlicht mit dem Titel „Was es ist", wo die hier behandelte richtige innere Einstellung wunderbar beschrieben wird. Es ist Unsinn, es ist Unglück, es ist Schmerz, es ist aussichtslos, es ist lächerlich, es ist leichtfertig, es ist unmöglich, so sagen die Vernunft, die Vorsicht usw., aber die Liebe sagt „Es ist was es ist".

6. Achtsamkeit

Durch das regelmäßige Einüben der Sitz- und Geh-Meditation erlernt man die Fähigkeit, achtsam alle täglichen Verrichtungen machen zu können, also Achtsamkeit zu praktizieren. Man lernt, mit ruhigem Geist und gespannter Aufmerksamkeit sich den Aufgaben zuzuwenden, die man sich bewußt vorgenommen hat und diese konzentriert auszuführen. Es geht jeweils um den jetzigen Augenblick, um die Tätigkeit in dieser Minute, dieser Sekunde und man läßt sich nicht leiten von den zur Abschweifung neigenden Gedanken, Einfällen und Sorgen. Beim Essen schmeckt man bewußt jeden Bissen und beim Trinken bewußt jeden Schluck. Es kommt nicht auf die Menge an, sondern auf die Qualität. So gilt auch bei der Arbeit die volle Konzentration auf die jeweilige Tätigkeit. So kann das Waschen von Socken, das Putzen von Schuhen zu genau so einem Glücksgefühl führen wie das Schmieden eines neuen Konzeptes oder das Formulieren eines Vortrages. Das Geheimnis, wirklich zu leben heißt, im Jetzt, in diesem Moment zu leben und mit aller Konzentration das zu tun, was man tut.

Ein Zen-Lehrer, der wegen seiner „effizienten" Arbeit von einem Manager gefragt wurde, was das Geheimnis seiner Wirkungskraft sei und was ihn von anderen unterscheide, antwortete: „Wenn ich esse, esse ich, wenn ich arbeite, arbeite ich, und wenn ich mich unterhalte, unterhalte ich mich." Diese Auskunft fand der Manager nicht überzeugend, und er hakte nach: „Aber das tun wir doch genau so, was aber ist das besondere an Deinem Tun"? Der Zen-Lehrer gab die gleiche Antwort. Erst als noch einmal nach den Unterschieden gefragt wurde, antwortete er: „Die einzige Unterscheidung ist, daß Du, während Du arbeitest, schon an die nächste Aufgabe denkst, während Du isst, Du schon wieder bei Deiner Arbeit bist und während Du Dich unterhältst, Du schon in Gedanken bei einem neuen Projekt bist."

7. Ergebnisse empirischer Meditationsforschung

In den letzten 30 Jahren sind eine Vielzahl Projekte empirischer Meditationsforschung erarbeitet worden, die mit physiologischen Methoden wie Elektro-Encephalogramm (EEG) oder galvanischem Hautwiderstand meditative Phänomene zu objektivieren suchten. Die Untersuchungen befassen sich überwiegend mit den relaxierenden, stressreduzierenden, ‚beruhigenden' Aspekten der Meditation.
Hier soll nur auf einige Aspekte eingegangen werden. (Mehr zu dem Thema enthält das Buch von Klaus Engel, Meditation – Geschichte, Systematik, Forschung, Theorie, Peter Lang Verlag, 2. Aufl. 1999, S195 ff.)

- Atmung:
  Die Untersuchungen weisen fast durchgehend eine Reduktion von Sauerstoffverbrauch (bis über 50 %) auf und eine entsprechend verminderte Kohlendioxydabgabe. Die Atemrate von normalerweise 12 - 14 Atemzügen pro Minute wird deutlich vermindert.

- Herzschlagfrequenz:
  Durchschnittlich wird von einer Reduzierung der Herzschlagfrequenz von sieben Schlägen pro Minute berichtet.

- Arterieller Blutdruck:
  Die positive Wirkung im Hinblick auf die Senkung des arteriellen Blutdrucks ist besonders häufig untersucht und nachgewiesen worden. Daher wird Meditation auch klinisch-therapeutisch genutzt.

- Muskelentspannung:
  Die Reduktion der Muskelentspannung durch Meditation ist ebenfalls in vielen Untersuchungen nachgewiesen. Sie ist bei der Nutzung der Meditation als Entspannungstechnik selbstevident.

- Blutserumwerte und andere biochemische Werte:
  Die Untersuchungen (sie sind noch nicht ausgereift), weisen darauf hin, daß durch Meditation die Senkung von Adrenalin, Lactat und Cholesterol bewirkt werden kann, wodurch sich die Verminderung von Stress und Angst durch meditative Praxis zu bestätigen scheint.

- Elektrischer Hautwiderstand (GHR):
  Viele Untersuchungen bestätigen die Erhöhung des elektrischen Hautwiderstandes bei der Meditation. Das spricht ebenfalls für nachlassenden Stress.

- Hirnstromaktivität (EEG):
  Hierbei handelt es sich um eine der Hauptmethoden empirischer Meditationsforschung. Durch den Nachweis der Alpha-Aktivität wurde bestätigt, daß die Meditation zu einer hirnelektrischen Aktivität führt, die auf entspannte Ruhe hinweist.
  Auch rhythmische Theta-Wellen und Theta-Serien konnten bei erfahrenen Meditierenden festgestellt werden. Sie sind subjektiv begleitet von einem beruhigten, angenehmen, wachen Zustand.

- Unterschiedliche Aktivitäten, Synchronisation und Kohärenz der Hirnhemisphären:
  Die Untersuchungen deuten darauf hin, daß bei Kurzzeitmeditierenden eher die linke Gehirnhälfte, während bei Langzeitmeditierenden die rechte Hemisphäre beeinflusst wird. Ferner ergab sich eine verbesserte Gesamt-Kohärenz, die mit verbesserten kognitiven Fähigkeiten und größerer emotionaler Stabilität einhergeht.

8. Häufig auftauchende Fragen

Was soll ich machen, mir ist langweilig?
Es ist ganz natürlich, daß Sie es zunächst langweilig finden, stille zu sitzen und nicht zu denken, also zu meditieren. Heute stehen wir meist den ganzen Tag und häufig noch einen Großteil der Nacht unter permanentem Strom, rennen, hetzen und tun möglichst mehrere Sachen gleichzeitig, um allem gerecht werden zu können. Zur Ruhe zu kommen will daher gelernt, vor allem eingeübt sein. Unser Geist und unser Körper suggerieren uns sehr schnell Langeweile, wenn sie aus dem üblichen Trott herauszukommen drohen. Denken Sie aber daran, was Sie sich von der Meditation versprechen und überlegen Sie, ob Sie sich von Ihrem Unterbewußtsein vorschreiben lassen wollen, was Sie tun und womit Sie sich befassen, oder ob Sie bewußt bei der von Ihnen gesetzten Priorität, jetzt meditieren zu wollen, bleiben. Seien Sie aber freundlich zu sich, ärgern Sie sich nicht, sondern kehren Sie einfach zurück zu Ihrem Atemzug und atmen Sie bewußt tief weiter.

Ich habe gedöst oder bin eingeschlafen
Es ist verständlich, daß man müde wird, sobald man abspannen kann
und zur Ruhe kommt. Aber dösen oder einschlafen ist nicht meditieren.
Beim Meditieren bleibt man hellwach, wenn auch das Denken unterbrochen wird. Daher ist es idR auch besser, die Augen beim Meditieren
halboffen zu lassen. Wenn man aber richtig müde sein sollte, ist es sinnvoll, vor dem Meditieren einige Bewegungs- und Dehnungsübungen zu
machen, in der frischen Luft mehrfach durchzuatmen und erst danach mit
der Meditation zu beginnen. Nachdem Sie sich aber für die Meditation
entschieden haben, meditieren Sie wach, bleiben Sie bei Ihrer Entscheidung. Haben Sie aber Nachsicht mit sich. Kehren Sie einfach zur Meditation zurück, sobald Sie merken, daß Sie gedöst haben und eingenickt
sind.

Mich juckt es, mir wird heiß oder kalt
Dabei handelt es sich um durchaus übliche Versuche des Körpers und
des Geistes, einem deutlich zu machen, daß es andere wichtige Sachen
gibt als zu meditieren. Es sind bewährte Abwehrstrategien gegen die Meditation und gegen die Konzentration. Machen Sie einfach ein Experiment: kratzen Sie sich an der Stelle, an der es juckt. Schon bald werden
Sie feststellen, daß es an einer anderen Stelle juckt. Unternehmen Sie ein
anderes Experiment: lassen Sie es jucken und kümmern Sie sich nicht
darum. Sie werden sehen, daß der Juckreiz idR nach gewisser Zeit aufhört und an anderer Stelle ein neuer Juckreiz beginnt, der wiederum aufhört, wenn Sie ihn zwar spüren, aber nicht darauf regieren, weil Sie sich
bewußt für die Meditation entschieden haben.
    Ähnlich ist es auch mit den Gefühlen heiß oder kalt. Dennoch ist es
ratsam, vor Beginn der Meditation zu prüfen, ob es zu warm oder kalt
werden könnte und entsprechende Vorsorgemaßnahmen zu treffen, indem man entweder das Fenster öffnet oder sich mit einer Decke zusätzlich wärmt.
    Bleiben Sie immer verständnisvoll gegenüber Ihren körperlichen oder
geistigen Impulsen, beobachten Sie diese, gehen Sie nicht frontal gegen
sie vor, sondern sagen Sie sich nur, wofür Sie sich entschieden haben,
ob es jetzt an der Zeit ist, solchen Impulsen nachzugeben oder ob Sie bei
der einmal gewählten Priorität bleiben, jetzt meditieren zu wollen.

Ich habe Schmerzen
Auch der Schmerz ist ein beliebtes Mittel des Körpers und des Geistes,
Sie von Ihrem Meditationsvorhaben abzubringen. Aber bedenken Sie,
daß der Schmerz auch verursacht sein kann, weil Sie falsch sitzen oder
weil Sie noch nicht völlig entspannt sind. Überprüfen Sie daher bei an-
haltendem Schmerz, ob der Sitz richtig ist und versuchen Sie, sozusagen

millimeterweise in den richtigen Sitz zu kommen. Haben Sie den Eindruck, richtig zu sitzen, dann prüfen Sie, ob Sie auch wirklich entspannt sind. Ist auch das der Fall, so gehen Sie mit Ihren Gedanken und Gefühlen in die schmerzende Stelle, betrachten Sie den Schmerz, fühlen Sie sich in den Schmerz ein und beobachten Sie, ob er sich verändert. Hält der Schmerz nachhaltig an, so überlegen Sie, ob Sie nicht zunächst auf einem Stuhl weiter meditieren und sich an das Sitzen auf dem Kissen erst später gewöhnen wollen. Schmerz muß nicht sein, aber Schmerz ist ein durchaus nicht unüblicher Begleiter auf dem Wege zur erfolgreichen Meditation.

Die empfohlene Sitzhaltung hat sich über Jahrtausende bewährt, dennoch ist anhaltender Schmerz nicht akzeptierbar. Man sollte hier keinen falschen Ehrgeiz entwickeln, sondern sich lieber fachkundig beraten lassen.

Meine Atmung ist unruhig

Auch das kann eine Botschaft sein, daß Körper oder Geist sich noch nicht damit abgefunden haben, daß Sie meditieren wollen und versuchen, Sie von Ihrem Vorhaben abzubringen. Atmen Sie ruhig und tief durch. Versuchen Sie nicht, Ihren Atem zu lenken, sondern überlassen Sie sich dem körpereigenen Rhythmus. Bleiben Sie ruhig, geraten Sie nicht in eine Panik. Atmen Sie gelassen weiter und entwickeln Sie keinerlei Ehrgeiz bezüglich Ihrer Atmung. Wahrscheinlich werden Sie dann einige Minuten später merken, daß Sie ruhiger werden, Ihr Atem wieder tiefer und entspannter wird und daraufhin auch Ihr Körper und Ihr Geist ruhiger werden.

Ich kann mich nicht entspannen

Auch das ist eine typische Begleiterscheinung, wenn man mit der Meditation beginnt. Möglicherweise sind Ihre Erwartungen zu hoch, so daß keine Entspannung aufkommen kann. Lassen Sie Ihre Erwartungen dahinfahren, lassen Sie einfach nur die Ruhe, das Atmen und das Sitzen auf sich wirken. Wir haben es verlernt zu entspannen und loszulassen; dauernd fühlen wir uns gefordert, meinen, auf dem Sprung sein zu müssen. Gehen Sie in die Anspannung bewußt hinein, fühlen Sie sich hinein und versuchen Sie, sich langsam zu lockern, sich praktisch fallen zu lassen wie in ein Federbett. Machen Sie sich klar, daß es etwas Gutes ist zu entspannen und loszulassen, sich zu lösen und setzen Sie Ihre Meditation fort, indem Sie achtsam auf „diesen einen Atemzug" achten, Atemzug für Atemzug.

Ich bekomme Angst, ich spüre meine psychischen Verletzungen
Es ist nicht ungewöhnlich, daß gerade dann, wenn man zur Ruhe kommt, Ängste aufsteigen oder frühere Verletzungen – häufig verdrängt – neu aufbrechen. Das kann so stark werden, daß man kaum noch in Ruhe zu atmen vermag. In der Meditation sollte man sie dagegen nicht verdrängen, nicht einfach beiseite schieben, sondern sie betrachten, sie sozusagen befragen und sie damit akzeptieren. Aber lassen Sie sich nicht von den Ängsten oder ärgerlichen oder traurigen Gefühlen besetzen und in Besitz nehmen. Registrieren Sie sie, ohne sie zu beurteilen und schaffen auf diese Weise eine gewisse Distanz zu ihnen. Betrachten Sie negative Gefühle als negative Gefühle, Ärger als Ärger, Traurigkeit als Traurigkeit und Wut als Wut. Fragen Sie sich, warum diese Gefühle Sie so stark in Besitz nehmen wollen und warum Sie sich so verletzt fühlen. Versuchen Sie dann, die Gefühle davonziehen zu lassen. (Sollten jedoch nachhaltige psychische Störungen vorliegen, ist es geraten, mit einem erfahrenen Meditations-Lehrer und/oder mit einem Psychotherapeuten darüber zu sprechen).

Ich kann nicht aufhören zu denken
Das ist völlig verständlich. Seit Jahrhunderten definieren wir Menschen im Westen uns über das Denken: „Cogito ergo sum". Und das, was seit Jahrhunderten in die Menschen eingetrichtert wurde, soll nun plötzlich aufhören, nur weil Sie sich entschieden haben zu meditieren? Nein, dagegen rebelliert Ihr Verstand, er fühlt sich missachtet und versucht mit allen Mitteln, Ihnen deutlich zu machen, daß es so nicht geht. Er signalisiert Ihnen viele gute Einfälle, die dringend aufgeschrieben werden sollten, um sie nicht zu vergessen, er signalisiert nahende Termine, die vorbereitet sein wollen, er bietet wichtige Erinnerungen, die ihre Gedanken an sich zu binden wünschen. Gehen Sie nicht frontal gegen all diese Gedanken vor. Je stärker Sie den Versuch machen, nicht mehr zu denken, um so mehr Gedanken versuchen, Sie von Ihrem Vorhaben abzubringen. Daher betrachten Sie ruhig die Gedanken, betrachten und beleuchten Sie die Störversuche und fragen sich, ob es richtig ist darauf einzugehen und die von Ihnen gesetzte Priorität zu durchbrechen. Meditieren Sie über diese Ablenkungsversuche und gehen Sie zurück zu Ihrem Atem, zu Ihrem jetzigen Atemzug. Ärgern Sie sich nicht, auch anderen passiert das, was Sie erleben. Gelingt es Ihnen nicht, sich wieder auf den Atem zu konzentrieren, so können Sie auch versuchen, Ihren Atem zu zählen. Zählen Sie jeden Atemzug bis zu der Anzahl zehn, und beginnen Sie den nächsten Atemzug wieder bei eins. Auch wenn Sie dann merken, daß Sie beim Zählen durcheinander gekommen sind, daß Ihre Achtsamkeit nicht ausreichte, so bleiben Sie gelassen und freundlich, beginnen einfach wieder bei dem Atemzug eins. Anstelle zu zählen können Sie auch ein Wort wie

z.B. Frieden oder Shalom unhörbar sprechen und immer wieder, mit dem Atemzug zu diesem Wort zurückkehren, so häufig Sie auch immer von Gedanken unterbrochen werden. Sie können auch ein solches Wort innerlich singen. Wozu Sie sich immer entscheiden, um Ihre Konzentration zu erhalten, bleiben Sie bei der gewählten Methode. Lassen Sie ihre aufkommenden Gedanken vorbeiziehen wie Wolken.

Ich sehe Farben, Blitze, höre Musik oder fange an zu schweben
Auch solche Empfindungen sind zwar nicht üblich, aber auch nicht völlig ungewöhnlich. Messen Sie ihnen einfach keine besondere Bedeutung zu; denn auch sie gehören zu der Kategorie Ablenkungsmanöver. Registrieren Sie die Erscheinungen und Empfindungen neutral wie ein Wissenschaftler, beobachten und beleuchten Sie sie von allen Seiten und lassen Sie sie letztendlich vorbeiziehen. Kehren Sie zurück zu Ihrem Atemzug und zu der von Ihnen gesetzten Priorität

Was ist der richtige Ort und die richtige Zeit für die Meditation?
Grundsätzlich kann man überall und zu jeder Zeit meditieren. Wenn man mit dem Meditieren beginnt und die Meditation noch nicht zu einem täglich geübten Bestandteil des Lebens geworden ist, erweist es sich als nützlich, einige Ratschläge zu beachten.

Suchen Sie sich in Ihrer Wohnung eine ruhige Ecke, in der Sie entweder Ihre Meditationsutensilien leicht verstauen oder gar offen liegen lassen können. Im Anfang ist es hilfreich, ungestört zu sein und sich eine feste Zeit vorzunehmen. Beginnen Sie am besten morgens nach dem Aufstehen mit einer zunächst 10-minütigen Meditation oder nehmen Sie sich abends 10 Minuten Zeit, um die Stille und das Nichtdenken zu genießen. Dehnen Sie den Zeitraum langsam aus bis auf 20 bis 25 Minuten. Mit einer täglichen Meditation von 20 Minuten können Sie für sich schon sehr viel Gutes tun.

Mit der Zeit werden Sie erfahren, daß zwar äußere Ruhe und Ungestörtsein hilfreich für die Meditation sind, aber Sie lernen auch, mit Geräuschen und Unruhe um sich herum fertig zu werden, sich davon nicht stören zu lassen. Sie nehmen die Störfaktoren wie sie sind, Sie bewerten sie nicht und beurteilen sie nicht, sondern Sie akzeptieren sie als zum Alltagsleben gehörend. Auf diese Weise immunisieren Sie sich im Laufe der Zeit gegenüber den Geräuschen und Störungen und lassen sich nicht davon abhalten, tief zu meditieren. Probieren Sie danach auch, an ungewohnten Orten und zu ungewohnten Zeiten zu meditieren, z.B. in Situationen, in denen Sie leicht ärgerlich werden: z.B. beim Warten auf den Bus oder den Zug, beim Warten auf den Gesprächspartner oder wenn Sie einen Brief zum Postkasten bringen. Mit der Zeit erfahren Sie, daß Sie während des Tages häufig eine Chance haben, tief durchzuatmen, die Gedanken loszulassen und auf diese Weise neue Kraft zu tanken, sich innerlich zu beruhigen und konzentrierter und achtsamer zu werden (anstatt sich zu ärgern und dadurch Kraft und Energie zu verschleudern). Warum nervös mit den Fingern trommeln, sobald man im Autostau steckt, wenn man durch tiefes Aus- und Einatmen, durch Nichtdenken, also durch eine kurze Meditation seine Nerven beruhigen und frische Achtsamkeit tanken kann?

Sie machen die Erfahrung, daß Meditieren zwar nicht schwer ist, daß aber Körper und Geist versucht sind, Sie davon abzubringen. Gedanken und Empfindungen lassen sich nicht so einfach abstellen wie man einen Lichtschalter ein- oder ausschaltet. Die Beruhigung des Denkens und des Körpers ist also nicht zum Nulltarif zu haben, sondern sie muß eingeübt werden. Aber mit der Zeit merken Sie, daß es Ihnen immer besser gelingt und daß Sie selbst die Verantwortung für Ihre Prioritäten übernehmen und die Herrschaft über sich gewinnen.

9. Erleuchtung, Satori-Erfahrung

Viele Diskussionen über Zen und die Zen-Meditation leiden darunter, daß relativ schnell die Begriffe Erleuchtung und Satori fallen und dann endlos über diese Begriffe und deren möglicher Inhalt diskutiert und gestritten wird. Häufig mit dem Zurückbleiben eines „schalen" Gefühls bei den Diskutierenden. Insofern rate ich Führungskräften dazu, sich **nicht** (sofort) mit diesen leicht zu Missverständnissen führenden Begriffen zu befassen, sondern pragmatisch die Zen-Meditation auszuüben und durch diese Praxis zu erfahren, welch positiven Wirkungen dadurch für das Privat- und Berufsleben erschließbar sind. Natürlich passt es zu unserem westlichen, primär von der Ratio geprägten Bewußtsein, daß wir alles in Begriffe fassen wollen, aber wir haben ja auch vielfältig die Erfahrung gemacht, daß solche theoretischen Diskussionen einen nicht weiter bringen, weil sie zu vergleichen sind mit einem Disput unter Blinden über die Farbe.

Mit diesem Hinweis möchte ich aber keineswegs die alles überragende Bedeutung der Erleuchtung für die Menschen, die sie erfahren haben, relativieren, sondern ich möchte nur betonen, daß Erleuchtungs-Erfahrungen sich nicht richtig in unsere Begriffswelt umsetzen lassen und als verbale Beschreibungen immer unvollkommen bleiben müssen für diejenigen, die eine solche Erfahrung noch nicht gehabt haben.

Im Gegensatz zur Religion geht es bei der Zen-Meditation und bei der Erleuchtungs-Erfahrung nicht um Glauben, sondern um Erfahrungen, die von denjenigen, die sie gehabt haben, auch bei anderen eindeutig – trotz des ungenügenden Versuchs der sprachlichen Vermittlung – erkennbar und von anderen Gefühlen oder Erlebnissen unterscheidbar sind. Die Erleuchtungs-Erfahrung ist eine unmittelbare Erfahrung (direct or immediate experience) der Wirklichkeit, d.h. die Wirklichkeit wird unmittelbar, ohne Berücksichtigungen von Lehrmeinungen, ohne Dogmen, ohne Imagination, ohne Ritual und ohne Wissenschaft unmittelbar erfahren. Eugen Herrigel formuliert das in seinem Buch ‚Der Zen-Weg' so: „Diese Sicht enthält nicht den geringsten Einschlag von Reflexion, kommt auch nicht mit deren geheimer Beihilfe zustande. Diese Sicht überfällt vielmehr blitzartig...mit einem Schlag. Sie ist so leibhaftig deutlich, daß sie höchste Gewissheit mit sich führt."

Friedrich Nietzsche beschreibt eine solche Erfahrung, die er im August 1881 am See von Silvaplana gemacht hat: „in dem Sinn, daß plötzlich, mit unsäglicher Sicherheit und Feinheit, etwas sichtbar, hörbar wird, etwas, das einen im Tiefsten erschüttert und umwirft, beschreibt einfach den Tatbestand. Man hört, man sucht nicht, man nimmt, man fragt nicht, wer gibt; wie ein Blitz leuchtet ein Gedanke auf, mit Notwendigkeit, in der Form ohne Zögern, – ich habe nie ein Wahl gehabt. Eine Entzückung, deren ungeheure Spannung sich mitunter in einen Tränenstrom auflöst; bei der der Schritt unwillkürlich bald stürmt, bald langsam wird; ein vollkommenes Außer-sich-Sein mit dem distinktesten Bewußtsein einer Unzahl feiner Schauder und Überrieselungen...; eine Glückstiefe, in der das Schmerzlichste und Düsterste nicht als Gegensatz wirkt, sondern als bedingt, als herausgefordert... – die Länge, das Bedürfnis nach einem weit gespannten Rhythmus ist beinahe das Maß für die Gewalt der Inspiration...Alles geschieht in höchstem Grade unfreiwillig, aber wie in einem Sturme von Freiheitsgefühl, von Unbedingtsein, von Macht, von Göttlichkeit".

Jean Gebser erzählte 1953 seinen Studenten, wie sein epochales Werk „Ursprung und Gegenwart", in dem er die einzigartige Idee der Bewußtheitsentwicklung der Menschheit entwickelte, in einer plötzlichen Intuition als Gesamtkonzeption ihm deutlich und mit einem Schlage gegenwärtig geworden war: „Es ist heute genau zwanzig Jahre her, daß ich, blitzartig, einen Gedanken hatte, der, in seiner Wirkung auf mich selber, anders war als sonstige Gedanken, die man sich als junger Mensch macht. Es war ein Gedanke, dessen Konsequenzen so weitreichend waren, daß er mir gewissermaßen den Atem benahm. Es war ein Geschenk, das mir das Schicksal zuspielte."

Für den unvoreingenommen Beobachter der Erleuchtungserfahrungen ist es erstaunlich, wie sich die Erfahrungsberichte von Menschen völlig unterschiedlicher Kulturen und Religionen in ihrem wesentlichen Inhalt gleichen. Hieraus ergibt sich vielleicht die Chance, daß – jenseits aller trennenden Begriffe der Religionen – sich eine Möglichkeit zu einem neuen Verständnis der Wirklichkeit, zu einem Aufbruch in ein neues gemeinsames Bewußtsein ergibt, durch das die Religionen nicht überflüssig werden, sondern sich in eine erweiterte Dimension transzendieren. Willigis Jäger formuliert diesen Aspekt wie folgt: „Transkonfessionelle Spiritualität meint nicht eine Religion, sondern eine Religiosität jenseits der Religionen. Und diese Religiosität ist ein Grundzug unserer menschlichen Natur. Es ist die uns zutiefst eigene Tendenz, uns zum Ganzen und Einen hin zu öffnen. Diese Tendenz teilen wir mit allen Lebewesen; denn sie ist die treibende Kraft der Evolution. Bislang manifestierte sie sich in den vielfältigen Religionen der Welt, denn außerhalb der Religionen gab es über Jahrtausende kein Trennung von Religion und Spiritualität. Jetzt aber erleben wir, daß sich diese religiöse Kraft von den hergebrachten Religionen löst.“

Wenn wir als das letzliche Ziel der Meditation die Erleuchtungs-Erfahrung akzeptieren, so besteht diese nicht nur in dem vollkommenen Erwachen des Selbst zur eigenen wahren Natur, sondern sie realisiert gleichzeitig ein tiefes Verständnis des Charakters des Universums. Alles was geschieht wird als ein gewaltiger evolutionärer Prozess des allumfassenden Lebens verstanden, in dem diese Welt in jedem Augenblick neu geboren wird. Gott wird dann nicht mehr als der von außen wirkende Initiator der Evolution verstanden, sondern die Evolution ist der sich selbst entfaltende Gott (so Willigis Jäger in seinem Buch „Die Welle ist das Meer“). Johannes Kopp beschreibt den Zusammenhang wie folgt: „Der Mensch findet Gott in seinem eigenen Leben. Und je mehr er ihn findet, umso mehr entfaltet sich seine geistige Kraft und Initiative, die Welt zu gestalten als seinen eigenen Lebensraum. Wenn er Gott in der Mitte seines Lebens anerkennt und seine Sache mit ihm tut, dann findet er in seinen weltlichen Bedingungen immer tiefer zu sich selbst. Damit ist das Ringen um das rechte Selbst-, Welt- und Gottverständnis auf den Punkt gebracht“ (S 180).

Karlfried Graf Dürckheim folgert in seinem Buch ‚Von der Erfahrung der Transzendenz“: „In den Seinsfühlungen und Seinserfahrungen geht dem Menschen eine Dimension des Lebens und seines Bewußtseins auf, die bisher verborgen, d.h. nur insgeheim vorhanden war. Die „Große Erfahrung“ hat ihm für einen Augenblick den Zugang zu seinem zutiefst Geheimen geöffnet...Das, was in dieser Erfahrung verheißungsvoll und versprechend, befreiend und zugleich verpflichtend, beglückend und verwandelnd dem Menschen geschenkt und gezeigt und von ihm gefordert wird, das kann nun bewußt aufgegriffen und systematisch in Arbeit genommen werden! Erst mit der Bewußtwerdung und systematischen Verfolgung gewinnt die transzendente Dimension, wo sie erlebt wurde, wirklich Wirklichkeit im Menschen. Wo das geschieht, kommt der Mensch auf das, was man den „Weg“ nennt, d.h. zum Fortschreiten zu dem, worauf er in seinem Wesen angelegt ist.“

Erich Fromm beschrieb in seinem Vortrag ‚Psychoanalyse und Zen-Buddhismus" die Erfahrung: „Plötzlich werden einem die Augen geöffnet; man selbst und die Welt erscheinen in einem neuen Licht, werden von einem anderen Gesichtspunkt aus gesehen. Vor dem Erlebnis empfindet man gewöhnlich große Angst, während man nachher ein neues Gefühl der Stärke und Gewissheit hat... Die Bedeutung dieses *erlebten Wissens* liegt darin, daß es die Art von Wissen und Bewußtsein übersteigt, wo sich der Subjekt-Intellekt als Objekt betrachtet, und daher geht es über die westliche, rationalistische Auffassung des Wissens hinaus."

Dabei kann jeder Mensch – auch unvorbereitet – eine Erleuchtungs-Erfahrung machen. Es ist dafür nicht erforderlich, Meditation oder eine andere spirituelle Praxis auszuüben. Wohl aber läßt sich die „Disposition" für eine solche Erfahrung durch Meditation intensivieren.

Eine Erleuchtungserfahrung macht noch keinen „Erleuchteten". Vielleicht sind die „kleinen Erleuchtungserfahrungen", also die kurzen Momente, in denen einem etwas klar wird, einem etwas so einleuchtet, daß man bereit ist, seine Lebensweise zu verändern, genau so wichtig. Es können wunderbare „Trittsteine über den Fluß" sein, die den Geist in Erleuchtung einüben.

10. Benötigt man einen Lehrer?

Diese Frage ist nicht eindeutig zu beantworten. Man kann mit gutem Erfolg allein und/oder in einer der vielen örtlichen Gruppen meditieren, ohne einen Lehrer zu haben. Natürlich ist eine Einführung in die Zen-Meditation sinnvoll und nützlich. Letztendlich ist ein guter Lehrer jedoch – genau so wie beim Golf- oder Klavierspiel sinnvoll, wenn man tiefer in die Meditation eindringen und sich durch die Meditation stärker verändern will. Gute Lehrer sind jedoch selten. Daher sollte man sich Zeit lassen, „seinen" Lehrer zu finden. Häufig ist das Finden nicht das Ergebnis einer aktiven und systematischen Suche, sondern der richtige Lehrer findet sich ein, wenn man ihn ernstlich wünscht und ohne ihn nicht richtig weiter kommt. Wie erkennt man aber einen guten Lehrer? Ein solcher versucht nicht, seine Schüler zu lenken, ihr Leben selbst in die Hand zu nehmen, sondern er hilft ihnen – fast unmerklich und ohne viel Worte – ihren eigenen, ihren spezifischen Weg zu finden. Ein guter Lehrer gibt Anleitung, ermutigt, gibt feed back und inspiriert den Schüler durch sein eigenes Vorbild.

Er hilft dem Schüler, das in ihm steckende Potenzial zu wecken und zu erschließen und vermeidet es, dem Schüler seine eigenen Vorstellungen und Pläne aufzuzwingen. Ein guter Lehrer wirkt wie ein Spiegel, in dem der Schüler seine persönliche Qualitäten, seine Offenheit und Großzügigkeit, sein Unterscheidungsvermögen und seinen Humor, seine Haltung des Loslassens und Akzeptierens, sein Mitgefühl, seine Stärke und seinen Mut erkennt. Ein guter Lehrer hat Respekt vor seinem Schüler und weidet sich nicht an persönlichen Unzulänglichkeiten. Er stärkt die Selbstachtung des Schülers und manipuliert nicht dessen Emotionen, sondern weckt dessen natürliche Intelligenz und stärkt dessen kritische Wachheit.

In seinem Buch „Zen-Geist gleich Anfänger-Geist" zitiert der berühmte Zen-Meister Zuzuki die Beschreibung eines wahren Meisters:

„Ein Meister (Roshi) ist ein Mensch, der jene vollständige Freiheit verwirklicht hat, welche als Entwicklungsmöglichkeit für die Menschen gegeben ist. Er existiert frei in der Fülle seines ganzen Seins. Der Fluß seines Bewußtseins ist nicht in das festgeprägte, sich wiederholende Muster unseres üblichen egozentrischen Bewußtseins eingezwängt; er entsteht vielmehr unmittelbar und natürlich aus den wirklichen Umständen der Gegenwart. Die Ergebnisse hiervon im Sinne der Qualität seines Lebens sind außerordentlich: Spannkraft, Vitalität, Ehrlichkeit, Einfachheit, Bescheidenheit, Gelassenheit, Heiterkeit, erstaunlicher Scharfsinn und grenzenloses Mitgefühl. Sein ganzes Sein bezeugt, was es bedeutet, in der Realität der Gegenwart zu leben. Ohne daß der Meister etwas sagt oder tut, kann allein schon der Einfluß der Begegnung mit einer so weit entwickelten Persönlichkeit genügen, deinen ganzen Lebensweg zu ändern. Doch letzten Endes ist es nicht die Außergewöhnlichkeit des Meisters, welche den Schüler verblüfft, fesselt oder in seine eigene Tiefe treibt, es ist seine völlige Schlichtheit. Weil er wirklich er selbst ist, ist er für seine Schüler ein Spiegel. Wenn wir mit ihm zusammen sind, fühlen wir unsere eigenen Stärken und Schwächen, ohne irgendein Gefühl von Lob oder Kritik seinerseits. In seiner Gegenwart sehen wir unser „ursprüngliches Gesicht", und das Außerordentliche, das wir sehen, ist unser eigenes, wahres Wesen. Sobald wir lernen, unser eigenes Wesen freizusetzen, verschwinden die Grenzen zwischen Meister und Schüler in einem tiefen Strom des Seins und der Freude in der Entfaltung des Geistes."

Unter den Lehrern gibt es auch weniger gute und Scharlatane, die nicht immer die Entwicklung des Schülers im Auge haben, sondern selbstsüchtige Ziele verfolgen. John Welwood gibt einige Hinweise auf falsche spirituelle Lehrer (vgl. John Welwood, Über echte und falsche spirituelle Autorität, in: Meister, Gurus, Menschenfänger, S 39ff.), die im „psychospirituellen Supermarkt" der heutigen Zeit anzutreffen sind und nennt dabei folgende Aspekte

-   der Leiter verfügt über die totale Macht, das Selbstwertgefühl seiner
    Anhänger zu bestärken oder zu vernichten, und er bedient sich dieser
    Macht
-   die Gruppe wird durch Ergebenheit einer gemeinsamen Sache, einer
    Ideologie gegenüber zusammengehalten. (Kultgruppen wirken anzie-
    hend auf Menschen, weil sie an deren altruistische Ideale appellieren,
    an ihr Bedürfnis, Gutes zu tun, in der Welt von Wert zu sein oder gar
    die Welt zu retten)
-   der Führer hält seine Gefolgschaft „auf Kurs" indem er Gefühle der
    Hoffnung und Angst manipuliert. Die Währung im Reich des Kultfüh-
    rers ist das Versprechen
-   das „Gruppendenken" dient dazu, die Anhänger zusammenzuschwei-
    ßen. Übereinstimmung mit den Ansichten der Gruppe ist wichtiger als
    gesunder Menschenverstand und unabhängiges Urteil
-   Kultführer sind häufig selbst ernannte Propheten

Literatur:
Victor N. Davich, Meditation, München 1999
Karlfried Graf Dürckheim, Von der Erfahrung der Transzendenz, Herder-
    Spektrum 1984
Erich Fromm, Daisetz Teitaro Suzuki, Richard de Martino, Zen-Buddhis-
    mus und Psychoanalyse, Frankfurt 1971
Eugen Herrigel, Der Zen-Weg, Bern, München, Wien 2000
Johannes Kopp, Schneeflocken fallen in die Sonne, 2. Aufl., Essen 1995
Willigis Jäger, Die Welle ist das Meer, Herder-Spektrum 2000
Shunryu Suzuki, Zen-Geist Anfänger Geist, Thesus-Verlag, Berlin
K. Wilber, B. Ecker, D. Anthony, Meister, Gurus, Menschenfänger – Über
    die Integrität spiritueller Wege, Frankfurt 1998

3. Führen können heißt verstehen lernen

Hans Wielens

1. Was beobachten wir bei Führungskräften, in Firmen und in der Gesellschaft?

Ein Seufzer: „Es gibt so viel zu tun – und nie genug Zeit. Ich fühle mich dauernd unter Druck und fühle mich gehetzt, jeden Tag, sieben mal die Woche, morgens, abends und selbst nachts. Ich habe schon Seminare für Zeitplanung besucht, ich habe mindestens ein halbes Dutzend verschiedener Bücher über Management-Planungs-Systeme gelesen, ich treibe Sport, um mich fit zu halten. Alles das hat gewiss geholfen, aber ich habe noch lange nicht das Gefühl, wirklich ein produktives, erfülltes Leben zu leben, ein Leben, das ich mir so sehr wünsche." Einige weitere Seufzer: „Ich werde glücklich sein, wenn ich erst mal Geschäftsführer geworden bin." Oder „Wenn ich nur einen etwas verständnisvolleren Chef hätte, könnte ich viel produktiver sein, würde mich weniger unter Druck gesetzt fühlen und hätte weniger Frust".

Immer mehr Menschen, die ihre Heilserwartung nach außen gerichtet haben, in Geld, Macht, Karriere, die sich zur Erreichung dieser Ziele immer stärker diszipliniert haben, immer mehr Zeit eingesetzt und neue Siege errungen haben, stellen plötzlich fest, daß all ihr Einsatz fragwürdig geworden ist, weil die Kosten für die Siege – eine zerrüttete Ehe, schlechte Beziehungen zu den Kindern, Verlust an Integrität und Authentizität – in keinem richtigen Verhältnis zu dem Erreichten stehen. Sie stellen fest, daß ihre Erfolge auf Kosten von Werten erzielt wurden, von denen sie plötzlich merken, daß sie ihnen wichtig waren und sind.

Ärzte, Psychologen und Psychotherapeuten weisen darauf hin, daß viele Krankheitsbilder auf keinerlei organischen Befunden beruhen, sondern psychosomatische Ursachen haben. Schlafstörungen, mangelnde Konzentrationsfähigkeit, innere Unruhe, Schuldgefühle, Überlastungserscheinungen, burn-out-Syndrome, mangelnde innere Gelassenheit, mangelnde Fähigkeit, sich entspannen und die Probleme der Arbeit los lassen zu können, werden in diesem Zusammenhang genannt. Viele Menschen kommen nicht mehr mit dem immer schneller werdenden Wandel zurecht, in dem sie stehen und den sie gestalten sollen. Immer mehr wissenschaftliche Untersuchungen über das Thema „Ängste der Führungskräfte" kommen zu besorgniserregenden Feststellungen über die Kosten der Angst in der Wirtschaft, so z.B. die Untersuchungen von Prof. Winfried Panse und Dr. Wolfgang Stegmann von der Wirtschaftsfachhochschule Köln oder die Untersuchung der International Labour Organization (ILO), die u.a. zu dem Ergebnis gelangt, daß in einzelnen Ländern bis zu 10 % der Führungskräfte depressiv sind.

Besonders auffällig ist der Widerspruch zwischen der Selbstdarstellung und der Realität. Man gibt sich aufgeschlossen für Neues, unterstützt aber den Prozess zur Bürokratisierung, durch den Selbstkritik und Kreativität häufig erstickt werden. Laufend werden neue Strategien entworfen, aber offenkundige Schwachstellen häufig nicht konsequent beseitigt.

Negative Veränderungen in der Qualität des Managements lassen sich auch daran erkennen, daß etwa 70% aller Umorganisationsprozesse abgebrochen werden oder nicht zu den gewünschten Zielen führen. Viele Fusionen scheitern, weil die so häufig beschworenen synergetischen Effekte nicht realisiert werden konnten und weil zu schnell, zu hektisch gehandelt wurde und die unterschiedlichen Kulturen unzureichend beachtet und die Menschen nicht „mitgenommen" wurden. Wenn man den Gründen nachgeht, warum Fehlentscheidungen getroffen wurden, so stößt man häufig auf folgende Sachverhalte: Viele Führungskräfte können Widerspruch und Widerstand kaum noch ertragen, sie fühlen sich selbst gehetzt von den Änderungen und suchen ihr Heil in schnellen und großen Schritten. Wer nicht mitmacht und Bedenken erhebt, wer sich Zeit nehmen will, um die Veränderungen und die sich daraus ergebenden Interdependenzen gründlicher zu untersuchen, wird häufig schon als lästig empfunden und an den Rand gedrängt. Leicht passiert es dann, daß Führungskräfte nicht mehr sagen, was sie denken und nicht mehr tun, was sie sagen. Zu recht heißt es zwar, daß die Schnellen die Langsamen fressen, aber die Vorschnellen, die ihre Vorgehensweise nicht gründlich genug fundiert und abgesichert haben, fressen sich selbst, indem sie ihre Kräfte zersplittern und vergeuden.

2. Was muß man verstehen, um besser führen zu können?

a) Sich selbst

In der Führungslehre ist unbestritten, daß eine unverzichtbare Voraussetzung für gute Führung es ist, sich selbst zu verstehen. Wie aber lernt man, sich Selbst zu kennen und sich selbst verstehen? Das Verstehen hat wohl etwas mit Geist und Bewußtsein zu tun, die aus naturwissenschaftlicher Sicht an das Nervensystem und an das Gehirn gebunden sind. Sich die Entwicklung des Gehirns bewußt zu machen, ist insofern sinnvoll, als dort nicht nur die von uns selbst gemachten Erkenntnisse und Erfahrungen, sondern auch viele Informationen aus unserer langen Vorzeit abgespeichert sind, deren wir uns meist nicht bewußt sind. Die evolutorische Entwicklung des Gehirns bzw. besser der Gehirne läßt sich in dem folgenden Diagramm darstellen:

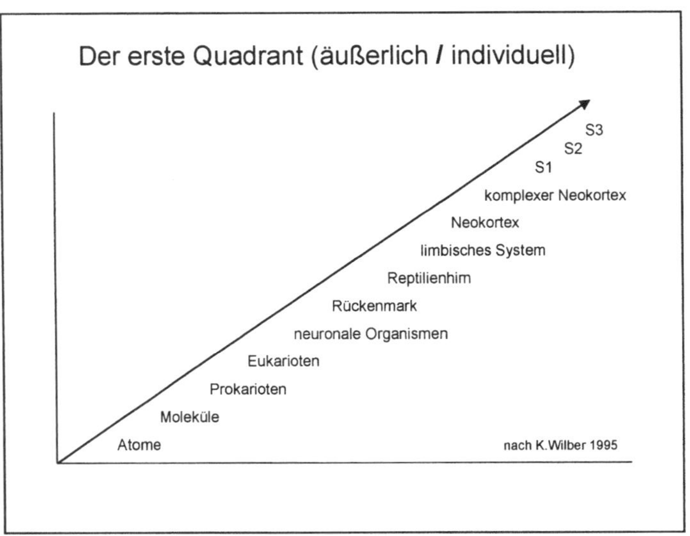

Die evolutorische Entwicklung des Gehirns

Mit dem Blick auf die Entwicklung des Gehirns greifen wir dem Prinzip der evolutorischen Weiterentwicklung schon etwas voraus, dem Prinzip der Integrationsstufen bei der Selbstorganisation des Kosmos; das im nächsten Abschnitt behandelt wird. Das Gehirn entwickelte sich über einen sehr langen Zeitraum, und es entwickelt sich weiter fort. Aus dem Zusammenschluss von Atomen entwickelten sich Moleküle, aus Molekülen entwickelten sich über mehrere Stadien Zellen, aus Zellen entstanden Organismen mit Nerven. Die Neuronen oder Nervenzellen haben die Aufgabe, eine rasche Kommunikation zur Koordinierung der komplexen Körperfunktionen und des Verhaltens zu gewährleisten. In der weiteren Entwicklung bauten sie das Zentralnervensystem und in mehreren Stufen das Gehirn auf. Das sogenannte Reptiliengehirn diente als Koordinator für Verhaltensformen wie Territorialität, rituelle Kämpfe und Einschüchterungen des Gegners bis zur Bildung gesellschaftlicher Hierarchien. Allerdings konnte das Reptiliengehirn schlecht mit neuen Situationen fertig werden. Daraufhin bildete sich das ältere Säugetiergehirn, auch limbisches System bezeichnet, durch das Informationen verarbeitet werden konnten, die als Gefühle und Emotionen offenbar wurden. Das jüngere Säugetiergehirn (Neokortex genannt) bildete die Grundlage für die Entwicklung der Sprache und der Logik, also der Fähigkeit zur Abstraktion und damit der Loslösung von der Wirklichkeit.

Der Neokortex und seine Weiterentwicklungen sind somit der Ort, an dem die Informationen im Sinne eines sich selbst reflektierenden Geistes organisiert werden. Dadurch gewann der Mensch die Fähigkeit, sich Selbst zu beobachten, in sich selbst, in seine Empfindungen zu schauen und sein Verhalten und seine Empfindungen zu beobachten und darüber nachzudenken. Das Stirnhirn (Frontalregion) des Neokortex ist in zwei Bereiche aufgeteilt. Die linke Stirnhirnregion gilt als die mehr logisch/verbale. Sie geht mit Worten um, beschäftigt sich mit Analysen, d.h. mit dem Auseinanderbrechen der Teile, sie dient dem sequentiellen Denken. Im Westen leben wir in einer Welt primär linkshemisphärischer Dominanz des Gehirns, in der Worte, Messungen und Logik herrschen und wo die eher kreativen, intuitiven, fühlenden und künstlerischen Aspekte unseres Wesens oft eine untergeordnete Rolle spielen. Die rechte Stirnhirnregion entspricht dagegen mehr der Vorstellungskraft und dem Gewissen. Sie ist stärker die intuitiv-kreative Seite, die sich mit dem Zusammenfügen, mit der Synthese beschäftigt. Je mehr es uns gelingen wird, auch die rechte Gehirnsphäre zu aktivieren und anzuzapfen, desto besser werden wir ganzheitlich etwas erfassen und visualisieren können.

Eine über Jahrtausende erfolgreich angewandte Methode, sich selbst besser kennen zulernen, sich selbst, sein eigenes Fühlen und Denken sozusagen aus der Vogelperspektive neutral zu beobachten und sein wirkliches inneres Wesen zu ahnen, ist die Meditation, die praktisch in allen Kulturen und in unterschiedlichen Formen entwickelt wurde.

Viele unserer Verhaltensweisen und Emotionen stammen noch aus der Zeit der Entwicklung des Reptiliengehirns und des älteren Säugetiergehirns, so z.B. rituelle Kämpfe und die Grundstrukturen von Einschüchterungsverfahren sowie Emotionen wie Wut, Ärger, Enttäuschung usw. Durch die Weiterentwicklung des Gehirns haben wir allerdings die Fähigkeit erlangt, über diese Verhaltensweisen und Emotionen nachzudenken, unser Verhalten in Frage zu stellen. Dabei lernen wir – worauf Willigis Jäger immer wieder hinweist, daß die Emotionen zwar zur Grundstruktur unserer Psyche gehören, daß wir aber nicht identisch sind mit unseren Gefühlen, unseren Stimmungen, unserer Wut, unserer Enttäuschung, unserem Hass und unserer Eifersucht, sondern daß wir in der Lage sind, diese Emotionen (neutral) zu beobachten. Wir sind auch nicht identisch mit unseren Gedanken, sondern wir können über diese nachdenken, wir können beiseite treten. Wir können selbst entscheiden, wie wir auf einen äußeren Reiz reagieren wollen. Wenn wir uns wütend fühlen, können wir wütend sein, aber wir können wach wütend sein und brauchen der Wut nicht zu gestatten, unser Bewußtsein zu ersticken, uns zu besetzen oder gar zu besitzen. Je mehr wir Zugang finden zu unserer tieferen Existenz, um so unabhängiger werden wir von den oberflächlichen Emotionsstürmen.

Wenn wir unseren inneren Kern erfahren und unsere innere Bestimmung, so erfahren wir ein Zentrum, das uns ein Gefühl dafür gibt, wer wir sind und warum es uns gibt. Dieses innere Zentrum wird uns dann auch Kraft, Sicherheit, Orientierung und Weisheit geben, aus denen die Fähigkeit erwächst, das Wichtige voranzustellen und auch die Dinge anzupakken, die man nicht gern tut, die man aber erledigt, wenn sie wichtig sind. Jeder kann sich somit sein eigenes Skript schreiben für sein Leben und braucht nicht mehr auf Skripten zurückzugreifen, die beispielsweise die Eltern, die Gesellschaft oder wer auch immer für ihn geschrieben haben.

Victor Frankl, der Überlebende des Holocaust hat seine Erfahrungen im KZ, die denen gleichen, die aus der Meditation kommen, wie folgt formuliert: „Jeder kann im Leben seine eigene spezifische Mission oder Berufung finden, wobei er sie eher entdecken als erfinden wird. Weder ist er in dieser Berufung zu ersetzen, noch läßt sich sein Leben wiederholen. Dagegen ist die Aufgabe eines jeden so einzigartig wie seine spezifische Möglichkeit, sie zu erfüllen. Letzten Endes sollte der Mensch nicht fragen, was der Sinn des Lebens ist, sondern erkennen, daß er es ist, der gefragt ist. Jeder wird, in einem Wort, vom Leben befragt; und er kann nur dadurch antworten, daß er für sein eigenes Leben antwortet; auf das Leben kann er aber nur dadurch antworten, daß er selbst verantwortlich ist." Samuel Johnson formuliert ähnlich: „Die Quelle der Zufriedenheit muß aus dem eigenen Geist entspringen, und wer so wenig über die Natur des Menschen weiß, daß er Glück durch das Verändern von irgendetwas anderem als seinen eigenen Charakteranlagen sucht, der wird sein Leben mit fruchtlosen Bemühungen verschwenden und den Kummer, den er zu entfernen trachtet, vervielfältigen."

b) Die evolutorische Entwicklung der Welt

Nun möchte ich als Wirtschaftswissenschaftler Ihnen nicht das naturwissenschaftliche Weltbild der Evolution erklären. Betrachten Sie meine Ausführungen daher nur als laienhafte Einladung, sich mit dem Thema möglicherweise intensiver zu befassen. Unser Weltbild wird noch stark bestimmt von den naturwissenschaftlichen Erkenntnissen vergangener Jahrhunderte. Die Forschungsergebnisse des 20. Jh. sind noch nicht in unser Alltagsbewußtsein integriert.

Die Physiker lehren uns, daß wir in einer expandierenden Welt leben, in einer vierdimensionalen Raum-Zeit, in der die weit entfernten Galaxien sich von uns mit immer größerer Geschwindigkeit entfernen. Der Beginn wird auf etwa 15 Milliarden Jahren datiert, auf einen gewaltigen Anfang.

An dem big bang ist besonders spannend, daß die so entstandene Materie kein konturloser chaotischer Brei war, sondern sich selbsttätig zu immer komplexer verschachtelten Formen ordnete. Diese waren so komplex, daß manche von ihnen vor etwa 3,5 Milliarden Jahren fähig wurden, sich Selbst zu reproduzieren, und so ging aus Materie Leben hervor. Der mit dem big bang in Gang gesetzte Prozess führte somit von der Materie zum Leben und später zum Geist.

Mit dem Siegeszug der westlichen Wissenschaft (für ihn stehen insbesondere die Namen Kopernikus, Kepler, Galilei, Bacon, Newton und Kelvin), befassten sich die Wissenschaftler mit der experimentellen Erforschung der Physiosphäre, dem stofflichen Universum, der Welt der unbelebten Materie, also mit dem Bereich, der am wenigsten kompliziert zu sein schien. Durch all die Forschungen bekam man von der Physiosphäre den Eindruck eines gigantischen Mechanismus, einer universalen Maschine, in der strikte Kausalität herrsche. Die Wissenschaft fand bald zwei verschiedene Arten von Phänomenen heraus: das eine wird von den Gesetzen der klassischen Mechanik beschrieben, in der die Zeit keine grundlegende Rolle spielt, weil die beschriebenen Prozesse reversibel sind. In der Thermodynamik wurde dagegen ein „Zeitpfeil" entdeckt, der nach unten gerichtet ist, der also vom geordneten Zustand zum weniger geordneten verläuft. Das führte zu der Schlussfolgerung, daß das Universum einem gigantischen Uhrwerk gleiche und dieses Uhrwerk ablaufe und eines Tages stehen bleiben werde. Entsprechend diesem Weltbild sind wir heute noch stolz darauf, in eindeutiger Form Ursachen und Wirkungen analysieren zu können und an Objektivität zu glauben. Aber mit der

Relativitätstheorie haben wir Abschied genommen von der absoluten Zeit, mit der Quantenmechanik Abschied von der Objektivität, mit der Chaostheorie Abschied von der Berechenbarkeit. Die Komplexitätswissenschaften (darunter verstehen wir die Kybernetik, die Chaostheorie, die Ungleichgewichtsthermodynamik und die Systemwissenschaften) entdeckten gegen Ende des 20. Jh. subtilere und bis dahin unerkannte Materiezustände, die sich unter bestimmten Umständen selbsttätig auf ein höheres Niveau der Ordnung, Komplexität und Organisation hinaufheben können. Immer, wenn materielle Prozesse sehr chaotisch werden oder sich weit vom Gleichgewicht entfernen, zeigen sie die Tendenz, unter eigenem Schwung dem Chaos zu entkommen, indem sie einem höheren und strukturierten Zustand zustreben. Plötzlich wurde deutlich, daß auch rein materielle Systeme einen Zeitpfeil besitzen, der – wie der Zeitpfeil lebendiger Systeme – in Richtung Ordnung und höhere strukturelle Organisation weist und in der die Zeit eine konstruktive Rolle spielt, weil sie immer wieder Erstmaligkeit aus dem Vorhandenen ermöglicht. Damit kommen die Komplexitätswissenschaften zu ähnlichen Erkenntnissen, wie sie aus den Erfahrungen alter Zivilisationen und großer Religionen bekannt sind, von denen wir den Hinweis darauf haben, „daß alles mit allem verbunden ist". Von Platon bis gegen Ende des neunzehnten Jahrhunderts hatte gegolten, daß die Physiosphäre (die Materie), die Biosphäre (das Leben) und die geistig-soziale Sphäre ein Kontinuum mit inneren Wechselbeziehungen seien. Dieser Weltanschauung galten alle Materie, alle Körper und alle Geister als ein ungeheures Netzwerk ineinander verflochtener Stränge, die im GEIST, also in der Schöpfung bestehen, wobei jeder Knoten in diesem Kontinuum des Seins, jedes Glied der Kette, absolut unverzichtbar und in sich selbst wertvoll sei.

Die wesentliche Aussage der **evolutionären Systemtheorie** lautet heute, daß man grundlegende Gleichförmigkeiten, Muster oder Gesetze entdeckt hat, die im Prinzip für alle drei großen Bereiche der Evolution gelten, für die Physiosphäre, die Biosphäre und die geistig-soziale Sphäre. In seinem Buch „Evolution: The Grand Syntheses", folgert Ervin Laszlo: Das alte Diktum „alles ist mit allem andern verbunden" beschreibt die tatsächlichen Verhältnisse. Ein neues System, ein System wissenschaftlichen Ursprungs und philosophischer Tiefe und Reichweite, erlebt jetzt seinen Aufstieg. Es umspannt die drei großen Bereiche des materiellen Universums, der Welt des Lebendigen und der Welt des Geistes und der Geschichte. Eine Art der Evolution bahnt der nächsten den Weg. Aus den Bedingungen, die von der physikalischen Evolution geschaffen wurden, gehen die Bedingungen hervor, die gleichsam den Startschuss für die biologische Evolution darstellen. Und das, was die biologische Evolution entstehen läßt, schafft wiederum die Bedingungen dafür, daß Menschen und andere Lebensformen bestimmte soziale Organisationsformen entwickeln können."

Die wissenschaftlichen Erkenntnisse über die Muster, denen die Evolution im physikalischen Universum, im Bereich des Lebendigen und sogar im Bereich der Geschichte folgt, nehmen rapide zu. Dieses Wissen gerinnt allmählich zu einem Bild von Grundabläufen, die sich ziemlich gleichförmig wiederholen. Es ist jetzt möglich, diese sich wiederholenden Grundabläufe der Evolution gezielt ausfindig zu machen und Einblicke in die grundlegende Natur der Evolution zu gewinnen – der Evolution des gesamten Kosmos einschließlich der lebendigen Welt und der Sozialgeschichte des Menschen.

Wie tickt nun diese Welt? Es ist den Komplexitätswissenschaften gelungen, aufzuzeigen, nach welchen Prinzipien sich die Wirklichkeit über viele Integrationsstufen (von Ken Wilber auch als Holons bezeichnet) hinweg von selbst aufbaut.

Die Wirklichkeit besteht also aus Integrationsstufen oder Holons. d.h. aus Ganzen, die zugleich Teile anderer Ganzer sind, ohne daß es nach oben oder unten eine Grenze gäbe – ein Zusammenhang, den wir schon bei dem Diagramm der Entwicklung des Gehirns beobachtet haben. Alle Holons besitzen eine gewisse Fähigkeit, ihre Individualität, ihre besondere Ganzheit und Autonomie zu wahren. Sie sind aber nicht nur ein sich selbst erhaltendes Ganzes, sondern haben auch die Bereitschaft, als Teil in ein größeres Ganzes einzugehen. Ihr Teil-Aspekt hat die Fähigkeit, andere Integrationsstufen zu registrieren und sich auf sie einzustellen. Es hat auch die Fähigkeit, sich Selbst zu transformieren (sich also mit anderen zu vereinen) und damit qualitativen Wandel (also die Schaffung von Erstmaligkeit) zu ermöglichen. Zuerst gab es z.B. subatomare Teilchen, sie emergierten zu Atomen, diese zu Molekülen, die zu Polymeren, daraus bildeten sich Zellen und so fort. Die emergierenden Holons sind insofern neuartig, als ihre Eigenschaften nicht strikt und nicht ganz aus denen ihrer Komponenten abzuleiten sind. Deshalb können sie und die Gesetze, denen sie folgen, nicht ohne Rest auf ihre Komponenten oder deren Gesetze zurückgeführt werden. Die Entwicklung ist nicht absolut voraussagbar, sie enthält immer ein überraschendes Moment. Wissenschaftlich ist das spätestens seit Heisenbergs Unschärfeprinzip nachgewiesen. Das bedeutet aber andererseits, daß das Schöpferische nach wie vor wirkt.

Holons emergieren hierarchisch, nämlich in einer Abfolge von zunehmender Ganzheit/Teilheit. Organismen enthalten Zellen, aber nicht umgekehrt. Zellen enthalten Moleküle, aber nicht umgekehrt. Moleküle enthalten Atome, aber nicht umgekehrt. Jedes tiefere oder höhere Holon umfängt seine Vorläufer und fügt dann sein eigenes neues und umfassendes Muster hinzu, um eine neue Ganzheit zu bilden. Ludwig von Bertalanffy formuliert in seinem Buch Systemtheorie: „Die Wirklichkeit stellt sich aus heutiger Sicht als gewaltige hierarchische Ordnung organisierter Entitäten dar, eine Überlagerung vieler Schichten, die von physikalischen und chemischen bis hin zu biologischen und soziologischen Systemen reicht. Diese hierarchische Strukturierung und Kombination zu Systemen von immer höherer Ordnung ist für die Wirklichkeit insgesamt kennzeichnend und von grundlegender Bedeutung vor allem für Biologie, Psychologie und Soziologie.“ Wesentlich ist aber dabei, daß es sich nicht um eine Kontrollhierarchie handelt, in der Informationen nach oben und Befehle nach unten fließen, sondern um eine Verwirklichungshierarchie. Jede Ebene behält eine gewisse Autonomie und lebt ihr eigenes Leben in horizontalen Beziehungen zu ihrer spezifischen Umwelt. Ein emergierendes Holon bewahrt einerseits die vorausgehenden Holons, die es in sich aufnimmt, als solche, negiert aber ihre Getrenntheit und Vereinzeltheit. Es bewahrt ihr Sein, negiert aber ihr Fürsichsein, ihre Exklusivität – sie werden aufgehoben, wobei aufheben im Sinne Hegels zugleich ein Negieren und ein Aufbewahren ist. Das bedeutet, daß alles Niedrigere im Höheren, aber nicht alles Höhere im Niedrigeren ist.

Frage: Erkennen wir hier nicht ein Prinzip, das sich auch bei der Führung großer und komplexer Unternehmen bewährt? Erkennen wir nicht auch ein politisches Ordnungsprinzip, das es über förderale Strukturen ermöglicht, unterschiedliche Regionen friedlich und erfolgreich in einem Bundesstaat zu integrieren?

Der Nobelpreisträger Roger Sperry macht klar: „Es ist hier sehr wichtig, sich vor Augen zu halten, daß alle einfacheren, primitiveren Elementarkräfte präsent und wirksam bleiben; keine von ihnen wird gelöscht. Aber diese niederen Kräfte und Eigenschaften werden schrittweise aufgehoben, sie werden von den Kräften komplexer organisierter Gebilde gleichsam eingebunden."

Der Richtungscharakter der Evolution besteht also in zunehmender Differenzierung, Vielgestaltigkeit, Komplexität und Organisation. Die Evolution des Universums ist die Geschichte der Entfaltung von differenzierter Ordnung oder Komplexität, es ist das Ineinander-Weben von Prozessen. Aber es kommt ein weiterer Aspekt hinzu: das neue Ganze ist einfacher als seine vielen Teile. Die Vereinfachung oder die Integration ist also weiterer Bestandteil. Differenzierung erzeugt so Teilheit oder neue Vielfalt, Integration erzeugt Ganzheit oder neue Einheit.

Allerdings darf Evolution nicht mit eitel Sonnenschein verwechselt werden. Die Wirklichkeit beweist, daß mit zunehmender struktureller Komplexität – bei individuellen und sozialen Holons – immer mehr Dinge grauenhaft schief gehen können. Atome bekommen keinen Krebs, Tiere schon. Die Tatsache, daß es Krebs gibt, bedeutet nicht, daß die Existenz von Tieren zu verwerfen ist, sondern bedeutet, daß es zu Fehlentwicklungen kommen kann, indem einzelne Zellen sich nicht mehr dienend in eine Verwirklichungshierarchie einordnen, sondern sie eigensüchtig die anderen beherrschen wollen und damit das Ganze gefährden. Erkennen wir hierin nicht auch eine Ursache für gravierende Fehlentwicklungen in Unternehmen, aber auch im gesellschaftlichen und politischen Raum? Evolution bringt zwar stets größere Transzendenz und Differenzierung mit sich, das bedeutet aber auch, daß jeder Evolutionsschritt mit einem Faktor möglicher Pathologie, also möglicher Krankhaftigkeit, behaftet ist; denn Transzendenz kann zu weit gehen und dann Verdrängung werden: das Höhere regiert und bewahrt das Niedrigere nicht, sondern möchte es völlig beherrschen oder negieren oder verdrängen oder leugnen. **Frage:** Kennen wir nicht dieses Verhalten als einen Verursachungsfaktor für das Nichtfunktionieren von Unternehmens-Fusionen? Ist das Auseinanderbrechen von Staatsgebilden nicht auch auf ähnliche Ursachen zurückzuführen?

Aus der evolutorischen Entwicklung lassen sich zwei wichtige Prinzipien erkennen: auf der einen Seite bedeutet Zukunft, daß wir die eigenen Wurzeln nicht vergessen, uns nicht von ihnen lossagen dürfen, sondern sie achten und ehren sollen. Die andere Voraussetzung ist die Offenheit für neue Entwicklungen, für neue Möglichkeiten der Evolution, obwohl sie von neuen Pathologien begleitet sein können, die uns manchmal den Atem stocken lassen. Das schöpferische, das global tickende Element des Kosmos scheint ein immer aktives, dienendes Verwirklichungsstreben zu sein, das man auch mit liebevoller Hinwendung zu einer höheren Ordnung, zu einem Sichselbsteinbringen in ein größeres Neues bezeichnen kann.

c) die Mitarbeiter und Kollegen

Eines der Erfolgsbücher in der heutigen Führungsliteratur ist das Buch von Reinhard W. Sprenger „Aufstand des Individuums". Der Autor wendet sich gegen die beliebten universell anwendbaren Führungsphilosophien, er wendet sich gegen die Patentrezepte, die zu egalisierenden Verhaltensweisen der Unternehmen führen, ganz gleich, wie modern die Etikettierungen dafür auch klingen mögen. Häufig kann man sie als durchaus erfolgreiche Wege bezeichnen, um Konformität, Firmensoldaten und ein Geschlossenheitskartell zu entwickeln. Die Krise der Führung vieler Firmen nennt Sprenger beim Namen: „das egalisierende Unternehmen".

In seiner Einleitung zitiert er Thomas Bunyacya, einen Häuptling der Hopi-Indianer mit dem Satz „It's good to be remembered that everybody is following his own dream". Wenn das richtig ist – und ich zweifle nicht daran – , dann ergeben sich daraus für das Verständnis von Mitarbeitern einige Konsequenzen, die nicht zu den Alltagsgepflogenheiten der praktizierten Führung in Unternehmen gehören. Wir alle wissen, daß dem Bewußtsein der Einzigartigkeit des persönlichen Lebens viele Höchstleistungen entsprungen sind, ob in der Kultur, in der Technik und Wissenschaft, in der Politik oder in der Wirtschaft. Wenn das akzeptiert wird, dann wird die Art und Weise, wie wir miteinander, wie wir mit Mitarbeitern umgehen, zu einem entscheidenden Erfolgsfaktor.

Was wird aber üblicherweise von Führungskräften erwartet, was sollen sie leisten? An jedem Wochenende können wir das ziemlich gleichlautend in der FAZ lesen. Danach sind „Führungsstärke, Belastbarkeit, Entscheidungskompetenz, Bereitschaft zum Wandel, Teamfähigkeit, soziale Kompetenz, Fähigkeit zu motivieren, Urteilsvermögen in kritischen Situationen, Prioritäten setzen, Flexibilität, interkulturelle Kompetenz, emotionale Intelligenz, Offenheit für Experimente, Vielsprachigkeit, Integrität, Wagemut, Visionen" usw. gefragt. Kann man das haben, alles in einer Person? Und die andere Frage stellt sich, wo lernt man, wie entwickelt man solche Fähigkeiten?

54

Schauen wir in die Wirklichkeit. Kein Mensch gleicht dem anderen! Jeder Mensch hat nicht nur einen einzigartigen Fingerabdruck und eine einzigartige Genkombination, worin er sich von allen anderen Menschen auf der Welt unterscheidet, sondern er hat auch eine einzigartige Möglichkeitskombination von eigenen Fähigkeiten und Eigenschaften, eigener Begeisterung, die ihn von allen anderen Menschen unterscheidet und die es ermöglicht, daß er einzigartige Leistungen vollbringt.

Daher bedeutet der richtige Umgang mit Mitarbeitern wohl, ihn in seiner Individualität zu verstehen und zu respektieren und ihn so zu behandeln, daß er von diesen seinen Möglichkeiten im besten Sinne Gebrauch macht, um die ihm möglichen, bestmöglichen Leistungen zu vollbringen. In diesem Sinne wollte wohl auch Antoine de Saint Exupery verstanden werden, wenn er formulierte, willst Du, das die Menschen Schiffe bauen, dann lehre sie die Sehnsucht nach den Weiten der Meere und nicht (nur) den Umgang mit Handwerkzeug und Material. Kluge Führung bedeutet wohl, die Unterschiede der Mitarbeiter wirklich wahrzunehmen und sie ernst zu nehmen, das individuelle Anderssein, das Unverwechselbare zu respektieren und auf die Stärken des Mitarbeiters zu setzen. Ihn sich entwickeln lassen bedeutet, ihm Wahlchancen einzuräumen und ihm Vertrauen entgegenzubringen, daß er einen guten Weg zur Lösung findet, ihn zu unterstützen, wenn er Hilfe anfordert und benötigt. Wenn ein Mensch sich für einen eigenen Weg, eine eigene Lösung entschieden hat, dann ist er auch mit all seinen Sinnen und seinem ganzen Herzen dabei und setzt all seine Fähigkeiten ein. Insofern ist es für den Führenden wichtig, möglichst mit dem Mitarbeiter gemeinsame Antworten zu finden auf die Fragen: Wann ist er in „seinem" Element? Wo arbeitet er mit innerem Hochgefühl? Was tut er besonders gern? Bei welcher Tätigkeit aktiviert er all seine Fähigkeiten, all sein Können und all seine Energie? Dann aber gilt es auch „ja" zu sagen zu den Eigensinnigkeiten, zu den anderen Verhaltensweisen, zu der Querköpfigkeit, mit der Lösungen gesucht werden.

Verschiedene Aufgaben erfordern in aller Regel verschiedene Fähigkeiten und verschiedene Menschen. Es gilt also, das Einzigartige in den Mitarbeitern zu erkennen und in Erfahrung zu bringen, bei welcher Aufgabe und mit welchem ergänzenden Team diese Fähigkeiten am besten erfolgreich eingesetzt werden können. Führen in diesem Sinne bedeutet dann, möglichkeitsorientiert zu werden, Respekt zu zeigen vor der Individualität der Mitarbeiter, sie mit den richtigen Aufgaben zu betrauen und auf die richtigen Stellen zu setzen.

3. Meditation hilft zu einem ganzheitlichen Verständnis

Bei der (Zen-) Meditation geht es um die körperliche und geistige Entspannung, um das Abschalten von äußeren Einflüssen, das Abschalten des immer aktiven Geistes, um die Beruhigung der Sinne und Empfindungen, um die Versenkung in die eigene Tiefe und Stille, das Hören in das eigene Innere. Man stellt das bewußte Denken ein, läßt aufkeimende Gedanken und Empfindungen wie Wolken vorbeiziehen, um sich zu öffnen und in tiefere Bewußtseinsschichten vorzudringen. Die für den Westen typischen Verhaltensweisen, ständig zwischen richtig und falsch, gut und schlecht, sympathisch und unsympathisch zu unterscheiden, ohne zu begreifen, daß man sich durch diese Aufteilungen selbst begrenzt und Disharmonie in die Welt bringt, werden abgebaut. Es gelingt leichter, Gegensätze miteinander in Einklang zu bringen, indem man an ihre Quelle geht. Meditation ist somit ein Weg, Widersprüche zu umfassen, eine Synthese daraus zu bilden und Gleichgewicht zu schaffen. Man löst sich von den häufig klischeehaften Erwartungen der Gesellschaft und von der Maske, die man im Laufe der Zeit sich selbst aufgesetzt hat und die häufig nicht mehr viel gemein hat mit dem, der man in seinem tiefsten Inneren wirklich ist. Auf diese Weise wird man frei für die Verwirklichung seiner eigentlichen Bestimmung. Man bleibt nicht mehr problem-orientiert, sondern wird möglichkeits-orientiert. Die Interessensphäre verändert sich vom „haben", also von den Dingen, die Sorgen machen, zum „sein" im Sinne von: ich kann geduldiger sein, kooperativer sein, weise sein, ich kann mich unabhängig machen von falschen Erwartungen. Wirkliche Selbstachtung kommt aus der Herrschaft über sich selbst, aus wahrem Selbstwertgefühl, das unabhängig macht vom Verhalten anderer.

Durch die Meditation kann man sich den Weg ebnen von der „Ich-Zentriertheit" zu dem der „Sein-Orientierung":

Ich-Zentriertheit	Sein-Orientierung
Sorge um die Aufrechterhaltung des „schönen Scheins", um die Aufrechterhaltung und Bestätigung des „äußerlichen" Selbstbildes	Engagement für die Öffnung zu der Welt, wie sie wirklich ist. Wertschätzung des Seins, unabhängig davon, ob dadurch irgendwelche bestehenden Selbstbilder bestätigt oder negiert werden.
Sich-Zurückziehen in die „Ich-heit"	Hinwendung zum Leben und zur Welt der Realitäten
Gefühl der Unsicherheit und Unzulänglichkeit	Gefühl des Verbundenseins mit allen, des positiven Daseins, der Lebendigkeit und des Offenseins gegenüber Veränderungen

Je länger und erfolgreicher Meditation betrieben wird, um so mehr wird die rechte Gehirnhemisphäre aktiviert, um so mehr kommt man zu einem ganzheitlichen Verständnis der Welt. Es verändert sich die Einstellung gegenüber uns selbst und gegenüber der Mit-, Um- und Nachwelt. Es verstärkt sich der Wunsch, die spezifisch zur Verfügung stehenden Potentiale für eine bessere, wünschenswertere Entwicklung einzusetzen. Man merkt, daß im tiefsten Wesen der Menschen eine Kraft liegt, die den egoistischen Tendenzen entgegenwirkt und sie ausgleicht. Der Mensch wird aus seinem individuellen und individualistischen Bewußtseinsinteresse herausgeführt in eine größere Lebens- und Schicksalsgemeinschaft. Mit jeder tieferen inneren Erfahrung wächst auch das Wohlwollen zu allem, was existiert, und man bleibt selbst dann, wenn andere einem negativ begegnen, wohlwollend und gelassen. Ein solches Wohlwollen und eine solche Weisheit entstehen durch die Einsicht in die Verbundenheit aller Dinge, in die Prozesshaftigkeit und Interdependenz aller Erscheinungen.

Daraus ergibt sich Achtung, Respekt und Ehrfurcht vor der ganzen Schöpfung, vor allen Lebewesen und allen Dingen. Die wohlwollende Einstellung zu der Um- und Mitwelt wird zu einer liebenden Einstellung und damit zu einer Kraft, die die schöpferischen Potentiale in der Welt und in den Mitmenschen weiter positiv zur Entfaltung bringen kann. Die Meditation erleichtert es uns, daß wir wirklich die bewußte Verantwortung übernehmen über alle drei Gehirne, die offensichtlich nicht vollständig miteinander koordiniert sind und deren Koordinierung möglicherweise eine der größten menschlichen Herausforderungen ist.

Welchen praktischen Nutzen bringt die Meditation?

- die Konzentrationsfähigkeit wird verbessert; man arbeitet genauer und intensiver
- Einfallsreichtum, Kreativität nehmen zu
- die Fähigkeit wächst, angemessene Entscheidungen zu treffen
- die psychische und physische Gesundheit werden gefördert
- die Fähigkeit entwickelt sich, loslassen zu können und viele Formen der Angst zu überwinden
- Krisen werden besser bewältigt
- die Offenheit gegenüber Veränderungen nimmt zu, man „deblockiert" sich, es wachsen der Humor, die innere Gelassenheit
- die natürliche Beharrlichkeit im Verfolgen wichtiger Ziele wird gestärkt (wer Zen-Meditation betreibt, bleibt dran...)
- das psychische Gleichgewicht wird unerschütterlicher
- Begeisterung und Lebensfreude nehmen zu
- man hört besser zu, lernt mehr, achtet auf Zwischentöne, versteht die Mitmenschen besser

- die soziale Kompetenz gegenüber Mitarbeiter steigt und die Führungsfähigkeit wird verbessert
- Abbau von Stress durch tiefe Ruhe und Entspannung
- Steigern der Sensibilität: Erkennen der eigenen Empfindungen (Emotionen)
- die Arbeit wird positiver gesehen, man wird unabhängiger von falschem Lob und Tadel
- Klarheit des Denkens durch die Kraft der Stille

Die Zen-Meditation führt mitten in die Welt, in den beruflichen und privaten Alltag, in die Familie, in die Arbeitswelt und in die Gesellschaft, sozusagen auf den öffentlichen Marktplatz. Sie ist keine Weltflucht, sondern positive und engagierte Weltbejahung. Und sollte sie jemand zur Flucht aus der Welt nutzen, so macht er falschen Gebrauch von der Meditation.

4. Wie kommt die Ethik ins Spiel?

Betrachten wir den evolutorischen Prozess der Welt und des Menschen, so führt dieses Verstehen auch zu einer anderen Einstellung. Diese veränderte Einstellung, dieses Ethos beruhen nicht mehr auf Geboten und Verboten, nicht mehr auf Sollen und Müssen, sondern sie gründen in der inneren Gewissheit, daß wir durch die gewonnene Einsicht in die Zusammenhänge, durch unser besseres Verständnis der Zusammenhänge zu anderen Verhaltensformen kommen. Wir gewinnen die Einstellung, hier auf der Erde, also auf diesem winzigkleinen, aber wunderschönen Sandkorn des Kosmos, Mitverantwortung für die Evolution übernehmen zu können und zu wollen. Ethisches Verhalten kann dann als evolutionsgerechtes Verhalten bezeichnet werden. Diese Ethik beruht nicht mehr auf Offenbarung – wie die Ethik der Religionen – , sondern sie wird durch die Dynamik des schöpferischen Prozesses auf allen Ebenen direkt erlebbar. Eine solche Ethik schließt die Prinzipien der Evolution, das sind Offenheit und Ungleichgewicht, die positive Rolle von Fluktuationen, von Engagement und das Nicht-Festhalten ausdrücklich mit ein. Dies ist keineswegs eine Ethik der einseitigen freien Entfaltung des Individuums, sondern die Übernahme von Verantwortung und damit die schöpferische Teilnahme an der Gestaltung unserer Welt. Je vielschichtiger wir leben, um so vielschichtiger wird auch die Ethik sein. Betrachten wir die Situation in der Wirtschaft. Die Wirtschaftsgeschichte und die Marktwirtschaft haben uns gelehrt, daß durch die Offenheit der Märkte und durch die Verhinderung von Marktbeherrschung fruchtbare und schöpferische Prozesse in Gang gesetzt wurden, die dazu geführt haben, den Wohlstand der Menschen zu erhöhen. Bestandteil dieser Entwicklung ist aber auch das

Verschwinden von Produktionsmethoden und von Unternehmen, weil sich günstigere Verfahren ergeben haben. Staatliche Eingriffe, die diese Marktentwicklung durch Zahlung von Erhaltungssubventionen zu verhindern versuchen, sind in diesem Sinne ethisch genau so wenig zu rechtfertigen wie monopolistische Marktmacht, weil durch sie der Wandel behindert und die Ausrichtung der Produktionsfaktoren auf zukunftsorientiertere Bereiche verhindert werden. Die Kunst des Managers besteht darin, einerseits sein Unternehmen statisch abzusichern, aber andererseits, es ihm dynamisch durch permanentes Probieren und Testen neuer Entwicklungen zu ermöglichen, bisher erfolgreiche Verfahren durch bessere abzulösen. Obwohl viele Menschen eine statische Sicherheit vorziehen, müssen Manager sich eher verstehen als Katalysatoren des Wandels, die ihre Herausforderung sehen in dem Anstoßen oder spielerischen Zulassen von neuen Entwicklungen und die sich nicht scheuen, veraltete Methoden zugunsten neuer zurückzufahren oder gar einzustellen, um die Produktivität zu erhöhen. Insofern gehört zum ethischen Management eine längerfristige Unternehmensplanung, in der sehr bewußt vielschichtige Prozesse in Gang gesetzt werden, um zu besseren Produkten oder Produktionsverfahren zu kommen. Eine solche Flexibilität ist notwendiger Bestandteil evolutorischer Prozesse in der Wirtschaft. Insofern könnte man auch von einer dynamischen Ethik des Werdens gegenüber einer statischen Ethik des Seins sprechen, die sich stärker auf das Bewahren ausrichtet.

In dem grundlegenden Werk von Adam Smith „The Wealth of Nations" aus dem Jahre 1776 sind diese Gedanken auch für die Weltwirtschaft schon konzipiert worden. Der Wohlstand in der Welt hängt ab von dem Grad der internationalen Arbeitsteilung und von dem freien Marktaustausch. Adam Smith hat aber auch damals schon den Zusammenhang zur Ethik gesehen und in seinem zweiten, allerdings selten zitierten, Hauptwerk „Theorie der ethischen Gefühle" beschrieben, daß gewisse Prinzipien der menschlichen Natur ihn dazu bringen, an dem Schicksal anderer Anteil zu nehmen. Für ihn gehörten damit Markt und Ethik zusammen.

Das ist heute, in einer viel stärker arbeitsteiligen Wirtschaft, noch wichtiger als früher. Immer weniger Menschen sind in der Lage, die wirtschaftlichen und weltwirtschaftlichen Zusammenhänge sachgerecht beurteilen zu können. Daraus entsteht eine Verführbarkeit der Menschen zu unsachgemäßem Verhalten und falschen Urteilen. Um so mehr ist die Wirtschaft auf Vertrauen angewiesen. Die Unternehmen und die Wirtschaft insgesamt müssen um dieses Vertrauen aktiv werben und die Berechtigung des Vertrauens immer wieder unter Beweis stellen. Vertrauen hat sich weltweit zu einer Grundvoraussetzung für den unternehmerischen und weltwirtschaftlichen Erfolg entwickelt. Von ihm ist daher die weitere Mehrung des internationalen Wohlstands abhängig.

Um das Vertrauen zu erhalten und zu steigern, gilt es für die Unternehmen zumindest zwei Konsequenzen zu ziehen

a) sich zu ihrer ethischen Verantwortung und zur Fairness zu bekennen und ihre diesbezüglichen Ziele und Selbstverpflichtungen zu artikulieren und zu veröffentlichen,
b) die Gründe und Folgen ihres wirtschaftlichen Handelns bezüglich der Einhaltung der ethischen Selbstverpflichtung offen zu legen und verständlich zu kommunizieren.

Hermann Lübbe bezeichnet Ethik und Moral als das Ergebnis der unerwünschten Folgen ihrer Nichtbeachtung. Durch offene Diskussion der Beweggründe für unternehmerische Entscheidungen und der Berücksichtigung der ethischen Implikationen können daher die Grundlagen für Vertrauen geschaffen und wahrscheinlich auch das Misstrauen gegenüber Veränderungen abgebaut werden.

Um der gesellschaftlichen Tendenz der Skepsis gegenüber Neuem entgegenzutreten, ist es wichtig und ermutigend, wenn eine Politikerin wie Dagmar Schipanski fordert: „Wir brauchen in unserer Gesellschaft mehr Offenheit für neue Ideen, wir brauchen mehr Wettstreit um bessere Lösungen, wir brauchen mehr Lebensfreude, mehr Entkrampftheit, mehr Liebenswürdigkeit, mehr Aufgeschlossenheit für Neues, vor allem auch für die Chancen, die sich aus Wissenschaft und Forschung auf den unterschiedlichsten Gebieten ergeben können."

5. Welche Konsequenzen ergeben sich für die Führung?

Führung bedeutet das Aufzeigen von Wahlmöglichkeiten für den Mitarbeiter, bedeutet ein bewußtes „JA" zu der individuellen Persönlichkeit, erfordert ein maßvolles, ein angemessenes Verhalten, die Bereitschaft zuzuhören und Gegenargumente zu beachten. Aber Führung bedeutet auch Offenheit für Änderungen, Klarheit und Konsequenz. Das Grundprinzip heißt, freundlich zu den Menschen, aber klar, verständlich und konsequent in der Sache. Führung bedeutet, sich zu freuen über die Erfolge, sich zu freuen über die Entwicklung neuer Lösungen, auch wenn dabei Fehler unterlaufen. Führung bedeutet zu loben und gute Leistungen anzuerkennen, selbst Vorbild sein. Auf diese Weise läßt sich ein Klima des Vertrauens und der Begeisterung aufbauen, das für Spitzenleistungen unerlässlich ist.

Die wichtigen „weichen" Faktoren im Führungsverhalten sind somit:

- Zuhören können
- Fragen stellen können
- Andere groß werden lassen können
- Sich selbst zurücknehmen können
- Eigene Fehler und Schwächen zugeben können
- Positive und negative Gefühle zeigen können
- Mitarbeiter an der langen Leine lassen
- Sich auch für Privates interessieren

Bei der Führung erfahren wir immer wieder, daß es nicht nur um die Bewältigung stabiler Systemzustände geht, sondern daß soziale Systeme nicht selten auch von Instabilität und Komplexität gezeichnet sind. Für die Bewältigung solcher Zustände reicht ein rational-logisches Problemlösen nicht aus, sondern die handelnden Subjekte erfahren Problemlösungsansätze häufig intuitiv, so daß als Problemlösungsstrategie die auf Intuition und Flexibilität aufbauende Selbstorganisation in den Mittelpunkt rückt.

Der Kognitionspsychologe Peter Kruse hat in dem folgenden Diagramm eine Schematisierung der Strukturmerkmale von Systemen und der diesen entsprechenden primären Lösungsstrategien entwickelt.

		Lösungsstrategien			
		Steuerung	**Regelung**	**Reagieren**	**Selbstorganisation**
Struktur-	**System-Zustand**	stabil	stabil	instabil	instabil
	System-organisation	Einfach	komplex	einfach	komplex
merk-male	**Verhaltens-charakteristik**	Reflexhaft-automatisches Problemlösen	rational-logisches Problemlösen	Problemlösen durch Versuch und Irrtum	Problemlösen durch intuitives und suggestives Entscheiden

Abbildung: Steuerung von sozialen Systemen nach P. Kruse, 1996

Das Grundprinzip der Führung „freundlich zu den Menschen, hart in der Sache" bedeutet:

- Auf der **Sachebene**: klar und eindeutig bei Erwartungen, Zielen, Standards und Spielregeln. Kompromisslose Umsetzung. Hohe Standards

hinsichtlich einer Kultur der Exzellenz bezüglich: Kundenorientierung, Mitarbeiterorientierung, Ergebnisorientierung, Management von Prozessen und Fakten, Innovation und Verbesserung, Aufbau von Partnerschaften, Verantwortung gegenüber der Öffentlichkeit.
- Auf der **Beziehungsebene**: gegenseitiges Vertrauen, Bereitschaft zu Experimenten, Wertschätzung, Respekt vor der Individualität, freundschaftlich, ausgeglichen, humorvoll. Erfolge feiern, großzügig in Kleinigkeiten, Lob- und Anerkennungskultur, konstruktive Rückkopplung und Korrektur, Entwicklung einer Konfliktkultur (ohne Verletzungen).

Durch Meditation wird einerseits die Klarheit in der Sache gefördert, es steigt die Bereitschaft, unaufgeregt und deutlich Stellung zu nehmen, wodurch falsche Kompromisse tendenziell verhindert und verstärkt win-win-Situationen realisiert werden. Begleitet wird diese „Härte" in der Sache von einer verständnisvollen Haltung gegenüber den Mitarbeitern, von einem tiefen Respekt vor der Individualität des Einzelnen und einem großen Vertrauen in die Bereitschaft der Mitarbeiter, ihre ganz besonderen Fähigkeiten und all ihr Engagement einzusetzen, um für die gestellten Aufgaben zu besseren Lösungen und besseren Ergebnissen zu kommen. Im „Sutra von der liebenden Güte" wird die durch Meditation geläuterte Führungskräft wie folgt beschrieben:

So wird der handeln, der das Heil erstrebt,
nachdem der Stille Stätte er erkannt:
Er ist energisch, aufrecht, unbeirrt,
doch sanft und ansprechbar und ohne Stolz.

Genügsam ist er und bescheiden,
nicht betriebsam, aber klug,
er zügelt seine Sinne, hat leicht genug.

Den Wesen allen werde Glück und Frieden.
Sie alle mögen glücklich sein!

Was immer es an Lebewesen gebe –
Ob sie umherzieh'n mögen oder sesshaft seien,
klein, mittel oder hochgewachsen,
schwächlich, handfest oder stark,
vor Augen oder im Verborgenen,
hier in der Nähe oder fern daheim,
geboren oder erst noch im Entstehen –
die Wesen alle mögen glücklich sein!
Er wird niemals einen andern schmähen
und niemanden, wo immer auch, verachten;
aus Ärger und aus feindlicher Gesinnung
wird er nicht nach Unheil wieder trachten.

Gleich einer Mutter, die den eigenen Sohn,
den einzigen, beschützt mit ihrem Leben,
wird gegenüber allen Wesen er
den Geist von Schranken frei zu machen streben.

Zur ganzen Welt wird Güte er entfalten
und seinen Geist von Schranken ganz befreien,
nach oben, unten und auch in der Breite,
nicht eingeengt von Hass und Feindschaft, sondern rein.

Ob stehend, gehend, sitzend oder liegend
wird diese Geisteshaltung er erzeugen
und nie der Schlaffheit je erliegen.
Das nennt man „Göttliches Verweilen" in der Welt.

Es steht – angesichts des bisher Ausgeführten – zu vermuten, daß auch für Unternehmen sich klare Vorteile ergeben, wenn ihre Führungskräfte das ihnen eigene Kreativitätspotential wieder voll nutzen, wenn sie sich besser konzentrieren können, innerlich gelassener werden, wieder ihren inneren Kompass finden, um zu vernünftigen Entscheidungen zu kommen. Die gegenwärtige Situation der Führungskräfte macht deutlich, daß die Unternehmen sich grundsätzlicher und gründlicher mit der Situation auseinandersetzen müssen, welchen Beitrag sie bringen wollen, um zu verhindern, daß die Führungskräfte zu einer entscheidenden Schwachstelle für die positive Entwicklung ihrer Unternehmen werden.

Allerdings kommt die Hinwendung zu einem solchen neuen Bewußtsein einem Paradigmenwechsel gleich. Ein solcher Wechsel ist nicht kostenlos zu haben, sondern er wird die Verhaltensweisen und Kulturen in den Firmen stark verändern, weil er die Menschen verändert. Eine solche Veränderung wird nicht unmittelbar erkennbaren Nutzen bringen, sondern zunächst einmal Friktionen bei der Anpassung verursachen. Meines Erachtens sind jedoch die zu erwartenden Vorteile wesentlich größer als die vorübergehenden Kosten und darüber hinaus wird wahrscheinlich die Entwicklung sowieso letztlich unaufhaltsam sein, sobald erst einmal einige Unternehmen damit begonnen haben.

Literatur:
Covey, Stephen R., Die sieben Wege zur Effektivität, Heyner, München, 2000
Engel, Klaus, Meditation – Geschichte, Systematik, Forschung, Theorie, Lang, Bern, 1999
Enomiya-Lassalle, Hugo M., Kraft aus dem Schweigen, Benziger, 1975
Frankl, Viktor E., Der Mensch vor der Frage nach dem Sinn, Pieper, München 1999

Fromm Erich u.a. Zen-Buddhismus und Psychoanalyse, Suhrkamp, Frankfurt. 1971

Gebser, Jean, Ursprung und Gegenwart, Novalis, Schaffhausen, 1999

Graf Dürckheim, Karlfried, Meditieren – wozu und wie, Herder-Spektrum, Freiburg 1993

Graf Dürckheim, Von der Erfahrung der Transzendenz, Herder-Spektrum, Freiburg, 1993

Hawking, Stephen W., Eine kurze Geschichte der Zeit. Die Suche nach der Urkraft des Universums, Hamburg 1991

Herrigel, Eugen, Zen – in der Kunst des Bogenschiessens, Barth, Bern, 1998

Jantsch, Erich, Die Selbstorganisation des Universums, Hanser, München, 1979

Jäger, Willigis, Suche nach dem Sinn des Lebens, Via Nova, Petersberg, 1999

Kruse, Peter, Erkenntnisse von Chaos- und Selbstorganisationstheorie für die Gestaltung betrieblicher Veränderungsprozesse, in: D. Schwiering, Mittelständische Unternehmensführung, Stuttgart 1996, S 151-179

Laszlo, Ervin, Evolution: die neue Synthese, Europaverlag, Wien, 1987

Laszlo, Ervin, Kosmische Kreativität. Neue Grundlagen einer einheitlichen Wissenschaft von Materie, Geist und Leben, Frankfurt, 1995.

Prigogine, Ilya, Vom Sein zum Werden. Zeit und Komplexität in den Naturwissenschaften, München 1985

Prigogine, Ilya, Vom Sein zum Werden, Piper; München, 1992

Suzuki, Shunryu, Zen-Geist Anfänger-Geist, Theseus, München 1975

Sperry, Roger W., Naturwissenschaft und Wertentscheidung, Piper, München 1985

Sprenger, Reinhard W., Aufstand des Individuums – Warum wir Führung komplett neu denken müssen, Campus, Frankfurt 2000

Von Bertalanffy, Ludwig, General System Theory: Foundation, Development, Application, Braziller, New York

Von Brück, Michael, ‚Weisheit der Leere, Kösel, München, 2000

Wilber, Ken , Eros, Kosmos, Logos, Fischer, Frankfurt, 2001

Wilber, Ken, Halbzeit der Evolution, Fischer, Frankfurt, 1999

4. Der Preis der Führungskräfte für Hektik und Wandel

Guido Peltzer

Die gesamtgesellschaftliche Situation hat sich stark gewandelt. In den Betrieben sind die Anforderungen erheblich gestiegen. Die Komplexität von Arbeitsabläufen und Entscheidungen hat zugenommen. Die Geschwindigkeit und Häufigkeit von Veränderungen und Wandlungen haben fast alle gewohnten Strukturen in Frage gestellt und vielfach aufgehoben. Der große Zeitdruck und die Kurzfristigkeit von Aufgaben erfordern eine Flexibilität, die viele Mitarbeiter und besonders Sie als Führungskräfte über die Maßen beanspruchen.

Die Umstrukturierungen innerhalb der Betriebe sind vielfach von Organisationsentwicklung, Qualitätsmanagement und Coaching begleitet worden. So gibt es besonders bei den Führungskräften ein zunehmendes Wissen um psychosoziale Bedingungen, das in vielerlei Hinsicht hilfreich ist. Die individuelle persönliche Situation besonders von Entscheidungsträgern bleibt jedoch außen vor, da dies im betrieblichen Rahmen schwer zu bearbeiten ist.

Die Führungskräfte sind es gewohnt, unter Zeitdruck zu arbeiten und Entscheidungen zu treffen, auch ohne alle Bedingungen abwägen zu können. Sie sind es gewohnt, Verantwortungen zu übernehmen, auch ohne ausreichende Sicherheit zu haben. Das führt hin und wieder zu Verunsicherungen, vielleicht auch zu Ängsten, die sie mit den von ihnen beherrschten Mechanismen in der Regel im Griff haben. Sie haben ihren Rückhalt bei Freunden, in der Familie, bei Kollegen, vielleicht auch das Glück, einen vertrauensvollen Berater zu haben. Sie treiben gern und intensiv Sport, suchen auch hier den Wettkampf, die Herausforderung. Sie haben Spaß bei der Arbeit, und der zwangsläufige Ärger kann Sie nur selten irritieren. Dies sind kurz gefasst die üblichen Verhaltensweisen, wie Sie mit persönlichen Schwierigkeiten umgehen.

Was geschieht aber, wenn diese Möglichkeiten nicht mehr ausreichen oder nicht mehr gegeben sind, da die Beschleunigung und Schwierigkeiten überhand nehmen; wenn die Arbeit keinen Spaß mehr macht; wenn durch die Zuspitzung im beruflichen Bereich die Familie unter Druck gerät und nicht mehr zu ihrem Recht kommt; wenn es mit den Kollegen schwierig wird, weil diese den Druck auch nicht mehr aushalten; wenn durch den xten Aufgabenwechsel sie nicht mehr wissen, was sie als nächstes tun sollen und kaum bemerkt im Rücken so ein unerklärliches Kribbeln aufsteigt?

Dann kann sich die Situation schnell so zuspitzen, daß es zu Störungen kommt. Diese zeigen sich häufig zuerst im körperlichen Bereich mit Unruhe, Herzrasen, Herzrhythmusstörungen, Magen-Darm-Beschwerden, Infektionen, Autoimmunerkrankungen, Rückenschmerzen, Kopfschmerzen. Sie wissen nicht so recht, was los ist. Sie bemerken zunehmende Schlafstörungen, je nach Typ eine Zunahme oder Abnahme im Essverhalten, geringere Frustrationstoleranz, zunehmende Neigung zu ärgerlichen bis wütenden Verhaltensweisen usw. Wenn Sie einen Arzt aufsuchen, erfolgen vielfältige körperliche Untersuchungen und Behandlungen, die selten zur gewünschten Besserung führen. Die psychischen Anteile finden wenig Beachtung. Oft erhalten Sie allenfalls Tranquilizer.

Was sind das für Reaktionen? In der Regel ist dies Ausdruck von Angst. Sie geht einher mit den beschriebenen Symptomen, die Sie zum Arztbesuch führten. Angst zeigt sich durch eine erhöhte Reaktionsbereitschaft des autonomen Nervensystems, durch Bahnung individuell unterschiedlicher körperlicher Reaktionen und Verhaltensweisen, die auf Kampf und Abwehr ausgerichtet sind. In aller Regel wird die Angst nicht ausgedrückt, ja nicht einmal als Angst empfunden, da Gefühle allgemein und Angst im besonderen in Ihrer Arbeitswelt wenig Raum und Beachtung finden. Die Aufmerksamkeit ist allenfalls auf das körperliche Wohlbefinden ausgerichtet, das auch oft vernachlässigt wird, wofür Sie aber noch am ehesten bereit sind einiges einzusetzen.

Aber Angst, wer spricht von Angst? Angst haben nur die anderen! Vorgesetzte haben keine Angst, deshalb sind sie Vorgesetzte. Als Manager Angst zu haben ist ein solcher Makel, daß dies als existentielle Bedrohung empfunden wird. Also wird die Angst verleugnet, beiseite geschoben und verdrängt. Man behält sie für sich und achtet darauf, daß sie keiner, ja nicht einmal enge Vertraute oder der/die EhepartnerIn bemerken.

Angst kennen wir alle. Sie ist oft Triebfeder für unsere Aktivitäten und wird über weite Strecken als notwendiger Motor und Herausforderung angesehen. Aber ist sie ein guter Ratgeber, eine gute Motivationshilfe, fördert sie Kreativität? Angst im Übermaß verhindert Kreativität, sie macht ungeduldig und fördert aggressive Reaktionen. Wenn sie überhand nimmt, kann sie in der Überdrehung zum Stillstand führen, sie ist dann nicht mehr aktivierend, sondern lähmend. Wenn der Motor im Leerlauf dreht, geht nichts mehr. Wenn die Angst dominiert, führt dies in die depressive Erstarrung und in die Verzweiflung. Dann kommt es in der extremen Zuspitzung manchmal sogar zu Selbstmordimpulsen. Letztlich ist Angst die Angst vor dem Tod. Da Angst eine existentielle Bedrohung darstellt, ist sie stark tabuisiert.

Die Selbstbehandlungsversuche erstrecken sich häufig auf Alkohol, Aufputschmittel, Schlaf- und Beruhigungsmittel. Letzteres wird oft durch ärztliche Verschreibungen unterstützt. Auch darüber spricht man nicht, während der milde Alkohol und Tablettenmissbrauch m.E. unsere Räder in Bewegung hält.

Wie dramatisch die Situation sich zuspitzen kann mögen einige Zahlen über Ärzte illustrieren:

In den USA sind 26% der Todesfälle der 25-39 jährigen Ärzte Suizide. In Österreich ist die Selbstmordrate bei Ärzten um 50%, bei Ärztinnen um 250% höher als der Durchschnitt. Die Suchtrate ist bei Ärzten 30-100 mal höher als in der Durchschnittsbevölkerung. Es gibt bei uns ein Betäubungsmittelgesetz, weil in den zwanziger Jahren 25 % der Ärzte Morphinisten waren.

Wann was zuviel ist und wo die gängigen Bewältigungsmechanismen nicht mehr greifen, ist individuell sehr unterschiedlich. Dies hängt von konstitutionellen Bedingungen ab und von Voraussetzungen, die zum großen Teil in der eigenen Lebensgeschichte begründet sind.

Z. B. haben viele Menschen, zumal in verantwortlichen Positionen, oft als Kinder Verantwortung übernommen, die sonst nur Erwachsenen zusteht. Kinder sind gegenüber anderen nicht klar abgegrenzt und bemerken Stimmungen und Gefühle der Erwachsenen oft eher als diese selbst. Beide Eltern sind im kindlichen Erleben überlebenswichtig. Wenn die Lebensumstände tatsächlich oder vermeintlich den Fortbestand der Familie bedrohen, sind Kinder bereit, jede Verantwortung zu übernehmen, um die Beziehung und die Familie zu erhalten. Kinder sind lange Zeit auf die Familie angewiesen und erleben die Bedrohung des Fortbestands der Beziehung als existentielle, lebensbedrohliche Gefahr. Die Ursachen solchen Erlebens sind sehr vielfältiger Natur. Es können Erkrankungen, Unfälle, Ehescheidungen, Geburt eines Geschwisters, manchmal behinderte Geschwister, Sterbefälle und alle anderen Unsicherheiten und Wechselfälle des Lebens sein. Wenn das Kind mit seinem Rettungsversuch scheitert, da es der übernommenen Aufgabe nicht gewachsen ist, ja als Kind nicht gewachsen sein kann, wird das oft als eigenes Scheitern und als eigene Schuld verarbeitet.

Diese Konstellation prädestiniert für Tätigkeiten in verantwortlichen Positionen, wie in Leitungsfunktionen oder als Arzt, Therapeut und in sozialen Berufen. Als Erwachsene versuchen diese Kinder das vermeintliche Versagen in der Kindheit in ihrer Berufstätigkeit als Erwachsener wiedergutzumachen. Dies muß scheitern, da diese Gefühle der Vergangenheit angehören. Wenn diese Haltung unbewußte Triebfeder unseres Handelns ist, führt es erneut zur Bereitschaft, Verantwortung und Aufgaben im Übermaß zu übernehmen. Da ist die Gefahr groß, daß sich in der

Überlastung, im Burn out, in der sich zuspitzenden Stresssituation die alten Strukturen wiederholen und wir in die Verzweiflung und Versagensängste des Kindes von damals zurückfallen. Denn Menschen sind Gewohnheitstiere. Wir neigen dazu, besonders bei Schwierigkeiten, auf alte gewohnte und vermeintlich liebgewonnene Verhaltensweisen und Reaktionen zurückzugreifen, die früher einmal nützlich waren, ohne Rücksicht darauf, ob sie auch in der aktuellen Situation hilfreich sind. In Stresssituationen reichen oft kleine Anlässe aus, um die in der aktuellen Situation unangemessenen Reaktionen zu reaktivieren.

Da in der Kindheitserfahrung die Beziehung bedroht war und meist in für die Kinder nicht nachvollziehbarer Weise abgebrochen wurde, gibt es wenig Vertrauen in Beziehungen. Dies ist verbunden mit einem Gefühl von Ohnmacht. Diese Kinder haben nicht oder zuwenig die Erfahrung gehabt, selber wirksam sein zu können, da ihre Kraft und Möglichkeiten nicht ausreichten auf die Lebenssituation Einfluß zu nehmen.

Wenn dies sich im Berufsleben wiederholt, wird Misstrauen, Abgrenzung und eine Haltung der Pseudounabhängigkeit gefördert, die in den erwähnten Berufen oft anzutreffen ist. Man will und kann sich nicht auf andere verlassen und hat große Probleme Hilfe anzunehmen. Man ist es gewohnt, alles alleine zu schaffen und sich selbst zu helfen. Oft steht dahinter eine große Sehnsucht nach Sicherheit, Hilfe und Unterstützung, ja eine Sehnsucht nach tiefer zwischenmenschlicher Beziehung, die nicht eingestanden wird. In den kindlichen Ängsten drückt sich diese Sehnsucht aus. Aber auch Erwachsene brauchen die Möglichkeit und Sicherheit zu partnerschaftlichen und kontinuierlichen Beziehungen im privaten und beruflichen Alltag.

Wenn die Motivation zur Übernahme von Leitungsverantwortung sich aus solchen kindlichen Nöten speist, ist häufig zusätzlich die eigene Persönlichkeit nicht ausreichend gefestigt. Dies wird gefördert durch die Tendenz, als Vorgesetzter Vorbild sein zu müssen und die Fassade wahren zu müssen. Sprenger sagt: „Vorbild sein heißt Lügen... Oft zahlt der Aufsteiger einen gesundheitlichen, in der Regel aber einen charakterlichen Tribut... letztlich mit Verlust an Freiheit." (S.142f)

Wir brauchen ein Bewußtsein von Selbstwirksamkeit zur Stabilisierung unseres Selbstwertgefühls. Wenn die Möglichkeiten zur Einflußnahme abnehmen, wenn das „Selbstmanagement" nicht mehr greift, wenn uns das Gefühl verlässt, Einfluß nehmen zu können, gerät die eigene Person in Gefahr. In zunehmenden Stresssituationen nimmt die Selbstunsicherheit umso mehr zu, je weniger jemand im eigenen Selbstwertgefühl gegründet und verankert ist. Dies führt einmal mehr zu Angst um die eigen

Person und Misstrauen anderen gegenüber. Angst ist die Macht des Ego.

Es gibt sehr vielfältige Möglichkeiten auf diese Schwierigkeiten zu reagieren, die einander unterstützen und ergänzen und auf den unterschiedlichen Ebenen der Psyche, des Körpers und des Geistes ansetzen.

Persönliches Coaching und Psychotherapie können helfen, Einsicht in die beschriebenen und ähnliche Mechanismen zu bekommen, mit dem Ziel, ihre Nachwirkungen zu beenden. Dabei ist die intellektuelle Einsicht oft nicht ausreichend, sondern es muß gefühlsmäßig nachempfunden werden. Dabei ist es hilfreich, dies ganz praktisch in einer ritualisierten Form zu tun, da die Seele etwas „in den Händen" braucht. Es hilft, diese Mechanismen nicht nur im Sinn zu haben, sondern sie ganz real handhabbar zu machen, damit die Seele mit den gewonnenen Einsichten umgehen kann und sie in Verhaltensänderungen umsetzen kann. Wenn es uns gelingt, das Kind in uns, das damals in so großer Not war, buchstäblich in den Arm zu nehmen und zu trösten, dann sind wir in der Lage, in der aktuellen Situation frei und angemessen zu reagieren.

Ein weiterer wichtigen Faktor ist das, was wir neudeutsch Grounding nennen, also die Wiederherstellung von Selbstkontakt, Selbstwertgefühl, Selbstsicherheit, Gründung in den eigenen Fundamenten. Grounding ist Förderung des Bodenkontakts, Rückbesinnung auf die Körpermitte und Herstellung von mehr Standfestigkeit und Stabilität im körperlichen und übertragenen Sinne.

Erst wenn ich mit beiden Füßen fest auf dem Boden stehe und mich ausreichend sicher fühle, kann ich die Einsicht zulassen, daß es keine festgefügten Wahrheiten gibt, daß die Wirklichkeit aus unendlich vielen Perspektiven besteht, daß Wandel alle Lebensprozesse bestimmt und daß Abschiednehmen und auch Sterben dazugehört und nicht außen vor gelassen werden können. „Wenn etwas Neues kommt, muß etwas Altes gehen." Bin ich in mir selbst wieder fest gefügt, können mich die Veränderungen und Verluste dieser schnelllebigen Zeit weniger irritieren. Erst in der Selbstverankerung kann ich meine Selbstwirksamkeit spüren und angstfrei Verantwortung übernehmen. Das ist die Voraussetzung loszulassen zu können und mich selbst zu „lassen".

Was ist die Herausforderung in Führungspositionen? Immer wieder sind sie gefordert Verbindungen herzustellen, andere und neue Standpunkte zu entwickeln und zu vertreten. Sie sind „Beziehungsarbeiter", „Führen ist Beziehung" sagt Sprenger. Dafür brauchen sie als Vorraussetzung einen guten Stand, der auch in Krisen nicht ins Wanken gerät. Das Ruhen im eigenen Körpermittelpunkt ist die Voraussetzung zur Brückenbildung zu sich selbst und zu anderen. Es fördert die Beziehungsbildung und betont die Rückbezüglichkeit aller Lebensprozesse. Es bringt

„das Dazwischen" zwischen Subjekt und Objekt, das „und", in den Blick. Es hilft mich und meine Umgebung zu betrachten, zu relativieren und fremde Blickwinkel probehalber zuzulassen. Es hilft dem zerstörerischen „Entweder-Oder" ein liebevolles „Sowohl-Als-Auch" entgegenzusetzen. Grounding fördert das Eigene und die Beziehung zum anderen.

Körperliches Grounding betont die Verschiebung der Aufmerksamkeit vom Halsdreieck in den Bauch, in den physikalischen Körpermittelpunkt. Wenn wir in unserem Schwerpunkt sind, sind wir ausbalanciert und stehen fest und sicher. Das können Sie leicht ausprobieren.

Dehnungsübungen mit Öffnen der Gelenke und Muskelstreckungen bringen die blockierten Energieflüsse und physiologischen Austauschprozesse wieder in Gang. Yoga, Thai chi, Chi Gong (Übung der Shaolin Mönche) sind hierbei hilfreiche Techniken. Schon die regelmäßige morgendliche Übung der Begrüßung der Sonne, Surya namaskar, eine Yogaübung, zeigt überraschende Wirkungen.

Autogenes Training erscheint weniger geeignet, da die Zentrierung über Bewegung leichter zu erreichen ist und die Stille und Ruhe des AT zu Beginn kaum zu erreichen ist. Später kann dies als Vorform der Meditation durchaus sinnvoll sein.

Es hat sich in Untersuchungen gezeigt, daß die Einsichtsförderung durch Psychotherapie durch körpertherapeutische Ansätze unterstützt werden kann. Diese beginnt mit dem, was sie meistens in einer solchen Situation schon machen, mit Sport. In der Regel müssen sie sich allerdings von leistungsorientiertem Sport auf Ausdauersport umstellen, da nur dieser die Immunabwehr stärkt: also schnelles Gehen, leichter Trab, Dahinrollen mit dem Fahrrad. Übrigens: Gartenarbeit erhöht deutlich die Lebenserwartung!

Hilfreich sind auch Körperwahrnehmungsübungen, die die Körperwahrnehmung mit inneren Bildern und Erlebensweisen verbinden. Neben anderen Möglichkeiten seien hier die Übungen und Einfühlungen in Gebetshaltungen erwähnt, wie sie von Pater Willigis Jäger und Beatrice Grimm entwickelt wurden.

Die Verbreiterung der Basis ist auch möglich durch den Atem, der das klassische Bindeglied zwischen Körper und Geist darstellt. In manchen Sprachen sind die Worte für Atem und Geist die gleichen.

Atemübungen mit Verlagerung des Atems in den Bauchraum, Verlangsamung des Atems, Aufmerksamkeitsausrichtung auf das Ein- und Ausatmen, wie der Atem kommt und geht, so wie wir kommen und gehen, bilden den Übergang zur Meditation. Verschiedene Atemübungen aus der Tradition des Yoga sind hilfreich als Einleitung einer Meditation.

Meditation als Aufmerksamkeits- und Achtsamkeits- Übung ist die logische Fortsetzung von Psychotherapie. Sie ist eine weitere Möglichkeit zur Persönlichkeitsbildung und zur Klärung der uns alle berührenden Fragen nach dem Woher und Wohin der menschlichen Existenz.

Es ist die Einübung von Wahrnehmung ohne Wertung, das Bemerken des kleinen zeitlichen Unterschieds zwischen der Wahrnehmung und der Bewertung des Wahrgenommenen. Wenn die Wertung in den Hintergrund tritt und Stille entsteht, sind tiefgreifende Einsichten möglich.

Z.B. neigen wir dazu, ins Gegenteil zu verfallen, wenn wir unser Verhalten ändern wollen. Psychologisch bleiben wir dabei in der alten Problematik hängen. Im Blick auf das Faktische ergibt es sich oft, daß sich „unter der Hand" unbemerkt wichtige und hilfreiche Veränderungen vollziehen.

Wird dieser Prozess fortgeführt, sehen wir wertfrei das Wahrgenommene und den Wahrnehmenden und deren Beziehung zueinander. Gelingt es, die Stille fortbestehen zu lassen, werden diese drei zu einem. Krishnamurti sagt: „Meditation ist nicht Worte, ein Mantra oder Selbsthypnose, die Droge der Illusion. Sie muß ohne Deinen Willen geschehen. Sie muß geschehen in der ruhigen Stille der Nacht, wenn Du plötzlich wach bist und spürst, daß das Gehirn still ist und eine eigentümliche Art von Meditation vor sich geht. Sie muß so still sein wie eine Schlange im hohen Graß, grün im frischen Morgenlicht. Sie muß in den tiefen Nischen des Gehirns stattfinden. Meditation ist keine Leistung. Es gibt keine Methode, kein System, keine Übung. Meditation beginnt mit dem Enden des Vergleichens, dem Enden von Werden oder Nicht-Werden. So wie die Biene zwischen den Blättern wispert, so ist das Wispern der Meditation ein Handeln."(S.105)

Ängste, Psychosomatische Beschwerden, Depression u.ä. sind Störungen, die häufig bei Führungskräften in Übergängen, in sogenannten Schwellensituationen auftreten, also im oben beschriebenen hektischen Wandel. Besonders häufig zeigt dies sich in der Lebensmitte als „Midlifecrisis". In dieser Lebensphase tritt die Endlichkeit des eigenen Lebens ins Blickfeld. Meditation und geistige Entwicklung gehört traditionell in diesen Lebensabschnitt, da hier die Auseinandersetzung mit Tod und Sterben beginnt, was ein weiteres Tabu unserer Gesellschaftsformation ist.

Vielleicht wurde deutlich, wie wichtig die Auseinandersetzung mit der eigenen Lebensgeschichte und die Beendigung ihrer Nachwirkungen ist. Daß gleichzeitig für die vielfältigen Aufgaben in verantwortlichen Leitungspositionen aber, die Klärung der ganz persönlichen und individuellen Fragen nach der Existenz selbst, eine wichtige Grundlegung der Persönlichkeitsstabilität beinhalten. Im Zulassen von Stille in der Meditation kann diese Gründung sich vollziehen und ist dann Quelle nicht nur von Kreativität und Lebensfreude, sondern gibt auch sicheren Halt und ermöglicht vertrauensvolle und stabile Beziehungsbildung, ist letztlich die Voraussetzung von Freiheit.

Gefordert ist allerdings dafür die Bereitschaft zur Auseinandersetzung mit den existentiellen Fragen im Zusammenhang mit Tod und Sterben und das Zulassen von Stille. Erlauben Sie mir zum Abschluss ein weiteres Zitat von Krishnamurti:

„Auf einem Gang über die gerade Landstraße, an einem lieblichen Morgen, es war Frühling, und der Himmel war ungewöhnlich blau, ohne eine einzige Wolke darin, und die Sonne gerade warm, nicht zu heiß. Es war ein angenehmes Gefühl. Und die Blätter glänzten, und ein Funkeln war in der Luft. Es war wirklich ein ganz besonders schöner Morgen. Da stand der hohe Berg, undurchdringlich, und die Hügel darunter waren grün und lieblich. Und als Du ruhig dahergingst, fast gedankenlos, sahst Du ein totes Blatt, gelb und leuchtend rot, ein Blatt vom Herbst. Wie schön war das Blatt, so einfach in seinem Tod, so lebendig, voll von der Schönheit und Vitalität des ganzen Baumes und des Sommers. Seltsam, daß es nicht verwelkt war. Wenn man es genauer betrachtete, sah man all seine Adern und den Stengel und die Form des Blattes. Dieses Blatt war der ganze Baum. ...

Und wenn man jenes tote Blatt betrachtete, in all seiner Schönheit und Farbenpracht, vielleicht würde man zutiefst verstehen, wahrnehmen, wie der eigene Tod sein müsste, nicht ganz am Ende, sondern von Anbeginn an. Tod ist nichts Erschreckendes, dem man ausweichen, das man hinausschieben muß, sondern vielmehr etwas, mit dem man tagein, tagaus leben muß. Und daraus entsteht ein außerordentliches Gefühl des Unermesslichen." (S. 169/172)

Ich danke für Ihre Aufmerksamkeit.

Literatur:

Krishnamurti, Jiddhu; Selbstgespäche, das letzte Tagebuch; Aquamarin-verlag, Grafing, 1992

Sprenger, Reinhard K.; Das Prinzip Selbstverantwortung; Campusverlag, Frankfurt, 2000

5. Wie werde ich mehr gesund und weniger krank?
Zum Modell der Salutogenese von Aaron Antonovsky

Klaus Jork

1. Antonovskys Philosophie der Salutogenese

Die konventionelle, naturwissenschaftlich orientierte Medizin orientiert sich ganz überwiegend an dem Begriff der Pathogenese, d.h. der Frage, wie Krankheit entsteht oder was Krankheit bewirkt. Man macht dafür Infektionen mit Viren und Bakterien ebenso verantwortlich wie angeborene und genetisch bedingte Erkrankungen, Unfälle, umweltbedingte Schäden und degenerative Veränderungen der verschiedensten Körpergewebe. Das Negativbild von Krankheiten bedingt sicherlich auch die unzureichenden Erfolge in der präventiven Medizin, denn sie spricht Verbote aus: „Du sollst nicht rauchen, kein Übergewicht haben, Deinen Fettspiegel kontrollieren, regelmäßig Medikamente gegen Bluthochdruck und Diabetes mellitus einnehmen, obwohl Dich diese Krankheiten primär weder behindern noch Schmerzen bereiten." Meist wird man hingegen nicht gefragt, was einem Freude bereitet und woraus man Kraft schöpft, was einem gut tut.

Die **Pathogenese** orientiert sich also an einem Defizitmodell, bei dem kaum beachtet wird: Was bedingt oder erhält Gesundheit? Dieser Frage geht neben verschiedenen anderen Wissenschaftlern Aaron Antonovsky (1923-1994) nach. Er studierte in den USA Geschichte und Wirtschaftswissenschaften an der Yale University, ehe er 1960 nach Israel emigrierte und ab 1972 beim Aufbau der gemeinde-orientierten medizinischen Fakultät der Ben Gurion-Universität aktiv mitarbeitete.

Antonovskys „... fundamentale philosophische Annahme ist, daß der Fluß der Strom des Lebens ist. Niemand geht sicher am Ufer entlang. ... Meine Arbeit ist der Auseinandersetzung mit folgender Frage gewidmet: Wie wird man, wo immer man sich in dem Fluß befindet, ... ein guter Schwimmer?" Eine Philosophie als Grundlage einer neuen Betrachtungsweise in der Medizin?

Bei seinen sozialmedizinischen Untersuchungen erforschte Antonovsky auch verschiedene Fragestellungen zu der Gesundheit von Frauen unterschiedlicher ethnischer Gruppen im Klimakterium, von denen fast 300 auch Zeit in den Konzentrationslagern des Nationalsozialismus zugebracht hatten. Sein Forschungsteam wunderte sich darüber, daß ca. ein Drittel der Frauen diese Zeit mit extremen traumatischen Erlebnissen ohne nachweisbare somatische, psychische und soziale Schäden überstanden hatten. Welche Fähigkeiten besaßen diese Frauen und woher stammten sie? Im Verlauf seiner Forschungsarbeit gelangte er zu der Überzeugung, daß das **Kohärenzgefühl** dieser Menschen dafür eine Erklärung war.

Unter dem Kohärenzgefühl (sense of coherence, SOC; sense: Sinn, Gefühl, Verständnis, Bedeutung) versteht Antonovsky 1993 „eine globale Orientierung, die das Ausmaß ausdrückt, in dem jemand ein durchdringendes, überdauerndes und dennoch dynamisches **Gefühl des Vertrauens** hat, daß

- erstens die Anforderungen aus der inneren und äußeren Erfahrungswelt im Verlauf des Lebens strukturiert, vorhersagbar und erklärbar sind und daß
- zweitens die Ressourcen verfügbar sind, die nötig sind, um den Anforderungen gerecht zu werden. Und
- drittens, daß diese Anforderungen Herausforderungen sind, die Investition und Engagement verdienen."

Mit dem Kohärenzgefühl ist kein affektives „Gefühl" gemeint, sondern ein **Einstellungsmuster**, die Welt in einer bestimmten Weise zu sehen. Antonovsky beschäftigt zentral die Frage:
Wie werde ich mehr gesund und weniger krank?
Die Frage sucht nach dem Verständnis eines **Gesundheits-Krankheits-Kontinuums.** In der weiteren wissenschaftlichen Arbeit wird das Kohärenzgefühl differenziert, nämlich als das **Vertrauen** in:

1. das **Gefühl der Verstehbarkeit** (comprehensibility), womit eine Kontrollierbarkeit, Geordnetheit und Verstehbarkeit in dem Sinne besteht, die auf **kognitiven Verarbeitungsmustern** beruhen;
2. das **Gefühl der Handhabbarkeit** (manageability), das sich in einem optimistischen Vertrauen ausdrückt, Lebensaufgaben meistern und Ressourcen dafür mobilisieren zu können – hierzu sind **kognitiv-emotionale Verarbeitungsmuster** erforderlich;
3. das **Gefühl von Sinnhaftigkeit** (meaningfulness), das die Überzeugung betrifft, daß das Leben einen Sinn hat und daß sich Freude am Leben lohnt – diese Fähigkeiten betreffen **emotional-motivationale Komponenten** menschlichen Erlebens.

2. Modell der Salutogenese

In seinem Modell der Salutogenese (vgl. Abb.), das Antonovsky 1979 entwickelt hat, geht er davon aus, daß der Mensch über **Quellen von ge-**

74

neralisierten Widerstandsressourcen verfügt (Bengel u.a. 1998). Generalisierte Widerstandsressourcen aber befähigen zum Sammeln von **Lebenserfahrung**, die wiederum das **Kohärenzgefühl** (SOC) stärkt. Generalisierte Widerstandsressourcen, Lebenserfahrung und Kohärenzgefühl beeinflussen sich also unmittelbar gegenseitig. Antonovsky betrachtet es als den **Regelkreis des Lebens**: Je mehr generalisierte Widerstandsressourcen ich besitze, um so mehr Lebenserfahrung kann ich sammeln.

Generalisierte Widerstandsressourcen befähigen uns, mit **Stressoren** ebenso wie mit **Spannungszuständen** angemessen umzugehen. Ist die **Spannungsbewältigung** erfolgreich, dann wird der „gesunde" Pol des **Gesundheits-Krankheits-Kontinuums** unterstützt; ist die Spannungsbewältigung hingegen erfolglos, dann bewirkt der kontinuierliche Stresszustand eine Stärkung des „kranken" Pols im Gesundheits-Krankheits-Kontinuum. Entscheidend ist die Frage im Ansatz der Salutogenese:

Wie können pathogene Stressoren in gesundheitsbezogene Herausforderungen umgeformt werden?

Ob Stressoren als Herausforderungen empfunden werden, ist eine Frage der Problemlösungsfähigkeit und Stressbewältigung – beide sind abhängig von einem individuellen **Bewertungsprozess**.

Generalisierte Widerstandsressourcen konstituieren sich zum einen aus individuellen kulturellen und sozialen Faktoren, andererseits ermöglichen sie Spannungsbewältigung und vermitteln eine kohärente Lebenserfahrung. Aber auch finanzielle Sicherheit, Ich-Stärke und die Erfahrung mit Bewältigungsstrategien zählen zu ihnen. **Voraussetzungen** für die Bildung von Widerstandsressourcen sind eine bestimmte **Konsistenz** (Beschaffenheit; Festigkeit) der Persönlichkeit, die **Partizipation** an wichtigen Entscheidungen sowie das **Vermeiden von Über- oder Unterforderung**. Dabei ist es unwichtig, ob die Partizipation in einer Demokratie oder in einer Diktatur stattfindet. „Wichtigkeit" wird von der Gesellschaft definiert; individuell ist bedeutsam: Wer nicht handelt, sammelt keine Erfahrung.

Neben den generalisierten Widerstandsressourcen werden nach dem Modell der Salutogenese **salutogene Faktoren** differenziert. Dazu gehören die **soziale Unterstützung**, die Fähigkeit zu **Entspannung und Wohlbefinden**, die Auseinandersetzung mit **Werten und Zielen** sowie die **Selbstwirksamkeits-erwartung**.

Ungewohnt sind dem Arzt bisher bei der Anamnese-Erhebung **Fragen zur Sinnhaftigkeit** des Lebens. Sie werden ausgespart, weil sie nach dem Verständnis naturwissenschaftlich orientierter Medizin zum Intimbereich des Menschen gehören und nach bisher gängiger Lehransicht nichts mit Gesundheit zu tun haben. Fragen zur Sinnhaftigkeit können z.B. sein:

Gibt es Wünsche, die Sie sich bisher nicht erfüllt haben?

- Was glauben Sie, warum Sie leben?
- Was würden Sie als Ziel Ihres Lebens betrachten?
- Was glauben Sie, kann in besonders schwierigen Lebenssituationen helfen?
- Haben Sie eine Lebensphilosophie?
- Was möchten Sie erreichen? Was wäre der nächste Schritt dahin?

Denkt man über diese Fragen nach, dann betreffen sie vor allem die Bereiche der Konstrukte von Verstehbarkeit und Sinnhaftigkeit. Verschiedene Untersuchungen haben belegt, daß für die Salutogenese die **Sinngebungsfähigkeit** von besonderer Bedeutung ist. Sie bewirkt eine intensive intrinsische Motivation und bildet damit auch die Intention zur Handlungsfähigkeit. **Gesundheit wird damit nicht das Ziel, sondern das Mittel, um Individuen zu befähigen, individuelles und gesellschaftliches Leben positiv zu gestalten**. Präventive Maßnahmen werden somit nicht durch das professionelle System verordnet. Sie zielen auf die aktive und **selbstverantwortliche Beteiligung des Laien** an der Herstellung gesundheitsfördernder Bedingungen und auf den Dialog und die Interaktion zwischen Laien und Professionellen.

Als Beispiel um das Bemühen für dieses Sinnverständnis soll Hermann Graf Keyserling genannt werden, der 1920 in Darmstadt die **Schule der Weisheit** gründete. Er wollte den Menschen bewegen, seine kritische Befähigung zum Sinnverstehen zu vertiefen, so daß die Ganzheit des Lebens sowohl seiner Tatsächlichkeit nach bewußt, als seinem Sinn nach verständlich wird. Parallelen zur comprehensibility (Verstehbarkeit) und meaningfulness (Sinnhaftigkeit) von Antonovsky sind offensichtlich.

Im Zentrum der **Lehre vom Sinn** stehen auch bei Keyserling die Begriffe Verstehen und Einsicht, welche unmittelbar Einleuchtendes bezeichnen. Durch sie können Denken und Sein, Verstehen und Tat wieder zusammengefügt werden. Die durch den Verstand ermöglichte analytische Kritik hat dem Geist die ihm gemäße Freiheit eingeräumt, aber zugleich alles in seiner Existenz gefährdet, was nicht intellektuell begreifbar ist (Gahlings 1996).

3. Bedeutung des Modells der Salutogenese

In der Literatur zum Modell der Salutogenese wird zum einen die Bedeutung des Modells der Salutogenese als Paradigmenwechsel interpretiert. Hält man sich jedoch an die Definition eines Paradigmas von Thomas S. Kuhn, dann ist diese Bezeichnung unzutreffend. Hingegen trifft der Begriff **Perspektivenwechsel** recht zutreffend das Arbeiten mit dem Verständnis der Salutogenese: Bisher werden Krankheit und Gesundheit in der Medizin fast ausschließlich unter den Aspekten der Pathogenese betrachtet. Das Verständnis der Salutogenese stellt den Arzt, aber auch alle sozialmedizinischen und nicht ärztliche Berufsgruppen vor die Aufgabe, gesunde Anteile des Menschen zu erkennen – sei es in der Anamnese-Erhebung, beim Erarbeiten von Therapiekonzepten oder der Problemlösung im Alltag – und diese in einem ganzheitlichen individuellen Gesundheits- und Lebensweisenkonzept zu integrieren. Dabei ist z.B. nicht mehr der Allgemeinarzt der in medizinischen Fragen Sachkompetente. Es wird notwendig sein, das Verständnis des Patienten ebenso zu berücksichtigen wie seine individuelle Handlungsfähigkeit und sein Sinnverständnis in Krisensituationen, die auf seiner Lebenserfahrung und seinen generalisierten Widerstandsressourcen gründen.

Der mit dem Modell der Salutogenese arbeitende Partner eines Individuums muß also bereit sein, die bisherige **pathogenetische Defizit-Orientierung** zu verlassen und sich für eine gleichzeitige Beachtung pathogenetischer Faktoren **und** salutogenetischer Ressourcen zu öffnen. Dieser **Perspektivenwechsel** bedingt, Gesundheit nicht als Homöostase oder Dichotomie zu betrachten, sondern als Heterostase und Gesundheits-Krankheits-**Kontinuum**. Nicht die Krankheit als Diagnose ist allein bedeutsam, sondern der **psychosomatische Gesamtstatus**. Nicht Risikofaktoren gilt es zu eliminieren, sondern bei **Kenntnis der Lebensgeschichte** vorhandene **Widerstandsressourcen zu stärken**. Stressoren sind im Modell der Salutogenese nicht schädlich, sondern indifferent, ubiquitär und als **Herausforderungen** zu verstehen.

4. Diagnostik genereller gesundheitserhaltender Ressourcen

Aaron Antonovsky hat zusammen mit seinem Forschungsteam ein Instrument zum Messen des Kohärenzsinns (sense of coherence scale – SOC scale) in einer Langform mit 29 und in einer Kurzform mit 13 Items entwickelt. Bei Anwendung in großen Stichproben zur Bestimmung des Kohärenzsinns konnte nachgewiesen werden, daß die Ergebnisse des SOC weitgehend negativ korrelieren mit Depressivität. Im Bemühen um eine Weiterentwicklung des SOC-Erhebungsbogens besteht deswegen das Ziel, generell gesundheitserhaltende Ressourcen erkennen zu können.

Unter **generellen gesundheitserhaltenden Ressourcen** werden individuelle Fähigkeiten, Voraussetzungen und soziale Gegebenheiten verstanden, welche die Möglichkeit bieten, destabilisierenden Einflüssen auf Gesundheit angemessen zu begegnen. Generelle gesundheitserhaltende Ressourcen können mit dem Instrumentarium Salutogenese-Screening (SALUS) bestimmt werden. Intendiert ist ein Instrument, das nach Aspekten der semantischen Kürze und Verständlichkeit, der positiven Valenz, der allgemeingültigen Beantwortbarkeit und der psychometrischen Qualität erstellt wird.

Im **Salutogenese-Screening SALUS** werden nach dem Postulat der Gleichwertigkeit der Konstrukte bei der Generierung von Gesundheit jeweils 2 Items zu habituellem Wohlbefinden, sozialer Kompetenz, sozialer Unterstützung, dispositionellem Optimismus, generalisierter Kompetenzerwartung, Sinnsuche und Hedonismus berücksichtigt.

In einer **Pilot-Erhebung** werden 141 Hörer der Universität des 3. Lebensalters im Alter zwischen 52 und 95 Jahren mit den 3 Instrumenten SALUS (14 Items), Antonovskys SOC-Kurzskala (13 Items) und der Depressions-Selbstbeurteilungsskala nach von Zerssen (16 Items) befragt (Jork u. Hoidn 2000). Die **Ergebnisse** zeigen eine signifikante Korrelation zwischen der SOC-scale und der Depressions-Skala ($r = -0{,}698884$), die geringer ausfällt in der Korrelation zwischen SALUS und der Depressions-Skala ($r = -0{,}473409$). SOC und SALUS weisen eine positive Korrelation auf ($r = 0{,}622935$). Außerdem ergibt die Faktorenanalyse von SALUS für 5 Komponenten einen Eigenwert von mehr als 7,000% an der Gesamtvarianz, zusammen 68,102% Varianzaufklärung.

Bei der **pragmatischen Umsetzung** der Ergebnisse des Salutogenese-Screening wird davon ausgegangen, daß sich zumindest 3 Gruppen von Probanden bilden lassen. Solche mit überdurchschnittlich hohen SALUS-Werten bedürfen keiner Maßnahmen. Sie verfügen aufgrund ihres Kohärenzgefühls, der Lebenserfahrung und von Widerstandsressourcen über sehr gute Fähigkeiten, innere und äußere Ressourcen für den Erhalt bzw. die Wiederherstellung von Gesundheit einzusetzen.

Eine große Population mit durchschnittlichen Werten beim SALUS sollten auf ihre Ressourcen bzw. Fähigkeiten bei der Problemlösung angesprochen werden. Formen der Gesprächsführung können sich z.B. am Balance- und Konfliktmodell von Nossrat Peseschkian orientieren. Probanden mit niedrigen Werten beim Salutogenese-Screening sollten Hilfen angeboten werden. Diese können in Gesprächen, in Psychotherapie bei Angst und Depression, sozialer Unterstützung oder gar medikamentöser Therapie bestehen.

5. Ausblick

Aaron Antonovsky hat mit dem Modell der Salutogenese und den Konstrukten zum Kohärenzgefühl bedeutsame Anregungen zu einem Perspektivenwechsel in der Medizin und für das Verständnis eines Gesundheits-Krankheits-Kontinuums erarbeitet. Mit den Konstrukten der Verstehbarkeit, Handhabbarkeit und Sinnhaftigkeit werden Anteile der inneren Wirklichkeit eines Individuums mitverantwortlich erachtet, Gesundheit erhalten oder wiederherstellen zu können. Ausgehend von diesem Verständnis lassen sich verschiedene **Thesen** formulieren, die für das Gesundheits-Krankheits-Kontinuum von Individuen gelten:

1. Menschen leben im Alltag in einer relativen, d.h. bedingten Wirklichkeit. Durch Verstehen und Einsicht in weiterführende Zusammenhänge wird die Erkenntnis für individuelle gesundheitsfördernde Ressourcen gefördert.

   Ein Tibeter Kalu Rinpoche drückt dies in einem Paradoxon aus:

   Du lebst in Illusion und der Erscheinungswelt der Dinge.

   Aber es gibt eine Wirklichkeit.

   Du bist diese Wirklichkeit, doch Du weißt es nicht.

   Wenn Du erwachst in dieser Wirklichkeit, wirst Du erkennen,

   daß Du nichts bist.

   Und nichts seiend bist Du alles.

2. Neben der relativen, äußeren Wirklichkeit gibt es eine innere Wirklichkeit, mit der wir nicht gelernt haben zu leben.

3. Die Beachtung der äußeren **und** inneren Wirklichkeit bildet eine Grundlage von Gesundheit.
   So gelten in der traditionellen tibetischen Heilkunde als primäre Ursachen von Krankheit:

   - Begierde bzw. Anhaftung,
   - Hass bzw. Aggression und
   - Unwissenheit bzw. Verblendung.

Erst in den letzten Jahrzehnten werden auch bei uns zunehmend **psychosomatische** Sichtweisen in einem bio-psycho-sozialen Modell von Gesundheit und Krankheit berücksichtigt. Aber auch dort überwiegen sehr häufig defizitäre Ansätze bei Diagnostik und Therapie.

4. Es gibt Wege zur Einheit innerer und äußerer Wirklichkeit, zum Verständnis von Sinnhaftigkeit, einer erweiterten Handlungsfähigkeit und der integrativen Verstehbarkeit unseres Lebens.

Möge man dabei einem Lehrer begegnen, wie ihn Khalil Gibran beschreibt:

Ist er (der Lehrer) wahrhaft ein Weiser, so fordert er euch nicht auf,

das Haus seiner Weisheit zu betreten;

eher geleitet er euch zur Schwelle eures eignen Geistes.

Literatur:
Antonovsky, A., Health, Stress, and Coping: New Perspectives on Mental and Physical Well-Being. Jossey-Bass, San Francisco 1979.
Antonovsky, A., Gesundheitsforschung versus Krankheitsforschung. In: A. Franke u. M. Broda (Hrsg.): Psychosomatische Gesundheit. Versuch einer Abkehr vom Pathogenese-Konzept. Deutsche Gesellschaft für Verhaltenstherapie dgvt, Tübingen 1993.
Antonovsky, A., Salutogenese – zur Entmystifizierung der Gesundheit. dgvt, Tübingen 1997.
Bengel, J., R. Strittmatter u. H. Willmann, Was erhält Menschen gesund? Antonovskys Modell der Salutogenese – Diskussionsstand und Stellenwert. Bundeszentrale für gesundheitliche Aufklärung, Köln 1998..
Gahlings, U., Hermann Graf Keyserling – ein Lebensbild. Justus von Liebig, Darmstadt 1996.
Jork, K. u. B. Hoidn, Vergleichende Untersuchung zweier Ressourcen-Fragebögen gegenüber einer Selbstbeurteilungs-Skala zur Depression bei älteren Menschen. Z. Allg. Med. 2000; 75 (Kongreß-Abstracts) 14.
Kuhn, T.S., Die Struktur wissenschaftlicher Revolution. Suhrkamp, Wissenschaft 25, Frankfurt 1973.

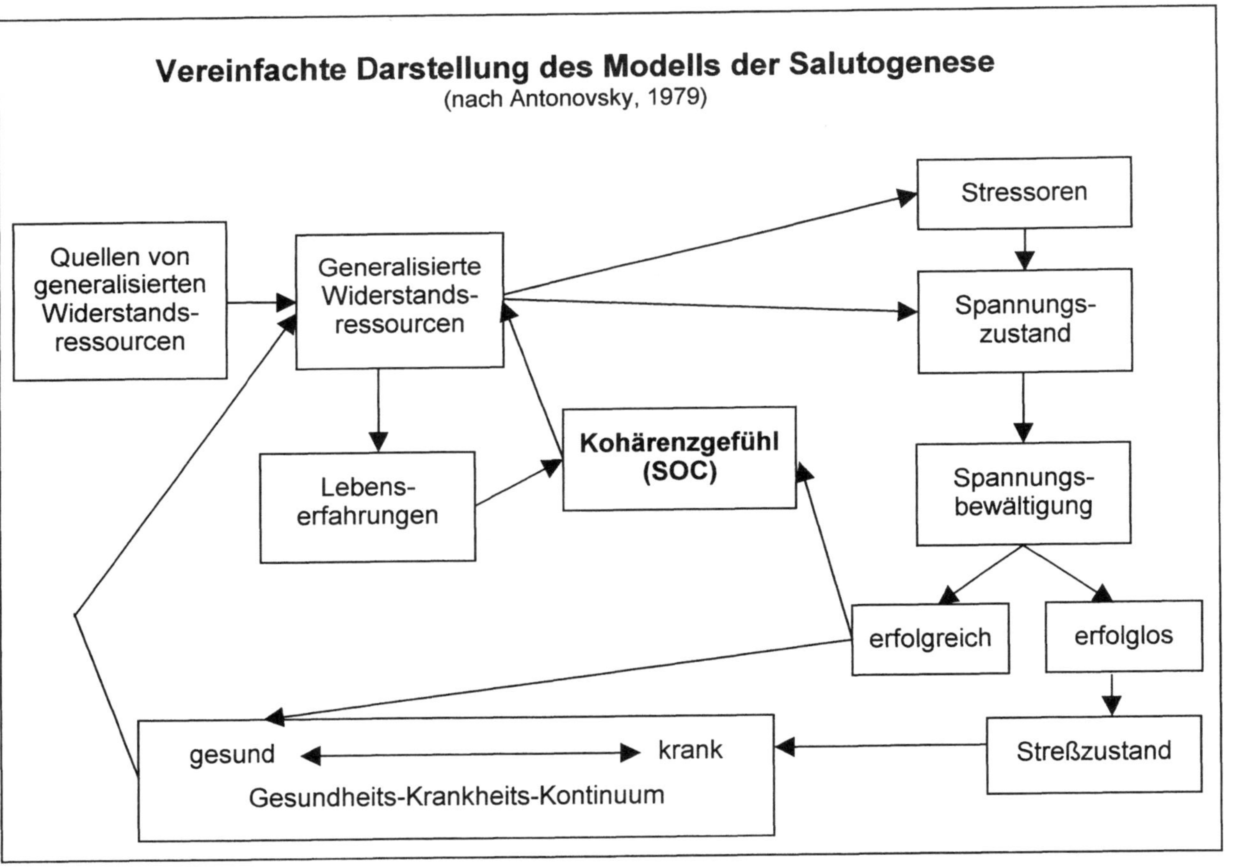

Vereinfachte Darstellung des Modells der Salutogenese
(nach Antonovsky, 1979)
Quellen von generalisierten Widerstands-ressourcen
Generalisierte Widerstands-ressourcen
Stressoren
Spannungs-zustand
Spannungs-bewältigung
Lebens-erfahrungen
Kohärenzgefühl (SOC)
erfolgreich
erfolglos
Streßzustand
gesund
krank
Gesundheits-Krankheits-Kontinuum

6. Person, Personalentwicklung und -führung im Kontext spiritueller Praxis: Wahrnehmung, Wirklichkeit, Bewußtsein

Michael von Brück

Vorbemerkung

Das Thema hat mit der Klärung von vier äußerst komplexen Begriffen zu tun und mit zwei Handlungsstrategien, die sich daraus ableiten lassen. Ich gehe mit Kant, mit den theoretischen Folgen der Quantenphysik, mit der modernen Gehirn- und Kognitionsforschung sowie mit der ganzen buddhistischen Tradition davon aus, daß es das Bewußtsein ist, das die Welt entwirft. Wir leben nicht in einer Welt von Dingen, wie schon Heraklit am Beginn der abendländischen Philosophie feststellte, sondern in einer Welt von Vorgängen. Was aber als Vorgang und Welt erscheint, ist abhängig vom Bewußtsein. Das Bewußtsein ist nichts Fertiges, Statisches, sondern ein Prozess in Bewegung.

Wir gestalten also das, was wir als wirklich wahrnehmen, und das, was wir dann für wirklich halten, prägt umgekehrt die Art und Weise, wie wir das Bewußtsein wahrnehmen und modulieren. In der Tat: Alles ist im Fluß. Wer meint, die Sachen oder Dinge wären etwas Gegebenes, irrt. Daraus folgt: Wer sich hinter „Sachzwängen" versteckt, kaschiert nur den Mangel an Mut zur eigenen Entscheidung. Er verleugnet die eigene Kreativität. Das ist das Problem in allen menschlichen Systemen, in den geistigen wie den ökonomischen und politischen. In dem Maße, in dem Entscheidungsabläufe nun nicht nur individuell, sondern sozial gesteuert werden, d.h. durch ein hohes Maß an Institutionalisierung und Bürokratisierung nach außen delegiert werden, wächst die Stagnation. Dadurch wird Kreativität abgeschnürt. Die Folge davon ist, daß der Mensch ebenso krank wird wie die Gesellschaft und ihre ökonomischen wie sozialen Abläufe. Das ist, so scheint mir, das Dilemma unserer Situation. Sie ist von Angst, Kreativitätsverzicht – und deren Kompensation: Hektik – geprägt.

Was sollen und können wir tun? Bevor ich mich dieser Frage zuwende, möchte ich zunächst möglichst genau die Aufgabe beschreiben, die mit einer Klärung der im Titel genannten Begriffe einhergeht:

1. Wahrnehmung, Wirklichkeit, Bewußtsein

a) Was ist Wahrnehmung?

Als der Club of Rome in den sechziger Jahren die Grenzen des Wachstums bewußt machte, veränderte dies die Wahrnehmung der ökonomischen und soziokulturellen Strukturen zunächst in den entwickelten Gesellschaften, dann auch in den Entwicklungsländern. Dabei war offensichtlich, daß die Grenzen des *quantitativen* Wachstums gemeint waren, während offen blieb, was denn ein *qualitativer* Wachstum sei und wie die damit verbundenen Möglichkeiten verstanden werden könnten. Jedenfalls wissen wir, daß die Kategorie des Qualitativen in den Kulturen der Menschheit höchst unterschiedlich bestimmt wird. Das, was ein „gutes Leben" sei, ist zwischen den Religionen, aber durchaus ja auch innerhalb der Religionen, umstritten. Menschen streben nach Verwirklichung von Werten und Idealen, weil zwischen der Wirklichkeit und dem, das das Bewußtsein als Ideal oder Hoffnung denken kann, ein Unterschied besteht. Man nennt dies die Differenz von Anspruch und Wirklichkeit. Sowohl die Lebenswirklichkeit als auch die Wünsche, wie es anders sein könnte, werden von gesellschaftlichen wie individuellen Erwartungen geprägt. Sie sind also veränderlich, und Menschen verändern ihre Erwartungen auf Grund von Erfahrungen. Religionen haben nun im Laufe der Geschichte Wertemuster und Deutungen der Welt und des Lebens des Menschen geschaffen, die auf Erfahrung beruhen und in Traditionen weitergegeben werden. Solche langen Traditionen schaffen Stabilität über die Zeitläufte hinweg (diachronisch), und sie geben den Menschen auch Halt über die Anpassung an neue Orte und Kontexte (diatopisch) hinweg. Die großen Traditionen – die chinesische Welt, die indische Kultur, die afrikanischen Kulturen, die europäisch-christliche Tradition, die islamische Welt – haben relativ verlässliche Lebenswelten geschaffen, mit denen sich Menschen identifizieren konnten. Trafen diese Kulturen aufeinander in friedlichen oder konfliktgeladenen Begegnungen, wurden die Unterschiede bewußt, d.h. man erkannte, wer man war oder sein wollte (oder was man auch nicht sein wollte).

In dem Maße, in dem die Kontexte und historischen Erfahrungen heute einander durchdringen, entstehen neue und weniger homogene Lebensmuster, die Unterschiedliches gelten lassen, ohne alles zu verschmelzen. Dies ist die Pluralisierung der modernen Lebenswelt. Dadurch schwindet die traditionsgesicherte Stabilität. Dabei verschiebt sich auch der Horizont des geschichtlichen Handlungsraumes: Der Mensch *erkennt*, daß er in einer begrenzten Ökosphäre lebt, die er gestaltet und die ihn gestaltet. Er ist Subjekt und Objekt seines eigenen wirtschaftlichen und kulturell-politischen Handelns zugleich, d.h. Täter und Objekt des eigenen

Tuns, wodurch er sein Wohlergehen und Scheitern selbst verantwortet. Mit anderen Worten: Der Mensch selbst ist das Problem. Dies ist die eigentliche Veränderung in der Wahrnehmung der letzten Jahrzehnte, von der alle Religionen betroffen sind. Das kulturelle Handeln und das wirtschaftliche Handeln erscheinen damit viel enger aufeinander bezogen als zuvor: Der Mensch gestaltet sich, indem er produziert, und er produziert seine eigene Gestaltung.

Hatte die Aufklärung den allmächtigen Gott entthront und damit die Voraussetzungen für die Allmachtsphantasien des modernen Menschen geschaffen, so relativierte die Psychologie des 19. Jahrhunderts, vor allem Sigmund Freud, die Allmacht der humanen Vernunft durch die Freilegung der Strukturen des Unbewußten. Das ökologische Wahrnehmungsmodell der zweiten Hälfte des 20. Jahrhunderts aber entthronte die Allmacht des Menschen als Macher (*homo faber*), insofern die Grenzen der quantitativen Expansion die Grenzen des Machbaren überhaupt erkennen ließen.

Was aber ist wahr-nehmen? Das Wort hängt mit Wahrheit zusammen, d.h. mit einem projektionsfreien Geltenlassen dessen, was ist. Damit sind aber das Subjekt und das Objekt der Wahrnehmung gegenseitig voneinander abhängig oder vielmehr aufeinander angewiesen. Die Erkenntnis der Wahrheit ist nicht einfach eine Abbildung des objektiv Gegebenen, dessen, was „draußen" ist, sondern – wie in der englischen Sprache noch sichtbar – Treue und Verlässlichkeit (truth, truthfulness). Wir erkennen, was wir wahrnehmen, und diese Wahrnehmung hängt an den Bedingungen unseres Bewußtseins, den Einstellungen, Erfahrungen, Erwartungen, Hoffnungen, Wünschen, Ängsten. Das heißt nicht, daß wir nichts Richtiges erkennen würden, aber jede Erkenntnis ist gefiltert. Wir sehen wie durch gefärbte Brillen. Sich dessen bewußt zu werden, ist deshalb wichtig, weil wir dadurch der Relativität des eigenen Standpunktes gewahr werden und lernen, Anderes zunächst einmal anzunehmen und gelten zu lassen. Im Gespräch müssen dann die relativen Standpunkte ausgelotet, abgeglichen und aufeinander bezogen werden. Was sich als unhaltbar erweist, wird dann zumindest vorläufig verworfen werden müssen, weil es uneinsichtig ist, nicht, weil es anders ist. Das ist ein großer Unterschied. Jedoch: Das, was als plausibel gelten kann, muß immer wieder neu geprüft werden. Denn es zeigt sich, daß die Wahrnehmung des Anderen auch immer Spiegelbild meiner selbst ist.

Jede kulturelle, politische, religiöse und wirtschaftliche Tradition ringt geschichtlich um ihre immer wieder neu zu gestaltende Identität, und sie kann dabei Neues aufnehmen und als falsch Erkanntes abstoßen. Genau dies geschieht heute weltweit. Die Religionen, das heißt die grundlegenden Institutionen für Wertebildung und Wertevermittlung, befinden sich in einer fundamentalen Krise angesichts des Säkularismus bzw. der ökonomisierten Kultur, in die sich die Welt hinein entwickelt. Das ist in Indien nicht anders als in Japan oder in Europa. Alle Religionen stehen daher der Frage gegenüber, was eigentlich ihr unverwechselbarer und unverzichtbarer Beitrag für die eine Menschheit ist, nicht nur, um die religiösen Institutionen zu legitimieren und zu stärken, sondern um einen Beitrag für die Menschen entsprechend dem Ursprungsimpuls der jeweiligen Religion zu leisten.

Wenn wir uns heute in einer globalen Situation der Verantwortung wie auch der Krise als die eine Menschheit im Raumschiff Erde oder auf einem einzigen schwankenden Boot wahrnehmen und, religiös gesprochen, erkennen, daß wir alle Kinder und Geschöpfe Gottes sind, so relativieren sich die traditionellen religiösen Identitäten, die einzelne Kulturen voneinander abgegrenzt haben, in einem Maße, das in der Menschheitsgeschichte beispiellos ist. Stammesreligionen wie auch die sogenannten „Hochreligionen" unterliegen einem dramatischen Wandel in der Identitätsmatrix, gegen den sich allerdings die jeweiligen Institutionen auf Grund von Herrschaftsinteressen sträuben. Diesen Wandel wahrzunehmen und nicht nur die alten Formeln der abgrenzenden Identität zu wiederholen, gehört zur unvoreingenommenen Wahrnehmung der Wirklichkeit, also dessen, was ist.

b) Was ist Wirklichkeit?

Wirklichkeit ist nicht ein „An sich", das außerhalb des menschlichen Bewußtseins existieren würde. Vielmehr ist das wirklich, was *wir* als wirklich *wahrnehmen*. Die Wahrnehmungs*bereitschaft* hängt an vorgegebenen Wertemustern: Wirklich ist für den Menschen vor allem das, was für ihn wirksam ist, was also seine Interessen und Wünsche positiv oder negativ beeinflusst. Die Wirklichkeit ist mithin ein Resultat interaktiver Wahrnehmungsprozesse zwischen Individuum, Gesellschaft und ökosphärischer Mitwelt. Infolgedessen ist nicht nur die Kultur, sondern auch die Natur ein Produkt geschichtlicher Gestaltungsprozesse.

Daraus folgt, daß der Mensch der Natur nicht als Fremder gegenübersteht, sondern Teil eines Kommunikationsnetzes ist, in dem Wirklichkeit erst entsteht. Damit ist die Verantwortung des Menschen eine Antwort auf sein Geschick, selbst schon immer die Frage seiner Existenz zu sein. Das heißt: Die Werte, durch deren Muster hindurch wir Wirklichkeit wahrnehmen, werden stets in geschichtlichen Veränderungsprozessen erzeugt, die wiederum das, was sie schaffen, gleichzeitig voraussetzen. Was wirklich ist, wird also durch den Konsens gesellschaftlicher Werte bestimmt. Dieser Konsens ist von vielem, jedenfalls aber auch von den

86

interreligiösen Verständigungsprozessen über die religiösen Wahrnehmungsstrukturen abhängig.

Wirklichkeit ist also nicht einfach gegeben, sondern wird von uns geschaffen. Damit ergibt sich die Frage, in welcher Wirklichkeit wir leben *wollen*! Wir können beispielsweise erkennen, daß der Zwang zu quantitativem wirtschaftlichem Wachstum in einem begrenzten System von Ressourcen beendet werden muß, damit wir die Grundlagen unserer Existenz nicht zerstören. Welche Grundwerte sind dann aber nötig, um diesen Zwang zu überwinden, ohne daß der Gesellschaft die Arbeit ausgeht und damit der soziale Frieden gefährdet wird? Ist z.B. eine „asketische Kultur" (C.F.v.Weizsäcker), die ökologisch geboten zu sein scheint, ökonomisch vernünftig?

Wirklichkeit ist das, was wirkt. Sie ist dynamisch, sich entwickelnd im Zusammenspiel mit unserer Wahrnehmung, nicht einfach das Gegebene oder Statische. Dies hatte wohl Meister Eckart im Sinne, als er den lateinischen Begriff *realitas* mit Wirklichkeit übersetzte und damit diesen Begriff in der deutschen Sprache einführte. Das, was wir als Wirklichkeit wahrnehmen wollen und können, wird also *erzeugt* – durch eine Wahrnehmung, einen Willen, ein *Interesse*. Wir brauchen nur in die Geschichte zu schauen, auch in die Geschichte der Wissenschaften, um zu erkennen, daß die jeweiligen Kulturen und Wissenschaftsdebatten vielleicht Wirklichkeit als die Macht des Faktischen oder der Sachzwänge erfahren haben, daß dies aber in der Rückschau keineswegs so ist. Wirklichkeit erscheint uns vielmehr abhängig davon, wie wir hinschauen und wie wir die Dinge bezeichnen wollen. Die *Bezeichnung* schafft die Wirklichkeit und nicht eine bloße Sachlichkeit. Viel hängt also davon ab, wie wir mit unserem Bewußtsein umgehen, das Wirklichkeit erkennen kann, soll und muß.

Das, was wir als Wirklichkeit erfahren, steht im Wechselspiel mit allen Faktoren dessen, was ist. Was ist, ist abhängig von der bewußten Vergegenwärtigung des Vergangenen als Möglichkeit für die Zukunft.

c) Was ist Bewußtsein?

Die Wahrnehmungsmuster von Wirklichkeit sind das, was wir Bewußtsein nennen. Dabei wird nach dem zuvor Gesagten deutlich, daß Bewußtsein weder ausschließlich individuell noch allein gesellschaftlich oder nur global-ganzheitlich ist, sondern es ist der Kommunikationsprozess von Mensch-Mitmensch-Mitwelt. Auch der Begriff „Umwelt" greift ja zu kurz, denn die Wirklichkeit, in die der Mensch gestaltend eingreift, ist Natur, an der er selbst Anteil hat. Dabei weicht aufgrund der Einsicht in die Vernetztheit aller Phänomene (einschließlich der wirtschaftlichen, kulturellen und politischen Prozesse) ein hierarchisches Modell von Machtstrukturen immer mehr dem kooperativen Modell von Kommunikationsstrukturen.

Die wirtschaftliche und kulturelle Globalisierung verlangt nach Vernetzung politischer und geistiger Organisationsprozesse, die das Individuum und die nationalstaatlichen Strukturen wie auch den Gegensatz von Natur und Kultur (und Technik) überwindet. Dies impliziert einen Bewußtseinswandel, der traditionelle Identitäten verändert. Religionen, als traditionelle Identitätsgeber, sind in ihren Tradierungsstrukturen von diesen Prozessen unmittelbar betroffen. Wie wir aber gesehen haben, verändert sich unter den Bedingungen des modernen Pluralismus die Identitätsbildung durch gleichzeitige Teilhabe an bisher getrennten Traditions- und Wertegemeinschaften erheblich. Das hat Auswirkungen auf die Religionen, aber auch auf Bildungsaufgabe des Staates, wie ich später zeigen werde.

Bewußtsein ist kein „Ding", sondern ein Prozess sich ständig neu erzeugender Wahrnehmungsmuster, der spontan, vernetzend und unendlich kreativ abläuft, gleichzeitig aber Strukturen erzeugt, die Halt und Stabilität geben und den weiteren Prozess selbst erzeugen. Die „Plastizität des Gehirns" besonders in den frühen Entwicklungsjahren des Kindes besagt, daß das Bewußtsein im Gehirn die Formen und Vernetzungen selbst anlegt, nach denen es dann arbeitet. Das Bewußtsein erzeugt sich dabei stets neu und ist lernfähig, in Veränderung begriffen. Es ist damit die ständige Vergegenwärtigung seiner eigenen Geschichte. Im Prozess dieser Vergegenwärtigung bestimmt sich das Bewußtsein selbst, es prägt sich und bildet sich, d.h. es formt Bilder, in denen es sich selbst spiegelt und erkennt. Es benutzt dabei zweierlei Formen: sprachliche und eher bildhafte Gestaltmuster. Sprache entfaltet sich sequentiell, in der Zeit, sie ist analytisch. Gestaltwahrnehmende Bilder geben eher einen synthetischen Gesamteindruck wider, der dann erst in Einzelempfindungen und nacheinander abfolgende Wahrnehmungen zerlegt wird.

Wir können dies besser erkennen durch einen vereinfachten Blick in die Geschichte der *Medien*, mit denen das Bewußtsein sich Überlieferung schafft, in denen es die eigene Geschichte anschaut:

a) <u>Die mythische Welt</u>: In den Mythen und Erzählungen der Religionen geht es um Vergegenwärtigung der Ganzheit. Die Gegenwart des Göttlichen wird überall wahrgenommen, die Welt ist nicht aufgeteilt in „Sachen" und „Seelen", sondern die Dinge sind belebt, die Tiere sprechen. Der Mensch muß die verborgenen Zusammenhänge zwischen den kosmologischen, sozialen und psychologischen Prozessen erkennen und im Ritus zum Vorschein bringen. Der Ritus gliedert das scheinbar Chaotische und schafft entweder die göttliche Ordnung neu oder bildet sie zumindest jeweils neu ab. In ihm wird symbolisch angeschaut, wie Mikrokosmos und Makrokosmos einander entsprechen. Inbegriff des Ganzen ist das Fest, der hohe Augenblick, in dem das Ganze aus der Verborgenheit tritt (*kairos*), damit der Mensch Anteil daran haben kann.

b) <u>Die begriffliche Welt</u>: In den Begriffen der Wissenschaft wird auch eine Vergegenwärtigung von Wirklichkeit angestrebt, hier aber auf Grund der abgegrenzten (de-finierten), abgeschnittenen Wahrnehmung. Es wird immer ein Teil herausgegriffen und eine bestimmte Frage gestellt, auf die eine bestimmte Antwort gesucht und erwartet wird. Das, was verborgen ist, wird durch Sezieren freigelegt. Nicht die Wahrnehmung des Ganzen bringt Erkenntnis, sondern die präzise Unterscheidung. Gültig ist, was sich im Experiment als wiederholbar und damit in Zeit und Raum verallgemeinerungsfähig erweist, wenn die jeweils ausgewählten Teilbedingungen bekannt sind. Die Teilbereiche werden analytisch durchschaut, und der Erkenntnisgewinn ist zweifellos immens. Wir haben es aber nun mit einer durch Präzision fragmentierten Welt zu tun, nicht mehr mit einer Beschreibung des Gesamtzusammenhanges. Die Einzelteile oder isolierten Prozesse können zwar zu einem begrifflichen Weltbild zusammengesetzt werden, aber dies ist eigentlich nicht mehr Sache der analytischen Verfahrensweise.

c) <u>Die mediale Bildwelt (Fernsehen)</u>: In jüngster Zeit sind im Feld der Massenkommunikation, die die Gesellschaft in-formiert, sowohl die synthetischen (mythischen) Erzählungen als auch die analytischen Begriffe durch Bilder ersetzt worden, die vor allem durch das Fernsehen vermittelt werden. Dies scheint mit eine ganz andere Art menschheitsgeschichtlicher Überlieferung zu sein, die eine andere Revolution in der Art und Weise menschlicher globaler Kommunikation in Gang gesetzt hat, von der angesichts der Multi-Media-Entwicklung noch nicht abzusehen ist, wie sie das Bild der Welt, auch der Religionen, verändern wird. Die Vermutung, daß vermittels Television einst entkörperte Ideen wieder durch Bilder verkörpert würden, ist, soweit sich bisher sehen läßt, nicht bestätigt worden.

Durch die Menge und die Geschwindigkeit der einander folgenden Bilder hat sich zweierlei ereignet:

a) Ehemals zusammenhängende Wahrnehmungsstrukturen sind auseinander gerissen und zu neuen Synthesen verschmolzen worden. Oft kaum wahrnehmbar, aber psychologisch wirksam, werden Bereiche miteinander verknüpft, die bisher im Bewußtsein kaum einen Zusammenhang gebildet haben. So zum Beispiel in der Werbung die Verknüpfung erotischer Impulse mit den Versprechungen bestimmter Produkte, die man kaufen soll. Oder die geographisch kaum nachvollziehbare, im Bewußtsein aber einen Willens-Impuls auslösende Verknüpfung eines Palmenstrandes mit Deo-Seife. Wirklichkeit wird nach ganz anderen Prinzipien geordnet und verknüpft als bisher.

b) Die Aufmerksamkeit wird verringert. Das Bewußtsein „kann nicht folgen", sondern legt lose Assoziationen an, die wechselnde emotionale Stimulation zulassen, nicht aber ein kognitives Verarbeiten des Wahrgenommenen. Über längere Zeit hin betrachtete Bilder sammeln das Bewußtsein in seinen kognitiven wie emotionalen Fähigkeiten. Schnell wechselnde Bilder bewirken genau das Gegenteil. Nicht Sammlung, sondern Zerstreuung ist das Ziel.

Nachdem moderne Telekommunikation eine partiell globale Weltkultur geschaffen hat, die uns ins Haus gesendet wird, wo auch immer dieses Haus steht, lernen wir jetzt über andere Kulturen und Religionen, ohne überhaupt ein Buch in die Hand nehmen zu müssen bzw. den Sessel zu verlassen. Selbst wenn wir in naher Zukunft eine „virtuelle Wirklichkeit" auf dem Bildschirm stereophon erleben sollten und, sagen wir, zwischen der Welt der Tiergeister, wie sie die ursprünglichen Amerikaner erlebt haben, und tibetischen tantrischen Ritualen per Knopfdruck auswählen können, haben wir die Unschuld der Imagination verloren, denn:

- Die ursprünglichen Kulturen sahen die Welt durch ihre individuelle aktive Imagination oder Spiritualität;
- das Fernsehen hingegen hat *standardisierte* Bilder für alle, in denen von der komplexen geschichtlichen Singularität eines Ereignisses (auch und gerade eines religiösen) nichts mehr zu spüren ist.

Außerdem ist die Welt, zu der wir zurückkehren, nachdem wir einen Ausflug ins globale Dorf gemacht haben, ganz und gar kommerziell standardisiert. Diese Bemerkungen wären zu ergänzen, aber sie sollen genügen, um anzuzeigen, daß und wie das Bewußtsein „plastisch" ist, d.h. geformt wird und formend wirkt auf die Wahrnehmung von Wirklichkeit. Wir müssen uns darüber im klaren sein, daß ethische Standards von einem bestimmten Bewußtsein gesetzt, gefordert oder abgelehnt werden, d.h. was wir wollen, wird weitgehend durch die eben bestimmten Kommunikationsprozesse standardisiert, zumal auch die Welt, die wir erleben, ein Produkt ebendieser standardisierter medialer Prozesse ist.

Um Eigen-Verantwortlichkeit, d.h. bewußte Wahrnehmung und eigene Reaktion auf diese Wahrnehmung, Person also, zurückzugewinnen, bedarf es der Betrachtung und Schulung des Bewußtseins. Sonst wäre die Frage nach dem, was wir tun sollen, nur ein weiterer Imperativ, den sich das zerstreute Bewußtsein in seiner Ratlosigkeit stellt, also ein Rufen im Walde, um die Angst zu verdrängen.

d) Was ist Person?

Ich muß mich hier sehr kurz fassen, denn eine interkulturelle Debatte wäre endlos. Person ist: nicht-abgegrenzte Individualität. Person ist Relation. Und Personenbildung und Führung ist Einübung in glückende Kommunikation und Kommunion. Nach buddhistischer Erkenntnis, die ich für richtig halte, sind wir nicht zuerst Individuen, die sekundär zweckmäßige Beziehungen mit anderen Individuen eingehen. Sondern wir sind, was wir sind, nur durch ein Netz von interrelationalen Beziehungen. Das ist logisch. Und es zeigt sich auf der physischen Ebene durch den kommunikativen Akt der Zeugung und Geburt, auf der psychischen Ebene in der zuerst symbiotischen, dann kommunikativen Beziehung zur Mutter und anderen Menschen, von denen wir Reaktionsmuster und vor allem die Sprache erlernen, die uns zu überlebensfähigen Wesen macht. Person ist das vernetzte Myzel des Pilzes unter der Erde, eine Einheit mit allem; Individuation hingegen entspricht den je einzelnen Fruchtkörpern des Pilzes über der Oberfläche. Personalität heißt Netzwerk, systemische Beziehung. Dieselbe zutiefst, d.h. in den tiefsten Schichten des Bewußtseins erfahren, ist Meditation.

2. Was sollen wir tun?

Den Aufbruch ins *Jetzt* wagen. Das heißt: vernunftgemäß leben. Aber was ist Vernunft, und was heißt leben? Weiter: Was bedeutet das „sollen" in unserer Frage? Wer spricht diesen Imperativ? Das Gewissen in uns, die Angst vor der Zukunft, die ungewiss ist? Oder Gott? Ist dieses „sollen" vielleicht nur ein Relikt der Überlieferung vergangener Zeiten, die zu wissen meinte, was dem Menschen aufgetragen ist. Wäre die Frage neu zu stellen? Dann könnten wir sagen: Was *dürfen* wir tun? Oder: Was *können* wir tun? Das „dürfen" als Teilhabe an der Verantwortung für die Schöpfung, aber nicht in der Drohgebärde des Müssens, sondern in der Freude des schöpferischen Gestaltens, der Entdeckung dessen, was dem Menschen möglich ist.

Wie auch immer, um zu klären, was wir tun sollen oder dürfen, müssen die Bilder der Hoffnung aus den Religionen in Leitbilder und Handlungsmuster übersetzt werden.

Um wirklich weiter zu kommen in allem (im Leben, in der Theorie, in der systemischen Bearbeitung unserer Handlungsabläufe wie z.B. Personalführung) müssen wir alle Aspekte des Bewußtseins gleichzeitig beachten und schulen:

- Wahrnehmung,
- Gefühl,
- Intellekt und
- den Willen zum Handeln.

Was wir wünschen oder gern möchten, ist zunächst meist ein Traum. Fällt dieser ganz unrealistisch aus, wird er zur Flucht. Belächeln wir aber die Traumbilder der Hoffnung oder ignorieren wir die Kraft des Traumes, können wir nur zu schnell in Lethargie und Resignation verfallen. Denn der Traum kündet von den kreativen Kräften, die in uns angelegt sind und die wir *wahrnehmen* lernen können. Wenn wir lernen, etwas deutlich wahrzunehmen, wird auch unser *Gefühl*, das auf dieses „etwas" reagiert, deutlicher: wir spüren unsere angenehme oder unangenehme Reaktion deutlicher, und damit wächst unser intuitives Wissen. Der Traum zeigt die Möglichkeit auf, daß es anders sein könnte. Damit ist die Anstrengung des *Willens* gefordert, und wir dürfen die Frage stellen: Was können wir uns zumuten? Was trauen wir uns zu? Das zu beantworten bedarf aber des klaren *Intellekts*, d.h. wir müssen deutlich und genau fragen und unterscheiden, was wünschenswert, was nötig und was möglich ist. Und das, so wissen wir heute, in mindestens drei Dimensionen des Lebens:

- in bezug auf unsere innere Entwicklung als Individuen,
- in bezug auf unsere Lebens- und Freundschaftsverhältnisse und
- in bezug auf die Gesellschaft als Ganzes im Kontext der global wahrgenommenen Welt.

Wir brauchen Leitbilder, Hoffnung, auch Utopien, um nicht in der Resignation des Alltäglichen stecken zu bleiben und unsere Potentiale zu aktivieren. Die religiös begründete Hoffnung und die rationale Abschätzung von Sein und Sollen ergänzen mithin einander.
Carl Friedrich von Weizsäcker schreibt: „Die Religion bedarf der Aufklärung, die Aufklärung bedarf der Religion. Alle großen Religionen verlieren heute an realer Macht. Ihre oft großartigen Symbole und Selbstdeutungen sind meist Jahrtausende alt. Heute, auf dem „Weltmarkt der Meinungen", hat die Wissenschaft einen festen Stand, die Religionen werden relativiert."[1] Und doch: Ohne die jahrtausendealten Symbole und Erzäh-

---

1   C.F.v.Weizsäcker, Wohin gehen wir?, München: Hanser 1997, 107

lungen der Religionen werden wir kaum das Vertrauen und den Mut aufbringen, den notwendigen Aufbruch zu wagen.

Das Vertrauen in die Wirkkraft der Hoffnung ist die Voraussetzung dafür, daß die Frage „Was sollen wir tun?" nicht in zynischer Ratlosigkeit sondern in vernünftiger Verantwortung gestellt werden kann. Vernünftige Verantwortung und verantwortende Vernunft sind wie die zwei Seiten einer Münze, denn das Ideal – Gott, die Einheit des Seins, die Solidarität aller Wesen – muß in analytisch genauen Schritten auf die Probleme der Gegenwart abgebildet werden, und umgekehrt ist eine Analyse dessen, was ist und sein soll, nicht möglich ohne eine Zielvorstellung oder ein zugrunde liegendes Programm, das die Richtung des Fragens bestimmt. Ein solches Programm ist immer geschichtlich bedingt und kulturell interpretiert, aber es gibt auch einige ganz grundlegende und allgemein menschliche vor-rationale Erfahrungen, die mit unserem Menschsein gegeben sind und zu allen Zeiten von allen Menschen gesucht werden, die ihre Hoffnung nicht begraben haben. Ich meine damit das Bedürfnis von Erfahrungen nach unmittelbarer Zuwendung, Geborgenheit, Gemeinschaft.

Es gibt viele und vielfältige Aufforderungen zum Handeln. Die Probleme, denen wir individuell wie als Menschheit gegenüberstehen, sind so groß und kaum überschaubar, daß wir einen Angelpunkt suchen sollten, von dem her die schier unüberschaubare Welt sich sinnvoll ordnet. Ein solcher möglicher Angelpunkt ist die Analyse und Übung der eigenen Bewußtseinsfunktionen.

Zu Beginn sagte ich: Alles, was wir tun und wie wir es tun, wird in unserem Bewußtsein vorgebildet. Die Wahrnehmungen, Gefühle und Gedanken, die wir im Augenblick hervorbringen, sind geprägt von früheren Wahrnehmungen, Gefühlen und Gedanken sowie von gegenwärtigen Eindrücken. Wir nehmen nichts wahr, wie es ist, sondern eingefärbt durch den Charakter, den unser Bewußtsein bereits ausgebildet hat. Alles ist „gefiltert". Diesen Filter genau kennen zu lernen, zu verstehen und zu „reinigen", ist die erste Aufgabe, wenn wir in unserem Denken und Handeln klarer werden wollen.

Ich möchte in systematisierter Weise eine Möglichkeit vorstellen, wie wir das Sollen bzw. das notwendige Handeln nicht nur durch eine Ansammlung von Imperativen beschreiben können, sondern vor allem als eine genauere Beschreibung des Indikativs, d.h. des Zustandes unseres Bewußtseins, aus dem heraus alles weitere folgt. Damit lassen sich nicht alle Probleme ansprechen, aber der Versuch könnte bedeuten, einige Schneisen in das Dickicht zu schlagen. Wir gehen aus von den vier grundlegenden Aspekten oder Funktionen des Bewußtseins. Dabei steht die empfindende Wahrnehmung an übergeordneter erster Stelle. Denn von der Achtsamkeit und Genauigkeit, d.h. von der Konzentration des

Bewußtseins auf den gegenwärtigen Augenblick, hängt die ungetrübte und klare Aktion und Reaktion des Bewußtseins ab. Wir können nicht „angemessen" handeln, wenn das Maß von vornherein nicht stimmt und alles nur verzerrt durch den Spiegel unserer Wünsche oder Ängste erscheint. Die Ästhetik im weitesten Sinne, also die neue staunende Wahrnehmung der Menschen, der Dinge, der Natur, der Kunstwerke, der eigenen Bewußtseinsfunktionen usw., scheint mir Möglichkeiten zur Bildung des Menschen zu eröffnen, die noch längst nicht ausgeschöpft sind. Eine veränderte und achtsame Wahrnehmung beeinflusst unmittelbar das Gefühl und die Affekte, die stabiler und kontrollierter werden. Das urteilende Denken wird aufgrund konzentrierter Wahrnehmung nicht nur ausgewogener, sondern es urteilt nicht vorschnell, kann viele Vorurteile als ich-zentrierte Projektionen erkennen und die Folgen einzelner Gedanken und Handlungen umfassender abschätzen als ein Denken, das aufgrund einseitiger Interessen durch Engführungen irregeleitet wird. Das Handeln wird dann entsprechend sein: *vernünftig*, weil alle oder jedenfalls viele unterschiedliche Aspekte einbezogen werden, *besonnen*, weil die Affekte kontrolliert werden, *realitätsbezogen*, weil ichhafte Wunsch- und Angstmuster durchschaut werden.

Ich schlage also eine gezielte Bewußtseinsschulung vor, um das Handeln des Menschen neu zu motivieren, zu strukturieren und bewußt zu gestalten. Es geht um den Aufbruch aus festgefügten und starr gewordenen Mustern des Wahrnehmens, Fühlens, Denkens und Handelns, wobei wir diese Muster oft gar nicht mehr als geworden und damit veränderbar, sondern als „Sachzwänge" empfinden. Das ist die Falle, denn sie beruht auf einer völlig falschen statischen Interpretation der Wirklichkeit Und genau aus diesem Gefängnis führen uns alte Werte heraus, die wir nur neu interpretieren müssen: Glaube, Liebe, Hoffnung. Allerdings ist es mit einer intellektuellen Neuinterpretation nicht getan. Wir müssen Wege finden, diese alten Tugenden ganz konkret in unserem Bewußtsein zu erfahren, denn nur so werden wir verändert. Ein wirkungsvoller Weg zu solcher Erfahrung ist die Meditation.

- *Glaube* ist das Vertrauen in die Möglichkeit zur Freiheit von Vorurteilen und kreativem Aufbruch in das Offene bzw. das Un-Gewohnte. Glaube und Freiheit ermöglichen darum die *Lust auf Wahrnehmung* dessen, was ist (und nicht dessen, was die Gewohnheit sehen läßt). Das, was ist, ist die gegenseitige Abhängigkeit aller Wesen und Erscheinungen, die somit einander gleich, gleichwertig und gleichberechtigt sind.
- *Hoffnung* ist die Vision, daß diese Gleichheit erkenn- und lebbar wird durch *Mut zur Verantwortung* für alle Wesen gegen den Partikularismus von Teilinteressen.

- *Liebe* ist die Verwirklichung der Brüderlichkeit, wobei die Intelligenz der Kommunikation zum *Mit-Leben in Kommunion* übergeht.

Neue Wahrnehmung, Mut zur Verantwortung und die Freude einer tiefen Kommunion mit allem Leben befreien uns dazu, gegen den Strom der Gewohnheit und Gedankenlosigkeit schwimmen zu können.

Handlungsmuster

Was also sollen wir tun? Die Antwort hängt ab von Perspektiven und dem Rahmen, den man wählt, von der Allgemeinheit der möglichen Aussagen bzw. der Konkretheit und Anwendung auf spezielle Situationen. Die „Enzyklopädie der Welt-Probleme und menschlicher Potentiale" (Encyclopedia of World Problems and Human Potential) listet 12 203 Welt-Probleme auf,[2] selbst wenn man verallgemeinert und einengt, wie z.B. bei der UNESCO-Konferenz zum Weltethos in Paris 1997, werden noch acht weit gefasste Problembereiche aufgelistet, und Aurelio Peccei spricht von 27 grundlegenden Weltproblemen: unkontrolliertes Bevölkerungswachstum, Chaos und Spaltungen in der Gesellschaft, soziale Ungerechtigkeit, Hunger und Unterernährung, Armut, der Wachstumswahnsinn, Inflation, Energiekrise, Widersprüche im internationalen Handels- und Währungssystem, Protektionismus, Analphabetismus und anachronistische Bildung, Jugendrevolte, Entfremdung, unkontrollierte Urbanisierung und damit verbundene Abnahme der Lebensqualität, Verbrechen und Drogen, Gewalt und Brutalität, Folter und Terrorismus, Verachtung von Gesetz und Ordnung, nuklearer Wahnsinn, Sklerose und Inadäquatheit der Institutionen, Korruption, Bürokratie, Zerstörung der Umwelt, Verfall der Moral, Mangel an Vertrauen, Instabilität, Mangel an Verstehen des Zusammenhangs dieser Probleme.[3] Dabei sind noch nicht einmal die medizinethischen und bioethischen Probleme und Herausforderungen sowie die Wissenschaftsethik und die Manipulation der Menschen durch die Konzentration der Medien genannt.

Ich kann nicht zu allem etwas sagen, weil mir die Fachkompetenz fehlt und der Rahmen dieses Vortrages Beschränkungen erfordert. Die allgemeine Struktur möglicher Antwortet auf den unterschiedlichen Systemebenen lautet:

---

2   Encyclopedia of World Problems and Human Potential, Vol.1, München: Union of International Associations, K.G. Saur, 1994, 60; zit in: Yersu Kim, A Common Framework for the Ethics of the 21st Century, UNESCO: Division of Philosophy and Ethics, Paris 1999, 35.

3   Y. Kim, A Common Framework, UNESCO, aaO, 3f.

Wir brauchen eine Ethik des Seins, und erst sekundär des Sollens, d.h. der Indikativ geht dem Imperativ voraus.

Erst wenn ich erkannt habe, wer ich bin und was meine Potentiale sind, kann ich entsprechend handeln. Ich *werde* nicht *durch* mein Handeln, sondern mein Handeln gestaltet sich nach dem, was ich *bin*. Das, was ich bin, erschließt sich aber erst durch genaue Wahrnehmung der *solidarischen Kreativität*, die in mir lebendig ist, wenn auch meist verborgen. Solidarische Kreativität ist die Erfahrung, daß sich die kreativen und beglückenden Impulse in meinem Leben nicht dem Rückzug auf mich selbst, sondern der Öffnung zu Anderen und zu Anderem verdanken. Erst wenn ich erkenne, daß mich das Anderssein des Anderen nicht bedroht, sondern bereichert, weil es ein Aspekt meiner selbst ist, kann ich solidarisch sein, nicht unter Druck, sondern in selbstverständlicher Antwort auf das Lebendige in mir. Erst wenn ich weiß, daß der Andere und Ich ein Netz bilden, in dem Eigensein und Anderssein die notwendigen Pole sind, vermeide ich die einseitige Egozentriertheit und werde frei zur Liebe. Das aber ist eine Aufgabe der Bewußtseins- und Herzensbildung, weniger poetisch: der vernünftigen Erkenntnis der interrelationalen Struktur des Menschseins, eine Aufgabe des Erkennens also.

Ich unterscheide allgemein vier Handlungs-Ebenen und nenne stichwortartig die jeweiligen wesentlichen Aufgaben, die auf diese Ebenen bezogen sind:

1. **Individuelle Ebene**
   Bildung, Erziehung, Bewußtseins- und Wahrnehmungsschulung, Mut zum Widerstehen

2. **Gruppenebene**
   Netzwerke bilden, informierte öffentliche Meinung schaffen, Druck auf Institutionen erzeugen

3. **Staat**
   Diskurs aller Bürger, Zivilgesellschaft, vernetzte lokale Gruppen

4. **Globalität**
   Chancengleichheit in bezug auf Ökonomie und kulturelle Identität, internationale Rechtinstitutionen, Stärkung der NGO's

Nur zur ersten Ebene möchte ich hier etwas sagen. Zur Bildung und Erziehung auf dieser Ebene gehören die Übung von Achtsamkeit, die nur möglich wird durch eine Entdeckung der Genauigkeit bzw. Langsamkeit. Wir verbinden in industriell-technologischen Abläufen Effizienz mit hoher

Leistungs- und Fertigungsgeschwindigkeit, verlieren aber dabei schnell die Qualität, das Besondere und die Wahrnehmung des Details. Die Folgen sind bekannt: Zerstreuung, Stress, Krankheit, Unzufriedenheit und Verlust an Lebensqualität. Sinnlicher Genuss (beim Essen, in der Naturbetrachtung, im Kunstgenuss, in der Liebe usw.) verlangt aber Muße, langen Atem (wörtlich) und eine Kultur der Freude am Detail. Nur durch das Entdecken der Schönheit in der Langsamkeit, ja im musischen Spiel, kann sich klares Denken entfalten, das nicht getrübt wird vom Druck schneller Entscheidungen.

Die Achtsamkeit in jedem Augenblick ist Inbegriff intensiverer Bewußtheit, eine Qualitätssteigerung durch Veränderung der ästhetischen Anschauung. Ästhetik ist die Wahrnehmung des Schönen als Verdichtung von Sein. Dies läßt sich auch anders verstehen: als Verdichtung von Zeit. Die Zeit wird dabei so dicht und als Jetzt erfahren, daß „Zeitfreiheit" (Jean Gebser) entstehen kann, oder das „ewige Nun", wie die Mystiker seit Eckhart es genannt haben.[4] Langsamkeit ist Achtsamkeit, damit die je eigenen Schwingungen eines Ereignisses zur Geltung kommen und einander nicht ungeordnet überlagern, wie der Dirigent Sergiu Celibidache gesagt hat: Jeder Ton erzeugt ein eigenes Identitätsfeld. Überlagerungen können die Intensität steigern – aber auch verdecken. Das genaue Maß als Impuls intuitiv zu spüren und weiterzugeben, dies sei die Aufgabe des Dirigenten.

Achtsamkeit entsteht durch den Rhythmus des Atems. Dieser gibt die Eigengeschwindigkeit oder Eigenzeit des Menschen vor – im Wahrnehmen, Fühlen, Denken und Handeln. Darum ist Achtsamkeitsübung Meditation des Atems.

Jean Gebser hat die „Bewußtwerdung der Zeitfreiheit" als Voraussetzung für das neue integrale Bewußtsein gefeiert.[5] Dabei sind wird nicht nur Zeugen, sondern Werkzeuge der Veränderung in die neue Wirklichkeit, und deshalb müssen wir uns bewußt die Mittel erarbeiten, mit denen wir diesen Prozess tätig unterstützen oder mitgestalten können . Er formuliert die Folgen, die sich aus unserem Zeitstress ergeben: „Ich habe keine Zeit" bewirkt die Folgeerfahrung „Ich habe keine Seele" und das ist gleichbedeutend mit der schmerzlichen Erkenntnis „Ich habe kein Leben".[6]

Bewußtseinsbildung oder bewußt-Seins-bildung ist aber nicht nur anzustreben hinsichtlich einer anderen ästhetisch vermittelten Zeitkultur,

---

4   M.v.Brück, Wo endet Zeit? Erfahrungen zeitloser Gleichzeitigkeit in der Mystik der Weltreligionen, in: K.Weis (Hg.), Was ist Zeit?, München: dtv 1995, 207-263

5   J.Gebser, Ursprung und Gegenwart. Teil II, Gesamtausgabe Bd. 3, Schaffhausen: Novalis 1978, 379ff.

6   Gebser, aaO, 387

sondern sie meint auch den Aufbruch aus eingeengten Räumen des Denkens und Empfindens, eben die Freiheit, aus festgefügten Mustern aufzubrechen. Ich möchte dies an einer aus der Geometrie genommenen Aufgabe verdeutlichen, die mit Wahrnehmungsschulung und dem Aufbruch aus festgelegten Mustern bzw. dem Überwinden starrer Denkmuster und Systeme zu tun hat.

Die Übung von Achtsamkeit und Konzentration kann, muß aber nicht als formale Meditationsübung aufgefasst werden. Meditationsübungen kennen wir aus allen Kulturen, und sicherlich hilft das Meditieren in einer Übungstradition, die sich seit Jahrhunderten bewährt hat. Aber manche Menschen haben dazu aus unterschiedlichen Gründen vielleicht keinen Zugang. Für sie ist es sinnvoll, innezuhalten, die Natur und ein Kunstwerk zu betrachten oder bei den alltäglichen Verrichtungen genau wahrzunehmen, was man eigentlich tut. Dabei ist es wichtig, alle Sinne im genannten Sinne zu erproben und zu sammeln, also etwa den Klang eines rauschenden Baches in allen Details zu vernehmen, sodann das Bild des fließenden Wassers einzuprägen, die Augen zu schließen und das Bild im Innern wieder entstehen zu lassen, die Augen wieder zu öffnen und das innere Bild mit dem äußeren zu vergleichen usw. Der Geruch und der Geschmack des Wassers können daraufhin ebenso wie die Berührung mit den Händen und dem Mund genau wahrgenommen werden. Meditation ist Übung der Wahrnehmungsfähigkeit.

In unserer Bildung und Ausbildung werden uns vornehmlich Inhalte vermittelt, allenfalls beim Erlernen handwerklicher und künstlerischer Fertigkeiten liegt das Schwergewicht auf dem „wie" des Wissens. Was sollen wir tun? *Dafür sorgen, daß die Art und Weise des Lernens, der Wahrnehmungs- und Reaktionsmechanismus im Bewußtseins selbst zur Praxis der Übung und Bildung gemacht wird.* Dies beginnt in der frühkindlichen Erziehung, ist ein wichtiges Programm für die Schulen und Universitäten und kann eine Weiterbildung in Ökonomie und Politik werden, wobei die Fähigkeit, Eindrücke wirklich als neu wahrzunehmen, das Bewußtsein flexibel und „jung" erhält.

Wenn man so will, ist dies eine innerliche Kosmetik (im wörtlichen Sinne, da Kosmos und Kosmetik die *Schönheit* der Welt ansprechen). Achtsamkeits- bzw. Meditationsübungen haben verschiedene Wirkungen, ich möchte nur den Zusammenhang mit unserem Thema noch einmal verdeutlichen. Achtsamkeit erzeugt

- Langsamkeit und Genauigkeit bzw. die Fähigkeit, bei einer Sache und im gegenwärtigen Augenblick zu verweilen. Dies fördert die Intensität der Wahrnehmungen einschließlich des Genusses. Damit wird die Gier nach ständiger Reizstimulation ganz natürlich vermindert, was wiederum den Verbrauch von immer neuen Ressourcen (Personen,

Beziehungen, Dingen) minimiert, d.h. der Augenblick oder dieses Erlebnis kann wirklich ausgekostet werden. Statt Quantität lernen wir, Qualität zu genießen. Das wiederum hat unmittelbar zur Folge, daß wir uns selbst intensiver spüren, ganz dabei sind und das Gefühl bekommen, selbst zu leben und nicht gelebt bzw. von außen gesteuert zu werden.

- Eine solche Haltung ist allmählich erlernbar, und sie schafft Selbstvertrauen und Gewissheit, im Jetzt[7] wirklich zu Hause zu sein. Wir sind dann nicht ständig auf der Flucht vor dem ungelebten Leben, das wir in uns ahnen, und wir lernen Geduld.
- Wenn wir nicht mehr vor dem Leben und uns selbst davonlaufen, können wir Angst und das Anhaften an Vergangenem, von dem wir Sicherheit erwarten, vertrauensvoll loslassen.
- Wenn Angst wirklich abgebaut wird, folgt daraus ein Verminderung von destruktiven Gedanken und Gewalt.
- Wenn Gewalt, in welcher Form auch immer, vermindert wird, können wir begründete Hoffnung haben.

Dieser Bewußtseins-Bildungsprozess kann sich nun allerdings gerade nicht im gewohnten Paradigma des technologisch Machbaren (schnell, sofort, Instant-Erleuchtung) vollziehen, sondern, traditionell gesprochen, nur durch das geduldige Annehmen von Sterben und Wiedergeburt, d.h. von kreativem Neuwerden, und zwar auf allen Ebenen menschlicher Beziehungen: zu sich selbst, im engeren zwischenmenschlichen Bereich, gesellschaftlich und global. Die Schönheit des Neuwerdens zu genießen, bedeutet, verfestigte Seh- und Lebensgewohnheiten loszulassen. Die Gewissheit liegt im Geschenk des sich bewegenden Lebens selbst, nicht in der Sicherheit, die wir vergeblich durch Anklammern an Gewohntem und Verbrauchtem suchen.

5. Schluß

Was also sollen wir tun? Wir sollen *auf-brechen*, und zwar in allen Dimensionen, die unser Menschsein ausmachen: in der Wahrnehmung, im Fühlen, im Denken und im Handeln. Und dies wiederum in bezug auf uns selbst, in bezug auf die nähere soziale Gemeinschaft, in bezug auf die

---

7 Dieses Jetzt hat eine Ausdehnung, die an unserer Wahrnehmungsgeschwindigkeit hängt. Vgl. Eva Ruhnau, Zeit als Maß von Gegenwart, in: K.Weis (Hg.), Was ist Zeit? Teil 2, München: Akademischer Verlag 1996, 63ff. Danach dauert die Verarbeitung und Koordinierung von Eindrücken, die als gleichzeitig empfunden werden, ca. 3 Sekunden. Dieses Zeitfenster der Gegenwart ist das, was man als Jetzt erlebt.

Politik großer sozialer Gruppen und in bezug auf die Mitwelt alles Lebendigen.

Aufbruch bedeutet Bewegung in zweifacher Hinsicht: sich aufbrechend auf einen Weg machen und aufbrechen, was verkrustet und begrenzt ist, was Möglichkeiten verhüllt. Aufbruch also aus festgefügten Mustern oder aus erstarrten Gewohnheiten. Was heißt das? Nehmen wir das allgemeine Beispiel von irgendeinem Konflikt: Konfliktsituationen und Widersprüche können kontradiktorisch sein, d.h. einander ausschließend, auf der jeweiligen Ebene. Ein unerschütterliches Enweder-Oder scheint die einseitige Entscheidung zu erzwingen. Solche Konflikte können sich auf dieser jeweiligen Ebene nur gewaltsam entladen, wobei eine Seite ausgeschaltet wird. Wenn es aber gelingt, das Problem in einem weiteren Zusammenhang wahrzuehmen bzw. auf einer umfassenderen Ebene darzustellen, könnte das scheinbar einander Ausschließende unter neuen Parametern und Koordinaten neu gesehen werden. Die Spannung des Widerspruches ist geblieben, jetzt aber wird sie produktiv gemacht für die Öffnung eines Systems in eine neue Ebene. Beide Aspekte können integriert werden und die zunächst einander ausschließenden Optionen werden beide unter einem weiteren Horizont als zwei Seiten einer Medaille gesehen. Der Widerspruch wird dialektisch aufgehoben und das System stabilisiert sich selbst durch Transformation. Der Wissenschaftstheoretiker Thomas Kuhn[8] hat diese Situation als einen „Paradigmenwechsel" bezeichnet, der in der Wissenschaft, in der Kunst, in der Wirtschaft, im persönlichen Leben und in der Politik möglich ist. Er betrifft nicht nur das Denken und Handeln, sondern vor allem auch das Wahrnehmen und Fühlen.

Es geht um eine Erziehung zur Verantwortung und eine Verantwortung zur Erziehung im Sinne des solidarischen Mit-Seins mit allen anderen Wesen im Sinne der durch die Vernunft erkannten Vernetztheit aller Ereignisse und Gestalten der Welt.

Daraus folgt für die Inhalte und Methoden der Bildung eine neue Bestimmung der Prioritäten, nämlich:

- nicht nur (und in den Schulen vermutlich weniger) Quantität des Wissens, sondern *Bildung des Bewußtseins* selbst (Übungen zur Konzentration und zum Erkennen von Vorurteilen, systemisches Denken, Analyse des Denkprozesse, um Widersprüche zusammendenken zu können, Einübung in Lernmethoden)

---

8   Th. Kuhn, Die Struktur wissenschaftlicher Revolutionen, Frankfurt: Suhrkamp 1967

- *meditativ-synthetisches* Erfassen der Wirklichkeit, ästhetische Schulung, wie oben ausgeführt;
- die Gewichtung der Rolle von *Vorbildern* und Leitbildern

Kurz, es geht um ganzheitliche Bildung von meditativen, ästhetischen und intellektuellen Aspekten der *einen* Erziehung. Dazu möchte ich ein allgemeines Konzept vorschlagen, das in Ansätzen bereits vielerorts in Akademien, Tagungsstätten der Kirchen und in freier Trägerschaft, zunehmend auch in Schulungszentren der Wirtschaft, Einzug findet, das aber prinzipiell auch in den Hauptstrom der schulischen und universitären Bildung sowie der Weiterbildung von Erwachsenen integrierbar wäre, nämlich die *kontemplative Akademie.*

Eine solche Akademie bemüht sich um eine Pädagogik der Schulung von Wahrnehmung zur Öffnung für kreative Lebensgestaltung, die aus kontemplativem Schweigen kommt. Sie will Ideen und Lebensgestaltungsmuster zusammenführen und reflektieren, die an vielen Orten bereits im Entstehen begriffen sind. Denn alternative Möglichkeiten ganzheitlicher Bildung und Lebensgestaltung sind nicht nur für die Entwicklung des Individuums, sondern als unterschiedliche Modelle für zukunftsfähige gesellschaftliche Lebensmuster vonnöten. Wie wir schon sagten, ist wirklich das, was als wirklich wahrgenommen wird. Deshalb soll das Spektrum und der Wille zur Wahrnehmung geschult werden. Wahrnehmungsprozesse sind interaktiv, d.h. sie spielen sich zwischen Individuum, Gesellschaft und ökosphärischer Mitwelt ab. Deshalb bedarf es neuer Räume, in denen die Gestaltung solcher Interaktion eingeübt werden kann.

Dabei kommt es darauf an, die *spirituellen*, *ästhetischen* und *intellektuellen* Dimensionen von Wahrnehmung und Gestaltung in ihrer aufeinander bezogenen Dynamik bewußt werden zu lassen und zu entfalten. Diese drei Aspekte durchdringen einander auf der Grundlage eine aktiven Passivität, durch die Projektionen, Ängste und Stereotype abgebaut werden können, d.h. *Schweigen* ist Voraussetzung der Kreativität in Wahrnehmung und Gestaltung. Die kontemplative Akademie will in gemeinschaftlicher Lebensgestaltung allen, die jene Einheit von spirituellen, ästhetischen und intellektuellen Aspekten suchen, einen Rahmen bieten. Durch gemeinschaftliche Bewußtseinsschulung soll der Vereinzelung einerseits und der Vermassung von Geschmack und vorgefertigter Information andererseits eine Alternative entgegengehalten werden.

Die Fragmentierung des Wissens, von Wissen und Gestalten, von Kultur und Natur usw. ist eine der Hauptursachen für die gegenwärtige Unübersichtlichkeit und scheinbare Unmöglichkeit der Selbstverantwortung in komplexen gesellschaftlichen Prozessen. Daher ist es sinnvoll, daß solche Akademien interdisziplinär arbeiten, wobei die handwerkliche Arbeit und Bildung ebenso bedeutsam ist wie die Schulung der ästhetischen Ausdrucksfähigkeit und der intellektuellen Reflexion. Auf der Grundlage einer meditativen Praxis kann die Akademie Bewußtseinsschulung, emotionale Schulung, Sensibilität für die tierische und pflanzliche Mitwelt, Erprobung einfacher und dabei ästhetisch hochkultivierter Lebensgestaltung sowie den philosophischen, politischen und ökonomischen Diskurs miteinander verbinden. Sie soll ein Übungsfeld für achtsames Menschsein unter den Bedingungen und Herausforderungen der heutigen gesellschaftlichen Entwicklung sein.

Umfassende Bildung ist dabei der Mut zur Wahrnehmung jeweils weiterer Zusammenhänge, der Verknüpfung ethischer, intellektueller und ästhetischer Lebensgestaltung. Es geht um Erziehung zum Aufbruch aus festgefügten Denk- und Lebensmustern in der Grundhaltung der Ehrfurcht vor allem Leben in jetzigen und künftigen Generationen.

7. Die Ethik des Seins und ihre Bedeutung in der Führung

Michael von Brück

Ethik des Seins bedeutet, dem Indikativ den Vorrang vor dem Imperativ zu geben. Lebewesen werden gebildet in eine Umwelt hinein. Daraus ergeben sich Handlungs- und Wertemuster, die unter den jeweiligen Umweltbedingungen als angepasst erscheinen und das Überleben einer Art, einer Gruppe bzw. eines Individuums ermöglichen. Der Anpassungsdruck sorgt für Auslese in der Evolution. Bei Tieren wird das gespeicherte Wissen vornehmlich instinktuell vermittelt, was Sicherheit gewährt, aber eine geringe Flexibilität ermöglicht. In menschlichen Gesellschaften ist das kulturelle Gedächtnis der Speicher von Informationen, die Erfahrungen angesichts bestimmter Herausforderungen beinhalten. Der Interpretation und rationale Anpassung im Ähnlichkeitsbereich von Vergleichsfällen sind nicht so enge Grenzen gesetzt, es bestehen Spielräume, d.h. der Mensch ist kulturell lernfähig. Allerdings auch nur in begrenztem Maße, und das aus zwei Gründen:

1. Wird unser Verhalten, d.h. die Reaktionen auf Umweltreize, stark von instinktiven Mustern geprägt, die in der frühen Entwicklungsgeschichte der Menschen erworben wurden. Flucht- und Panikverhalten, Ausweichen gegenüber Kritik, sozialharmonische Steuerungsmechanismen, Paarungsverhalten usw. Zählen zu dieser Kategorie.
2. Sind unsere Wahrnehmungs- und Rationalitätsmuster beschränkt. Wir lernen in ein fixierendes Gedächtnis. Was sich bewährt hat, wird wieder angewendet, selbst wenn sich die Umstände nachweislich geändert haben. Wir suchen Sicherheit (*securitas*), weil es uns an Gewissheit (*certitudo*) ermangelt. Diese Unterscheidung war in der mittelalterlichen Psychologie maßgeblich, sie ist auch heute äußerst relevant. In diesen Zusammenhang gehört die Geschichte, die der Kommunikationsforscher, Psychologe und Konstruktivist Paul Watzlawick in seiner „Anleitung zum Unglücklichsein" erzählt. Ein Mann hat einen Schlüssel verloren und sucht. Er weiß nicht, wo er ihn verloren hat, aber er sucht nur unter der Laterne, weil schließlich nur dort Licht sei...

Der erste Faktor ist kaum zu beeinflussen, der zweite nur schwer, und wenn, dann weniger kognitiv, als meditativ. Meditation ist: *certitudo* zu gewinnen (hinter die Erscheinungen und Projektionen schauen durch Resonanz mit den Lebensmustern (Herzschlag, Atem, Körpergefühl, Gefühlsmuster usw.), um auf diese Weise Spielraum im Bereich der *securi-*

tas, d.h. Freiheit zur Kreativität zu erhalten. Die wirkliche Wahrnehmung
des Seins eröffnet dann Freiheit.

Ich möchte dies an einem alten, zunächst schwer verständlichen Text,
erläutern. An einem Text des Meister Eckhart nämlich:

In Gott sind aller Dinge Urbilder gleich, und doch sind sie ungleicher Dinge Urbilder. Der höchste Engel und die Seele und die Mücke haben ein gleiches Urbild in
Gott. Gott ist weder Sein noch Güte. Güte haftet am Sein und ist nicht umfassender als Sein; denn gäbe es nicht Sein, so gäbe es auch nicht Güte, und Sein
ist noch reiner als Güte. In Gott ist weder Güte noch Besseres noch Allerbestes.
Wer da sagt, Gott wäre gut, der täte ihm so unrecht, als wenn er die Sonne
schwarz nennte.

(Meister Eckhart, Ausgewählte Texte, München: Goldmann 1987, 177)

Dies bezieht sich auf die platonischen Ideen. Sie sind Kräfte, die zum
Lebendigwerden drängen. Im Bereich der Ideen freilich sind qualitative
und quantitative Unterscheidungen, die wir zur abgrenzenden Wahrnehmung der Dinge zu machen gezwungen sind, falsch. Für Eckhart sind in
der Idee der Ideen, in Gott nämlich, Einheit und Vielheit gleich. Daraus
folgt auch, daß die Dualität von Gut und Böse nur vorläufig und unter unseren Wahrnehmungs- und Urteilsbedingungen als solche erscheint.
Denn im Einheitsbewußtsein, das Gott ist, gibt es diese Dualität nicht.
Das Gute ist demnach ebenso unsere Projektion wie das Böse, d.h. Gott
ist nicht gut, sondern jenseits von Gut und Böse. Ein solche Denkbewe-
gung erscheint vernünftig, denn wie sonst könnte Gott als das Ganze gedacht werden. Die Frage ist aber, ob man damit leben kann. Eine solche
Nicht-Unterscheidung jedenfalls bedeutet, daß keine *securitas* im oben
genannten Sinn herrscht, wohl aber *certitudo* als die Erfahrung des Eins-
seins mit dem Rhythmus der Welt, der Natur, des Ganzen. Diese Gewissheit ist unbedingt, sie ist nicht abgeleitet aus Erwägungen des Denkens, denn dann wäre sie bedingt und widerrufbar. Sie ist eine letztgültige
Intuition.

Ich möchte in systematisierter Weise eine Möglichkeit vorstellen, wie
wir das Sollen bzw. das notwendige Handeln nicht nur durch eine Ansammlung von Imperativen beschreiben können, sondern vor allem als
eine genauere Beschreibung des Indikativs, d.h. des Zustandes unseres
Bewußtseins, aus dem heraus alles weitere folgt. Damit lassen sich nicht
alle Probleme ansprechen, aber der Versuch könnte bedeuten, einige
Schneisen in das Dickicht zu schlagen. Wir gehen aus von den vier
grundlegenden Aspekten oder Funktionen des Bewußtseins. Dabei steht
die empfindende Wahrnehmung an übergeordneter erster Stelle. Denn
von der Achtsamkeit und Genauigkeit, d.h. von der Konzentration des
Bewußtseins auf den gegenwärtigen Augenblick, hängt die ungetrübte

104

und klare Aktion und Reaktion des Bewußtseins ab. Wir können nicht „angemessen" handeln, wenn das Maß von vornherein nicht stimmt und alles nur verzerrt durch den Spiegel unserer Wünsche oder Ängste erscheint. Die Ästhetik im weitesten Sinne, also die neue staunende Wahrnehmung der Menschen, der Dinge, der Natur, der Kunstwerke, der eigenen Bewußtseinsfunktionen usw., scheint mir Möglichkeiten zur Bildung des Menschen zu eröffnen, die noch längst nicht ausgeschöpft sind. Eine veränderte und achtsame Wahrnehmung beeinflusst unmittelbar das Gefühl und die Affekte, die stabiler und kontrollierter werden. Das urteilende Denken wird aufgrund konzentrierter Wahrnehmung nicht nur ausgewogener, sondern es urteilt nicht vorschnell, kann viele Vorurteile als ich-zentrierte Projektionen erkennen und die Folgen einzelner Gedanken und Handlungen umfassender abschätzen als ein Denken, das aufgrund einseitiger Interessen durch Engführungen irregeleitet wird. Das Handeln wird dann entsprechend sein: *vernünftig*, weil alle oder jedenfalls viele unterschiedliche Aspekte einbezogen werden, *besonnen*, weil die Affekte kontrolliert werden, *realitätsbezogen*, weil ichhafte Wunsch- und Angstmuster durchschaut werden.

Ich schlage also eine gezielte Bewußtseinsschulung vor, um das Handeln des Menschen neu zu motivieren, zu strukturieren und bewußt zu gestalten. Es geht um den Aufbruch aus festgefügten und starr gewordenen Mustern des Wahrnehmens, Fühlens, Denkens und Handelns, wobei wir diese Muster oft gar nicht mehr als geworden und damit veränderbar, sondern als „Sachzwänge" empfinden. Das ist die Falle, denn sie beruht auf einer völlig falschen statischen Interpretation der Wirklichkeit

Die Bedeutung einer solchen Ethik des Seins für die Führung ist evident. Ich möchte einige Stichpunkte eher lose aufzählen und kein System entwerfen, denn es geht nicht um die Starre und Bewährtheit des Systems, das war ja gerade das Problem, sondern um Flexibilität, um Flexibilität des Geistes, der Gefühlsbedingungen und der Urteils- wie Verhaltensmuster:

Es kommt also zunächst darauf an, genau *hinzuschauen*, was ist, Vorurteile fallen zu lassen, jeden Augenblick neu zu sehen, nicht in Schablonen. Das Problem ist, daß wir nicht wahrnehmen, was ist, sondern nur unsere Projektionen, die aus einst bewährten, in der jetzigen Situation aber oft untauglichen Mustern gewoben sind. Es kommt darauf an, den anderen Menschen und die jeweilige Situation in ihrem jeweiligen Neusein zu erfahren, denn nur so werden Kreativitätspotentiale freigesetzt. Dazu ein Gedicht von Bertold Brecht:

Alles wandelt sich. Neu beginnen
kannst du mit dem letzten Atemzug.
Aber was geschehen, ist geschehen. Und das Wasser,

das du in den Wein gossest, kannst du
nicht mehr herausschütten.

Was geschehen, ist geschehen. Das Wasser,
das du in den Wein gossest, kannst du
nicht mehr herausschütten. Aber
alles wandelt sich. Neu beginnen
kannst du mit dem letzten Atemzug.

Eine kurze Präzisierung der wesentlichen Begriffe sei nochmals gegeben:

- **Jetzt** ist ein neuer Schöpfungsmorgen (*le premier matin du monde*, wie es bei Olivier Messien heißt), nicht nur ein Neuanfang im zeitlich Messbaren wie z.B. bei Neujahr oder einem neuen Plan oder einem Führungswechsel, wo strukturell alles beim Alten bleibt.
- **Kreativität** zulassen heißt, alte Muster überwinden: Ungewöhnliches, Unangepasstes, Unerprobtes, Mut zum Risiko, zum Spiel zu gewinnen. Dies natürlich im Rahmen des Nichtverletzens von Menschen, den Grundregeln, dem Wohlergehen der Gemeinschaft. Maß ist also auch in der Kreativität, nicht aber der angepasste, vorgefertigte, biographisch veraltete Maßstab.
- **Lernfähigkeit** bedeutet, sich nicht sich um jeden Preis „treu" sein zu müssen, denn Leben ist Werden und Wandel (griech.: *pantha rhei*; sanskrit: *sarvam anityam*). Aber das ist so schwer, weil wir *securitas* suchen, wie oben ausgeführt.

Doch genau aus diesem Gefängnis der vorurteilsgeladenen Wahrnehmungs- und Urteilsmuster führen uns alte Werte heraus, die wir nur neu interpretieren müssen: Glaube, Liebe, Hoffnung. Allerdings ist es mit einer intellektuellen Neuinterpretation nicht getan. Wir müssen Wege finden, diese alten Tugenden ganz konkret in unserem Bewußtsein zu erfahren, denn nur so werden wir verändert. Ein wirkungsvoller Weg zu solcher Erfahrung ist die Meditation.

- *Glaube* ist das Vertrauen in die Möglichkeit zur Freiheit von Vorurteilen und kreativem Aufbruch in das Offene bzw. das Un-Gewohnte. Glaube und Freiheit ermöglichen darum die *Lust auf Wahrnehmung* dessen, was ist (und nicht dessen, was die Gewohnheit sehen läßt). Das, was ist, ist die gegenseitige Abhängigkeit aller Wesen und Erscheinungen, die somit einander gleich, gleichwertig und gleichberechtigt sind.
- *Hoffnung* ist die Vision, daß diese Gleichheit erkenn- und lebbar wird durch *Mut zur Verantwortung* für alle Wesen gegen den Partikularismus von Teilinteressen.

- *Liebe* ist die Verwirklichung der Brüderlichkeit, wobei die Intelligenz der Kommunikation zum *Mit-Leben in Kommunion* übergeht.

Neue Wahrnehmung, Mut zur Verantwortung und die Freude einer tiefen Kommunion mit allem Leben befreien uns dazu, gegen den Strom der Gewohnheit und Gedankenlosigkeit schwimmen zu können.

Wir brauchen eine Ethik des Seins, und erst sekundär des Sollens, d.h. der Indikativ geht dem Imperativ voraus.

Erst wenn ich erkannt habe, wer ich bin und was meine Potentiale sind, kann ich entsprechend handeln. Ich *werde* nicht *durch* mein Handeln, sondern mein Handeln gestaltet sich nach dem, was ich *bin*. Das, was ich bin, erschließt sich aber erst durch genaue Wahrnehmung der *solidarischen Kreativität*, die in mir lebendig ist, wenn auch meist verborgen. Solidarische Kreativität ist die Erfahrung, daß sich die kreativen und beglückenden Impulse in meinem Leben nicht dem Rückzug auf mich selbst, sondern der Öffnung zu Anderen und zu Anderem verdanken. Erst wenn ich erkenne, daß mich das Anderssein des Anderen nicht bedroht, sondern bereichert, weil es ein Aspekt meiner selbst ist, kann ich solidarisch sein, nicht unter Druck, sondern in selbstverständlicher Antwort auf das Lebendige in mir. Erst wenn ich weiß, daß der Andere und Ich ein Netz bilden, in dem Eigensein und Anderssein die notwendigen Pole sind, vermeide ich die einseitige Egozentriertheit und werde frei zur Liebe. Das aber ist eine Aufgabe der Bewußtseins- und Herzensbildung, weniger poetisch: der vernünftigen Erkenntnis der interrelationalen Struktur des Menschseins, eine Aufgabe des Erkennens also.

Das alles ist nicht neu: Ein alte Weisheit lautet – ich bin nicht, was ich tue, sondern was ich bin, rägt mein tun. Sei, alles andere folgt daraus. Dazu noch einmal Meister Eckhart:

Die Leute sollten niemals viele Gedanken darauf verwenden, was sie täten; sie sollten aber Gedanken darauf verwenden, was sie wären. Wären nun die Leute gut und ihre Weise, so könnten ihre Werke sehr leuchten: Bist du gerecht, so sind auch deine Werke gerecht. Man gedenke nicht Heiligkeit auf ein Tun zu gründen; man soll Heiligkeit auf ein Sein gründen, denn nicht die Werke heiligen uns, sondern wir sollen die Werke heiligen. Wie heilig auch die Werke immer seien, so heiligen sie uns allzumal nicht, insofern sie Werke sind. Es gilt vielmehr: insofern wir heilig sind und (heiliges) Sein haben, insofern heiligen wir alle unsere Werke, sei es Essen, Schlafen, Wachen oder was immer es sei.

(Meister Eckhart, Die Reden der Unterscheidung, 4. Vom nützlichen Lassen, München: Kösel 64f.)

Ich möchte dies an einer aus der Geometrie genommenen Aufgabe verdeutlichen, die mit Wahrnehmungsschulung und dem Aufbruch aus festgelegten Mustern bzw. dem Überwinden starrer Denkmuster und Systeme zu tun hat.

Aufgabe: Die neun Punkte sollen ohne abzusetzen mit nur 4 geraden Linien verbunden werden:

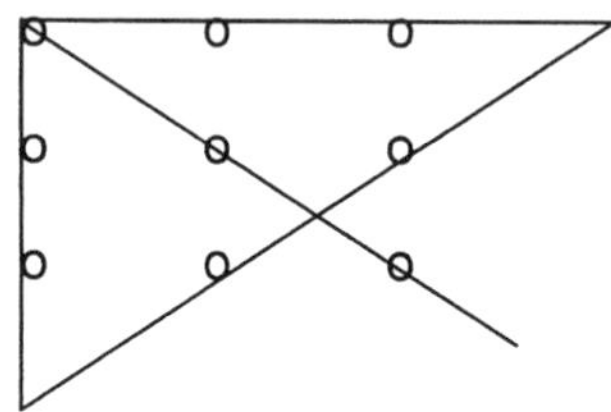

Wer die Lösung nicht kennt oder spontan findet, wird sie nur durch eine Schulung im Freiwerden von Denkmustern und der Achtsamkeit im oben genannten Sinne finden können.

Die Übung von Achtsamkeit und Konzentration kann, muß aber nicht als formale Meditationsübung aufgefasst werden. Meditationsübungen kennen wir aus allen Kulturen, und sicherlich hilft das Meditieren in einer Übungstradition, die sich seit Jahrhunderten bewährt hat. Aber manche Menschen haben dazu aus unterschiedlichen Gründen vielleicht keinen Zugang. Für sie ist es sinnvoll, innezuhalten, die Natur und ein Kunstwerk zu betrachten oder bei den alltäglichen Verrichtungen genau wahrzunehmen, was man eigentlich tut. Dabei ist es wichtig, alle Sinne im genannten Sinne zu erproben und zu sammeln, also etwa den Klang eines rauschenden Baches in allen Details zu vernehmen, sodann das Bild des fließenden Wassers einzuprägen, die Augen zu schließen und das Bild im Innern wieder entstehen zu lassen, die Augen wieder zu öffnen und das innere Bild mit dem äußeren zu vergleichen usw. Der Geruch und der Geschmack des Wassers können daraufhin ebenso wie die Berührung mit den Händen und dem Mund genau wahrgenommen werden. Meditation ist Übung der Wahrnehmungsfähigkeit.

In unserer Bildung und Ausbildung werden uns vornehmlich Inhalte vermittelt, allenfalls beim Erlernen handwerklicher und künstlerischer Fertigkeiten liegt das Schwergewicht auf dem „wie" des Wissens. Was sollen wir tun? *Dafür sorgen, daß die Art und Weise des Lernens, der Wahrnehmungs- und Reaktionsmechanismus im Bewußtseins selbst zur Praxis der Übung und Bildung gemacht wird.* Dies beginnt in der frühkindlichen Erziehung, ist ein wichtiges Programm für die Schulen und Universitäten und kann eine Weiterbildung in Ökonomie und Politik werden, wobei die Fähigkeit, Eindrücke wirklich als neu wahrzunehmen, das Bewußtsein flexibel und „jung" erhält.

Wenn man so will, ist dies eine innerliche Kosmetik (im wörtlichen Sinne, da Kosmos und Kosmetik die *Schönheit* der Welt ansprechen). Achtsamkeits- bzw. Meditationsübungen haben verschiedene Wirkungen, ich möchte nur den Zusammenhang mit unserem Thema noch einmal verdeutlichen. Achtsamkeit erzeugt

- Langsamkeit und Genauigkeit bzw. die Fähigkeit, bei einer Sache und im gegenwärtigen Augenblick zu verweilen. Dies fördert die Intensität der Wahrnehmungen einschließlich des Genusses. Damit wird die Gier nach ständiger Reizstimulation ganz natürlich vermindert, was wiederum den Verbrauch von immer neuen Ressourcen (Personen, Beziehungen, Dingen) minimiert, d.h. der Augenblick oder dieses Erlebnis kann wirklich ausgekostet werden. Statt Quantität lernen wir, Qualität zu genießen. Das wiederum hat unmittelbar zur Folge, daß wir uns selbst intensiver spüren, ganz dabei sind und das Gefühl bekommen, selbst zu leben und nicht gelebt bzw. Von außen gesteuert zu werden.
- Eine solche Haltung ist allmählich erlernbar, und sie schafft Selbstvertrauen und Gewißheit, im Jetzt[1] wirklich zu Hause zu sein. Wir sind dann nicht ständig auf der Flucht vor dem ungelebten Leben, das wir in uns ahnen, und wir lernen Geduld.
- Wenn wir nicht mehr vor dem Leben und uns selbst davonlaufen, können wir Angst und das Anhaften an Vergangenem, von dem wir Sicherheit erwarten, vertrauensvoll loslassen.
- Wenn Angst wirklich abgebaut wird, folgt daraus ein Verminderung von destruktiven Gedanken und Gewalt.
- Wenn Gewalt, in welcher Form auch immer, vermindert wird, können wir begründete Hoffnung haben.

Dieser Bewußtseins-Bildungsprozess kann sich nun allerdings gerade nicht im gewohnten Paradigma des technologisch Machbaren (schnell, sofort, Instant-Erleuchtung) vollziehen, sondern, traditionell gesprochen, nur durch das geduldige Annehmen von Sterben und Wiedergeburt, d.h. von kreativem Neuwerden, und zwar auf allen Ebenen menschlicher Beziehungen: zu sich selbst, im engeren zwischenmenschlichen Bereich,

---

1 Dieses Jetzt hat eine Ausdehnung, die an unserer Wahrnehmungsgeschwindigkeit hängt. Vgl. Eva Ruhnau, Zeit als Maß von Gegenwart, in: K. Weis (Hg.), Was ist Zeit? Teil 2, München: Akademischer Verlag 1996, 63ff. Danach dauert die Verarbeitung und Koordinierung von Eindrücken, die als gleichzeitig empfunden werden, ca. 3 Sekunden. Dieses Zeitfenster der Gegenwart ist das, was man als Jetzt erlebt.

gesellschaftlich und global. Die Schönheit des Neuwerdens zu genießen, bedeutet, verfestigte Seh- und Lebensgewohnheiten loszulassen. Die Gewissheit liegt im Geschenk des sich bewegenden Lebens selbst, nicht in der Sicherheit, die wir vergeblich durch Anklammern an Gewohntem und Verbrauchtem suchen.

Was also sollen wir tun? Wir sollen *auf-brechen*, und zwar in allen Dimensionen, die unser Menschsein ausmachen: in der Wahrnehmung, im Fühlen, im Denken und im Handeln. Und dies wiederum in bezug auf uns selbst, in bezug auf die nähere soziale Gemeinschaft, in bezug auf die Politik großer sozialer Gruppen und in bezug auf die Mitwelt alles Lebendigen.

Aufbruch bedeutet Bewegung in zweifacher Hinsicht: sich aufbrechend auf einen Weg machen und aufbrechen, was verkrustet und begrenzt ist, was Möglichkeiten verhüllt. Aufbruch also aus festgefügten Mustern oder aus erstarrten Gewohnheiten.

Ausführlich und in weiteren Zusammenhängen ausgeführt in:
Michael von Brück, Wie können wir leben? Religion und Spiritualität in einer Welt ohne Maß, München. C. H. Beck 2002

8. Naturwissenschaftliches Weltbild und Spiritualität

Meinhard Knoll

Einführung

Einen Weg vom naturwissenschaftlichen Weltbild zur Spiritualität beschreibt ein Satz des Physikers Werner Heisenberg: „Der erste Trunk aus dem Becher der Naturwissenschaft macht atheistisch, aber auf dem Grunde des Bechers wartet GOTT."

Ein anderer Weg soll mit diesem Beitrag eingeschlagen werden, der auf möglichst anschauliche Weise von naturwissenschaftlichen Modellen an die Grenze der Naturwissenschaften führt, die sich zur Spiritualität hin überschreiten läßt.

Einen Einstieg in das Thema finden wir mit der Abbildung 1, die aus vielen Schulbüchern bekannt ist. Sie zeigt sehr einfach, was ein Weltbild sein kann: ein Diesseits und ein Jenseits mit dem Menschen irgendwie dazwischen.

Abb. 1

Das Bild bietet eine längst überholte Vorstellung von der Welt: Ca. 600 Jahre vor Christus glaubte der griechische Naturphilosoph Anaximander, daß die Erde eine flache Scheibe sei, von mehreren rotierenden Ringen umkreist. Sonne, Mond und Planeten waren nur durch Spalten zwischen diesen Ringen zu sehen.

Die Welt mit ihren Bergen und Tälern als flache Scheibe zu begreifen, war bereits das Ergebnis eines Abstraktionsvorganges und einer Modellbildung – allerdings wie wir heute wissen – einer falschen.

Etwa 340 vor Christus kam der griechische Philosoph Aristoteles zu der Auffassung, daß die Erde nicht flach, sondern kugelförmig sei. Nikolaus Kopernikus beschrieb dann Anfang des 16. Jahrhunderts das heliozentrische Weltbild und Johannes Kepler stellte die Gesetze der Planetenbewegungen auf. Wie es weiterging, ist bekannt.

Doch ein Weltbild ist mehr als das. Martin Heidegger fragt: „Was ist das – ein Weltbild? Offenbar ein Bild von der Welt. Aber was heißt hier Welt? ... Welt steht hier als Benennung des Seienden im Ganzen... In dieser Bezeichnung ist mitgedacht der Weltgrund, gleichviel wie seine Beziehung zur Welt gedacht wird."

Wir hatten bereits festgestellt, daß ein Weltbild mit der Erde als einer flachen Scheibe auf einer Modellbildung beruhte. Modellbildungen dieser Art werden uns jetzt auch weiterhin beschäftigen. Darum folgt hier eine kurze Vorbetrachtung zu Modellen und Perspektiven.

Modelle und Perspektiven

Ein Modell ist eine Replikation (also ein Abbild) eines Realitätsabschnittes. Zwischen einem Urbild und dem Modell besteht eine Modellrelationen (Abbildung 2).

Nehmen wir als Beispiel das Urbild Erde. Modelle können z.B. Globus oder Landkarte sein, sie sind nur die Abbilder von Wirklichkeitsabschnitten in Form von Umrisse von Kontinenten usw. Viele wesentliche Eigenschaften des Urbilds Erde können im Modell nicht erfasst werden: materielle Beschaffenheit der Erdoberfläche mit Flora und Fauna im Detail usw.

Das gleiche gilt für das Urbild eines Verkehrsflugzeuges und das Modell eines Papierfliegers. Die Abbildung eines Realitätsabschnitts beschränkt sich beim Papierflieger auf die Tatsache, daß er Tragflächen besitzt und mehr recht als schlecht fliegen kann.

Was die Modelle in diesem Beitrag angeht, so sind sie nicht besser als das Modell eines Papierfliegers im Verhältnis zu seinem Urbild dem Verkehrsflugzeug; aber das Modell „Papierflieger" fliegt, es ist also unter Beachtung der Modellrelation brauchbar.

Modelle
⑧ Replikation eines Realitätsabschnitts
Urbild
Modellrelation
Modell

Abb. 2

Perspektive
Albrecht Dürer
A   B   C
D   E

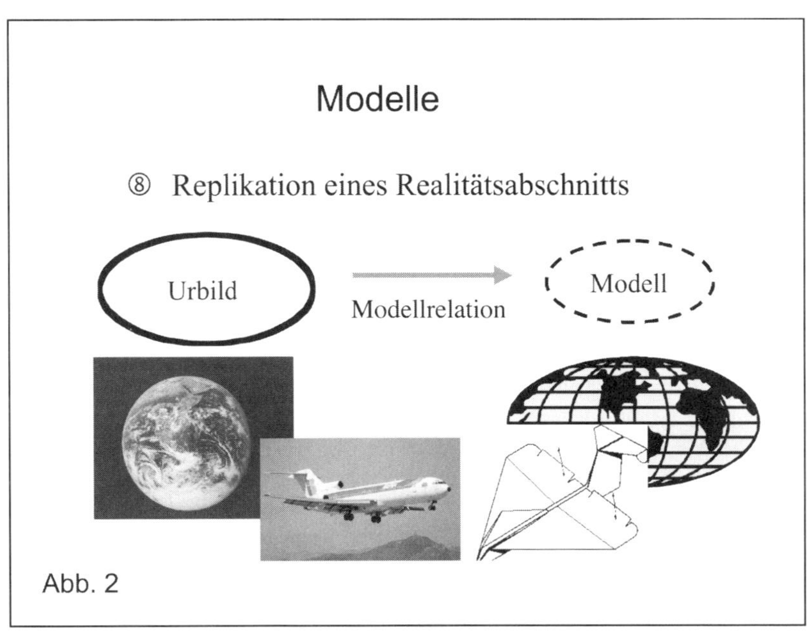

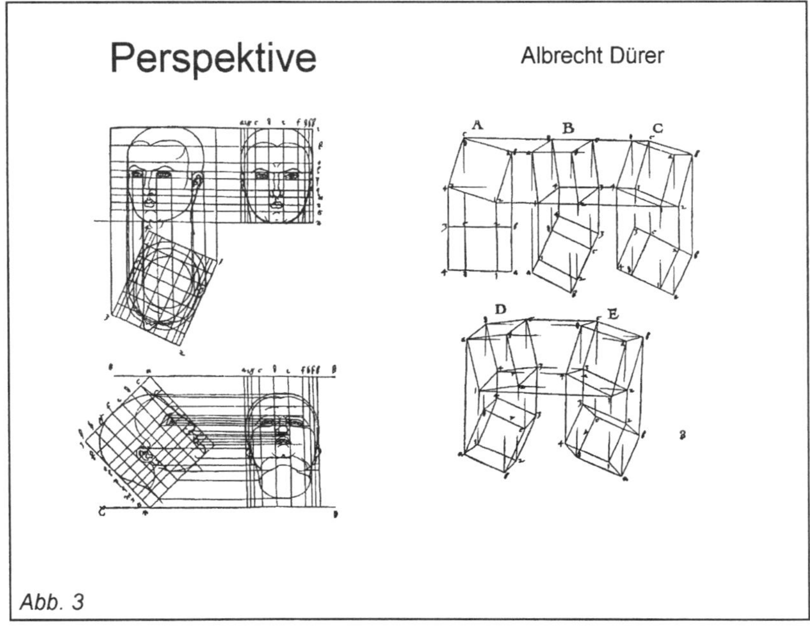

Abb. 3

Nicht nur Modelle zeigen eingeschränkte Abschnitte der Wirklichkeit. Auch an einem Urbild selbst nimmt man nur Realitätsabschnitte wahr. So können wir das Flugzeug von oben, von unten oder von der Seite betrachten. Dies führt auf den Begriff der Perspektive.

In der Abbildung 3 sehen wir Studien von Albrecht Dürer zur Perspektive. Perspektive läßt uns unterschiedliche Ansichten eines Gegenstandes wahrnehmen. Außer Köpfen und Würfeln unterliegen auch andere Gegenstände den Gesetzen der Perspektive. Dies gilt auch für geistige Zusammenhänge, wie wir später noch sehen werden.

Eine andere sehr wichtige Betrachtung zur Perspektive kann mit Hilfe der Abbildung 4 angestellt werden.

Die Abbildung 4 zeigt irgendeinen Gegenstand, der von zwei Betrachtern „W" wahrgenommen wird. Ein „Wahrnehmer" erfaßt von dem Gegenstand nur einen Ausschnitt. Ein anderer „Wahrnehmer" hat eine andere Perspektive und nimmt etwas anderes wahr.

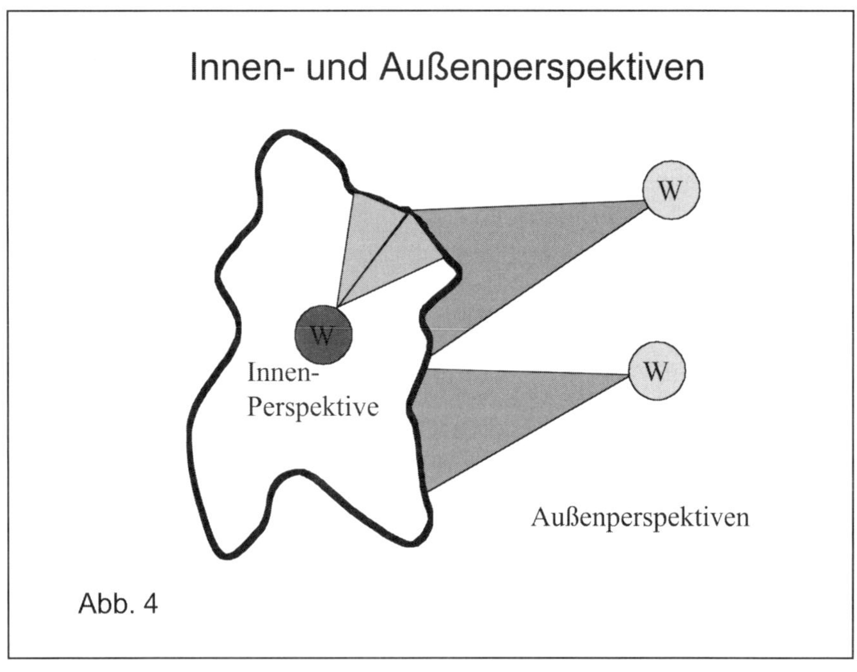

Hier muß nun eine wesentliche Unterscheidung eingeführt werden: Die Betrachtung eines Gegenstandes von außen unterliegt den Gesetzen der

Außenperspektive. Im Gegensatz dazu gibt es auch eine Innenperspektive.

Betrachten wir einen Menschen von außen, so sehen wir etwas anderes, als dieser Mensch wahrnimmt, wenn er seine Aufmerksamkeit auf
sich selbst richtet.

Die Innenperspektive bezieht sich nicht nur – aber auch – auf einen
Innenraum im physikalischen Sinne. Hier kommt noch etwas ganz anderes hinzu: die Wahrnehmung von sich selbst.

Eine Unterscheidung von Außenperspektive und Innenperspektive
wird zum Dreh- und Angelpunkt der weiteren Betrachtungen.

Dieses Kapitel zu Modellen und Perspektiven, die immer nur Realitätsabgeschnitte zeigen, soll mit einer alten Geschichte von einem Elefanten abgeschlossen werden. Die Geschichte ist 2500 Jahre alt und
stammt vom historischen Buddha. Sie ist nachzulesen in den ältesten
Schriften des Buddhismus, dem Palikanon, in der Sammlung Udana, Kapitel VI „Die Blindgeborenen“:

Im alten Indien war es zu einem Streit über unterschiedliche Weltbilder
gekommen. Der König wollte die Unsinnigkeit eines solchen Streites zeigen und griff zu folgendem Mittel:

Er ließ einen Elefanten und dann eine Gruppe blindgeborener Menschen herbeiführen. Ein Blinder nach dem anderen durfte den Elefanten
befühlen, und jedem wurde gesagt: „So ist ein Elefant.“

Einer der Blinden befühlte den Kopf des Elefanten, einer den Rüssel,
ein anderer einen Stoßzahn, einer den Rumpf, einer den Schwanz und
schließlich einer die Schwanzquaste. Sie alle hörten: „So ist ein Elefant.“

Dann fragte der König die Blinden: „Nun sagt mir, ihr Blinden: Was ist
denn ein Elefant?“

„Ein Elefant, Majestät, ist wie ein Kessel“, sagte der Blinde, der den
Kopf befühlt hatte.

„Nein, ein Elefant, ist wie ein Pflugbaum“, entgegnete der, der den
Rüssel berührt hatte.

„Ein Elefant ist wie der Stock eines Pfluges“, sagte der Blinde, der einen Stoßzahn angefaßt hatte.

„Nein, ein Elefant ist wie eine Vorratstonne“, behauptete der Mann, der
den Rumpf befühlt hatte.

Und der Blinde, der die Schwanzquaste in den Händen hatte, rief aus:
„Ein Elefant, Majestät, ist wie ein Besen.“

Und da die Blinden sich nicht einigen konnten, schlugen sie mit Fäusten aufeinander ein, und das Publikum hatte seinen Spaß.

Der Buddha kommentiert abschließend:
„... da disputieren, streiten sie,
die Menschen, die nur Teile seh´n.“

Diese Vorbetrachtung zur Perspektive sollte dazu dienen, unsere perspektivische Haltung zu lockern. Eine solche Auflockerung ist im weiteren Verlauf der Betrachtungen sehr hilfreich.

Naturwissenschaften und der Geist

Betrachten wir zunächst nur die Naturwissenschaften. In klassischer Weise können wir hier Physik, Chemie und Biologie unterscheiden. Physik und Chemie behandeln den Bereich der unbelebten Materie. Dieses ist in der Abbildung 5 mit der großen Ellipse dargestellt. Die Biologie behandelt belebte Materie. Die belebte Materie ist allerdings nur ein sehr kleiner Teil der Materie überhaupt. Der Bereich der belebten Materie ist als mittlere Ellipse gezeigt. Die Abbildung ist hier nicht maßstäblich, denn wenn wir die belebte Materie mit der gesamten Materie des Kosmos vergleichen, dann macht die belebte Materie nur einen winzigen Bruchteil aus. Dieser winzige Bereich des Lebens wäre in diesem Bild nicht mehr darstellbar; darum müssen wir auf eine Maßstabstreue verzichten. Wir können also festhalten, daß der Bereich der belebten Materie eine sehr viel geringere Ausdehnung hat als der Bereich der Materie überhaupt.

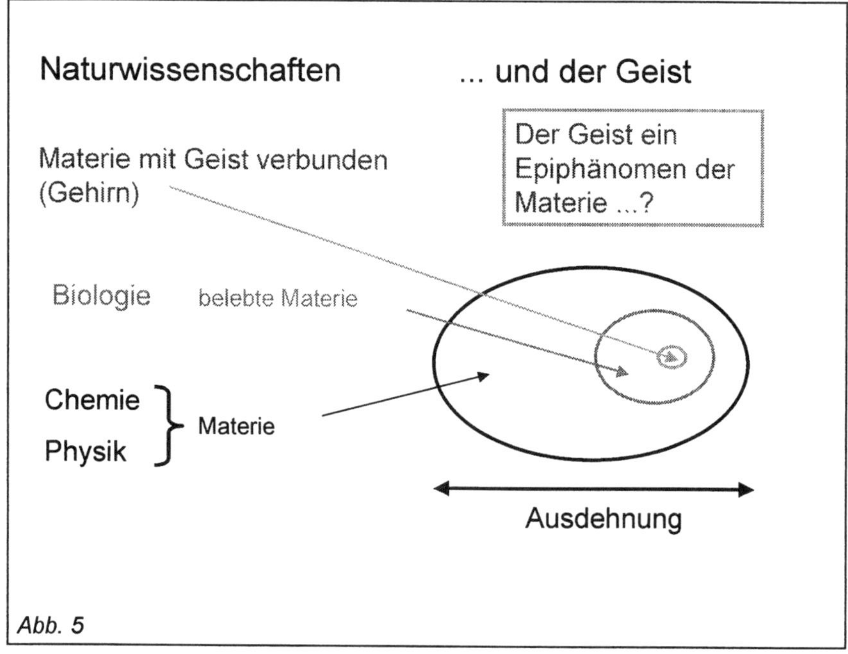

Abb. 5

Und wie steht es mit dem Geist? Aus naturwissenschaftlicher Sicht ist der Geist an ein Nervensystem gebunden. Aus Gründen der Vereinfachung können wir uns auf den Menschen und sein Gehirn beschränken. Der Geist des Menschen erscheint an das Gehirn gebunden. Verglichen mit der gesamten belebten Materie ist die Materie der Gehirne, an die der Geist gebunden erscheint, sehr selten. Bei maßstäblicher Darstellung wäre der Bereich der Gehirne mit dem Geist nicht mehr in der Abbildung erkennbar, da er so klein ist.

Der Geist erscheint also als eine sehr, sehr seltene Begleiterscheinung im Bereich der Materie.

Für T.H. Huxley und andere war und ist alles Geistige Epiphänomen/ Begleiterscheinung der Materie, in sich selbst durchaus real, aber eben ein Nebenprodukt physiologischer Vorgänge und ohne eigene kausale Kraft – „das Gespenst in der Maschine".

Materie ist also das Große und der Geist das winzig Kleine? So scheint es die Abbildung 5 wohl auch darzustellen.

Das ist ein Modell. Es zeigt ein Abbild eines Realitätsabschnitts. Hier wird die Realität unter dem Gesichtspunkt der Ausdehnung betrachtet.

Da wir aber spätestens seit Immanuel Kant und seiner Kritik der reinen Vernunft wissen, daß unsere Vorstellungen an Raum und Zeit gebunden sind, müssen wir damit leben, daß ein solches Modell auch räumlichen Charakter hat. In unserem Modell schließt das Große das Kleine ein. Und dieses gilt, wie wir gesehen haben, unter dem Gesichtspunkt der Ausdehnung.

Ein Modell kann aber auch Abbild eines anderen Realitätsabschnittes sein. In diesem Modell war die unbelebte Welt der Materie das Große, die belebte Welt der Biologie das Kleine und der mit Geist verbundener Bereich das Kleinste. Aus einem anderen Blickwinkel erscheint es gerade umgekehrt (Abbildung 6).

In der Abbildung 6 sind Materie, Leben und Geist als eine Hierarchie von Integrationsstufen dargestellt. Diese Integrationsstufen entstehen im Laufe der Evolution. Betrachten wir also Materie, Leben und Geist unter diesem Aspekt der Integration, so ergibt sich folgendes Bild: Atome schließen Elementarteilchen ein. Moleküle bestehen aus Atomen. Zellen integrieren Moleküle und Atome. Und schließlich beinhaltet der Mensch Zellen, Moleküle usw...

Jetzt erscheint der Geist (natürlich an Materie, an den Menschen gebunden) als das Große, die belebte Welt als das Kleine und die Materie überhaupt als das Kleinste.

Auch das ist ein Modell. Es zeigt das Abbild eines Realitätsabschnittes; hier unter dem Gesichtspunkt der Integration.

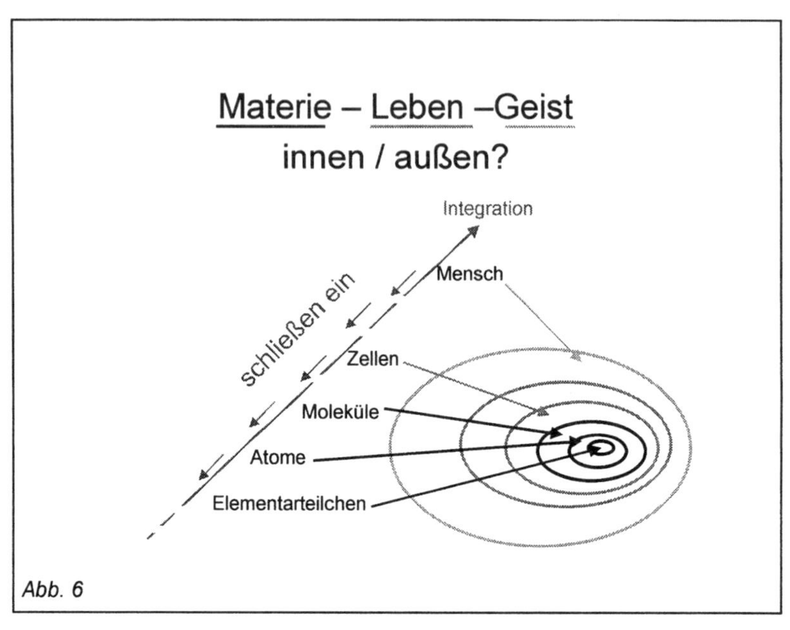

Abb. 6

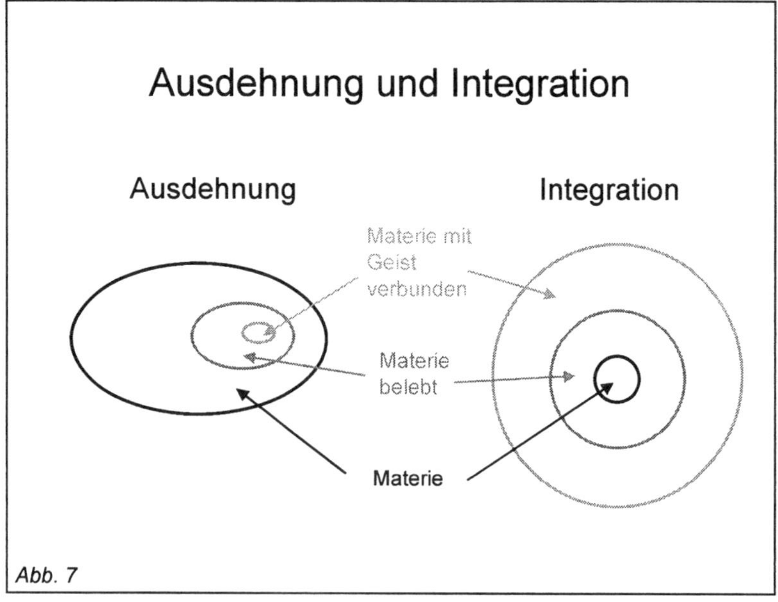

Abb. 7

118

Die Abbildung 7 zeigt noch einmal die beiden Modelle in der Gegenüberstellung.

In der Abbildung 7 sehen wir links das Modell unter dem Aspekt der
Ausdehnung und rechts das Modell unter dem Aspekt der Integration.

Auch ohne eine systematische Betrachtung dieser Art arbeiten wir oft
unbewußt mit solchen Modellen, die ja immer auch mit räumlichen Vorstellungen verbunden sind.

Da hat einer zum Beispiel eine mehr oder weniger diffuse Vorstellung
von der Welt, wie sie dem linken Modell entspricht: Die Materie ist das
Große und der Geist eine extrem seltene Begleiterscheinung, ein Epiphä-
nomen. Für einen anderen ist der Geist das Große, Umfassende und die
Materie das Kleine. Treffen beide Menschen mit ihren unbewußten Mo-
dellvorstellungen aufeinander, so haben wir eine günstige Voraussetzung
für einen Glaubenskrieg.

Mit einer beweglichen perspektivischen Haltung läßt sich hier etwas
Abrüstung betreiben.

Im weiteren Verlauf wollen wir die Realität insbesondere unter dem
Aspekt der Integration betrachten. Hierbei können wir den Komplexitätswissenschaften folgen, die die Entstehung selbstorganisierender Systeme
beschreiben.

Die Komplexitätswissenschaften selbstorganisierender Systeme sind
relativ jung und haben folgende Theorien geliefert:

- Bertalanffy   Allg. Systemtheorie
- Wiener   Kybernetik
- Prigogine   Ungleichgewichtsthermodynamik
- von Neumann   Zellautomaten-Theorie
- Thom   Katastrophentheorie
- Maturana u. Varela   Dynamische Systemtheorie
- Shaw, Abraham   Chaostheorien
- Wilber   Zusammenfassung

Es ist den Komplexitätswissenschaften gelungen, aufzuzeigen, nach
welchen Prinzipien sich die Wirklichkeit über viele Integrationsstufen hinweg von selbst aufbaut.

Im weiteren Fortgang können nur wenige Ergebnisse dieser Wissenschaften mit den Konsequenzen behandelt werden, die in indirektem Zusammenhang mit unserem Thema stehen. Dabei können wir noch einmal
an das Bild der Integrationsstufen anknüpfen.

Solche Integrationsstufen entstehen nach dem Prinzip der Emergenz;
Integrationsstufen emergieren. Was heißt das?

Nehmen wir als Beispiel ein Molekül. Die Moleküleigenschaften lassen
sich nicht allein aus den Eigenschaften ableiten, die die einzelnen Atome

besitzen, die das Molekül bilden. Das Gleiche gilt z. B. für Zellen, deren Eigenschaften mehr als die Summe der Eigenschaften der Moleküle sind, die diese Zellen bilden.

Diesem Entstehen neuer Eigenschaften hat man den Namen „Emergenz" gegeben. Emergenz ist etwas Universales. So sagt Popper: „Wir leben in einem Universum emergierender Neuartigkeit". Und Alfred North Whitehead formuliert: „Die Vielen werden Eines um eines vermehrt." So bilden z.B. viele Atome ein Molekül, also eine Einheit, vermehrt um die neuen Moleküleigenschaften.

Die einzelnen Integrationsstufen emergieren aufgrund des Selbsttranszendierungsvermögens. Jede Integrationsstufe transzendiert sich selbst. Dabei wird jede neue Integrationsstufe mit einem größeren Zusammenhang identifiziert.

Da wir hier den Menschen mit aufgenommen haben, müssen wir berücksichtigen, daß er auch eine Innenperspektive hat. Der Mensch kann sich selbst wahrnehmen. Darum können wir auch sagen: Eine Integrationsstufe identifiziert sich mit sich selbst. Das kann sie, wenn Sie Bewußtsein von sich hat.

Ken Wilber sagt: Je höher die Anzahl der Integrationsstufen desto mehr Bewußtsein.

An dieser Stelle greifen nun die Komplexitätswissenschaften, die Neurowissenschaften, die Kognitionswissenschaften und die Philosophie ineinander, und die Diskussion des klassischen Leib-Seele-Problems entbrennt heute tatsächlich aufs neue.

Betrachten wir den Zusammenhang zwischen Gehirn und Bewußtsein im nächsten Bild modellhaft (Abbildung 8).

Gehirn und Bewußtsein, das sind Außen- und Innenseite der selben Sache. Das Äußere, also das Gehirn mit seinen neuronalen Strukturen, ist einer naturwissen-schaftlichen Perspektive mit den unterschiedlichsten Methoden und Apparaten zugänglich. Die neuronalen Strukturen des Gehirns entsprechen dem äußeren grauen Bereich, das Bewußtsein dem inneren Bereich.

Der Innenraum von Bewußtsein und Wahrnehmung meint nicht nur ein Innen im Sinne einer Unterscheidung im physikalischen Ortsraum. Hinzukommt ja noch die qualitativ völlig andere Eigenschaft der inneren Wahrnehmung. Das Innere hat nun die Fähigkeit, das eigene Äußere zu betrachten; es kann aber auch fremdes Äußeres wahrnehmen. Aber *mein* eigenes Innere kann nur *ich* selbst wahrnehmen, niemand sonst. Es gibt keinen Weg für andere von außen in mein Inneres zu gelangen, wohl aber für mich einen Weg von meinem Inneren ins Äußere.

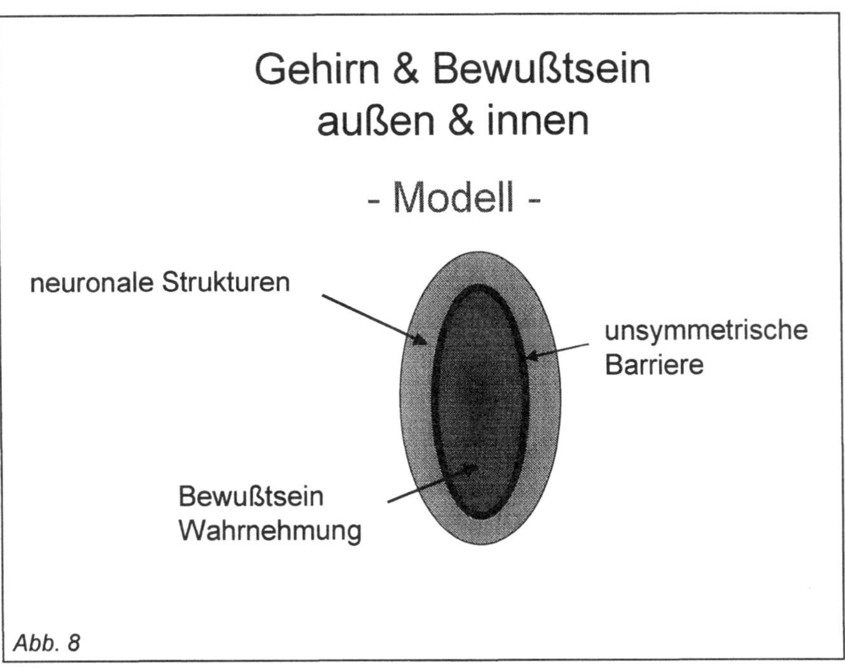

Also gilt: Körper und Gehirn sind objektiv nachprüfbar – also auch für andere – vorhanden, das Innere mit Bewußtsein, Geist und Wahrnehmung ist subjektiv, privat und für andere verborgen.

Diese interessante Eigenschaft ist in diesem Modell auch dargestellt: Zwischen Innen und Außen besteht eine unsymmetrische Barriere: Ich kann von innen nach außen, niemand kann aber von außen in mein Inneres gelangen.

Zur Illustration der Unüberbrückbarkeit der Barriere zwischen Innen und Außen in einer Richtung können wir das Gedankenexperiment des australischen Philosophen Frank Jackson nachvollziehen:

Jackson hat im Experiment Mary ins Leben gerufen. Mary, eine Neurowissenschaftlerin und führende Expertin für alle Vorgänge, die mit der Wahrnehmung von Farben zusammenhängen, ist in einem schwarz-weißen Zimmer aufgewachsen und hat dieses niemals verlassen. Mary hat noch nie Farben gesehen. Sie weiß aber als Neurowissenschaftlerin alles über Reizentstehung und Reizweiterleitung und Reizverarbeitung beim Farbensehen. Sie kennt den Zusammenhang zwischen der Wellenlänge des Lichtes und der Farbe und vieles andere mehr. Dennoch weiß sie etwas Entscheidendes nicht: Sie kennt nicht das wirkliche Erlebnis einer Farbe – z. B. Rot –. Sie muß sich damit abfinden, daß es ein bewußtes Erleben gibt, das sich nicht von außen aus den physiologischen Prozessen des Gehirns ableiten läßt.

Trotz dieser Barriere zwischen Außen und Innen gehören beide zusammen.

Weiter oben stellte sich die Frage, ob Bewußtsein oder Geist Epiphänomene der Materie – also des Gehirns – seinen. Im Lichte der Diskussion innerhalb der Komplexitätswissenschaften kann man die These aufstellen: Gehirn und Wahrnehmungsfähigkeit emergieren in gegenseitiger Abhängigkeit.

Einerseits gilt: Je höher die Anzahl der Integrationsstufen, desto mehr Bewußtsein. Andererseits ist es nicht vorstellbar, daß es irgendwann ein fertig ausgebildetes Gehirn gab, das erst nach „Fertigstellung" mit einem Bewußtsein verbunden war. Eine solche Vorstellung wäre reiner Reduktionismus. Das Innere wäre einseitig auf das Äußere gestützt.

Eine so komplexe Struktur wie das Gehirn hat sich aber über viele Integrationsstufen hinweg entwickelt. Jede Integrationsstufe hatte dabei ihre Entsprechung in einem bestimmten Wahrnehmungsniveau. Die jeweilige Wahrnehmungsfähigkeit setzte ihrerseits die äußeren Bedingungen für eine weitere Evolution der materiellen Struktur des Gehirns. Das ist damit gemeint, wenn gesagt wird: Gehirn und Wahrnehmungsfähigkeit emergieren in gegenseitige Abhängigkeit.

Wenn wir nun vom Grundgedanken der Emergenz ausgehen, dann dürfen wir für die Zukunft etwas völlig neues erwarten. Denn es gilt ja: Jede Integrationsstufe transzendiert sich selbst und identifiziert sich mit einem größeren Zusammenhang. Was das sein könnte, werden wir etwas später betrachten, allerdings nicht ohne vorherige Grenzüberschreitung.

Doch zuvor zur weiteren Klarstellung von Außen- und Innenperspektiven noch ein anderes Bild (Abbildung 9).

Die Abbildung 9 zeigt eine Aufnahme mit Hilfe des bildgebenden Verfahrens der Magnetresonanztomographie, das Aktivitäten innerhalb des menschlichen Gehirns sichtbar machen kann.

In dem dargestellten Experiment wird der Sehsinn des Menschen in der „Röhre" (links) mit Hilfe von flackernden Lichtern gereizt. Die Abbildung rechts zeigt Areale gesteigerter neuronaler Aktivität des Gehirns. Dieses nimmt der Mediziner am Bildschirm mit Außenperspektive wahr. Die Versuchsperson hat mit ihrer Innenperspektive die Wahrnehmung von flackernden Lichtern. Diese Wahrnehmung kann sich der Mediziner nur durch Kommunikation mit der Versuchsperson und durch Interpretation erschließen, nicht aber direkt.

Das Gehirn ist das Äußere mit seinen elektrophysiologischen und neurochemischen Vorgängen. Wahrnehmung und Geist sind das Innere.

Auch hier muß noch einmal betont werden: Die Innenperspektive bezieht sich nicht nur auf einem Innenraum im physikalischen Sinne.

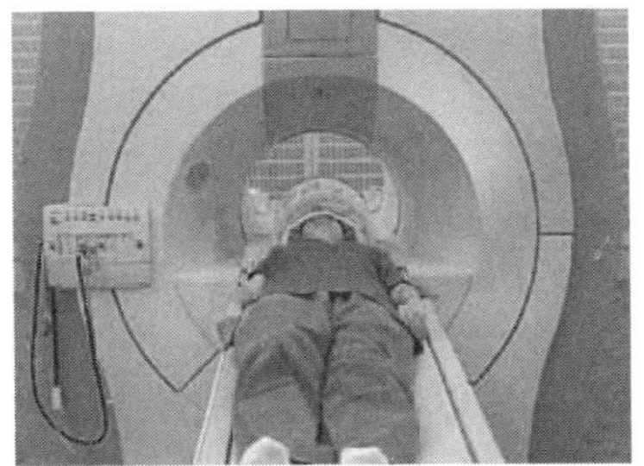
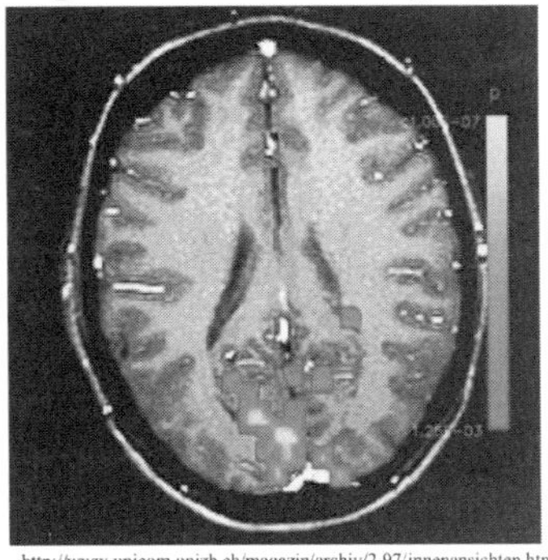

... zur Klarstellung: Gehirn und Wahrnehmung
außen / innen

Magnetresonanztomographie

gesteigerte neuronale Aktivität bei Reizung des Sehsinns durch flackernde Lichter

http://www.unicom.unizh.ch/magazin/archiv/2-97/innenansichten.html

Fotos: ETHZ und der Universität Zürich

Abb. 9

Wenn z. B. eine feine Mikrosonde in ein Gehirn eindringt, befindet sich die Sonde zwar im räumlichen Inneren des Gehirns, nicht aber im Raum der Wahrnehmung. Dies gilt auch dann, wenn über diese Mikrosonde mit Hilfe elektrischer Impulse im Gehirn Wünsche ausgelöst werden, die der Mensch, dem das Gehirn gehört, wahrnehmen kann. (Solche Experimente sind wirklich gelungen, zeigen aber auch keine Möglichkeit, die genannte unsymmetrische Barriere in den Innenraum der Wahrnehmung hinein zu überschreiten, denn wir erfahren von dem künstlich erzeugten Wunsch ja auch nur durch Kommunikation mit dem Menschen, der diese Erfahrung hat.)

Vorläufige Ergebnisse

Die vorläufigen Ergebnisse lassen sich wie folgt zusammenfassen:
- Hierarchien von Integrationsstufen emergieren.
- „außen" und „innen"

123

→ emergieren in gegenseitiger Abhängigkeit
→ sind nicht einseitig aufeinander reduzierbar
- Jede höhere Integrationsstufe wird mit einem größeren Zusammenhang identifiziert.
- Jede Integrationsstufe transzendiert sich selbst.

Wir haben gesehen, daß die Komplexitätswissenschaften, die Neurowissenschaften, die Kognitionswissenschaften und die Philosophie in ihrer Diskussion an die Barriere zwischen Innen und Außen gestoßen sind. Alle bisherigen ernsthaften Versuche, sie zu überschreiten, setzen naturwissenschaftlich von außen an, oder sind spekulative Übungen der Philosophie.

Es sind zur Zeit kaum seriöse Bemühungen erkennbar, auf das große Erfahrungswissen zurückzugreifen, das seit vielen tausend Jahren zum Teil auf äußerst systematische Weise bei der Erforschung des Inneren mit Hilfe der Meditation gewonnen wurde. Ein guter Grund hierfür ist neben der Unwissenheit die Angst vieler Wissenschaftler, so unterschiedliche Bereiche wie Naturwissenschaften und Meditation unqualifiziert miteinander zu vermischen.

Es könnte ein guter Ausweg aus diesem Dilemma sein, diese Bereiche nicht zu vermischen sondern miteinander zu konfrontieren. Dazu dient auch dieser Beitrag.

Übergang zur Spiritualität

Wie kommen wir nun von den Naturwissenschaften in den Bereich der Spiritualität?

Wir hatten vorhin festgestellt: Hierarchien von Integrationsstufen emergieren. Auf diese Weise sind auch Geist und Bewußtsein entstanden. Man kann diesen Vorgang des Emergierens von Bewußtsein über viele Integrationsstufen hinweg auch ganz anders ausdrücken:

Der Sufi-Mystiker Rumi drückt dieses poetisch aus:

Gott schläft im Stein,
er atmet in der Pflanze,
er träumt im Tier,
und er erwacht im Menschen.

Christliche Mystiker würden dieses „die Gottesgeburt im Menschen" nennen.

Damit sind wir nun in den Bereich der Religion geraten.

Auch wenn im weiteren Fortgang Ähnlichkeiten zwischen naturwissenschaftlichen Aussagen und religiösen Vorstellungen deutlich werden, so

124

sollten wir uns immer der unterschiedlichen Blickwinkel bewußt bleiben. Es sind zwei völlig verschiedene Ansätze, das Dasein zu begreifen. Diese Ansätze sollen nun miteinander konfrontiert werden.

Bevor christliche Aussagen in diesen Zusammenhang gestellt werden, wollen wir uns zunächst der Lehre des Buddha zuwenden.

Dabei erscheint es besonders wichtig, unsere perspektivische Haltung noch einmal etwas zu lockern. Aufgrund unseres christlichen Hintergrundes ist es möglich, daß wir auf die Nennung des Namens „Buddha" etwas reflexhaft mit Ablehnung reagieren. Dieser durchaus natürliche Vorgang läßt sich aber bis zu einem gewissen Grad vermeiden, denn der Buddha hat eine viel größere Nähe zum Christentum, als viele wissen.

Auf diesen Sachverhalt hat der langjährige Abt der Benediktinerabtei Niederaltaich, Emmanuel Jungclaussen, in einem Vortrag hingewiesen, den er im November 1996 in München gehalten hat. In diesem Vortrag erklärte Pater Jungclaussen, daß der Buddha im alten katholischen Heiligenkalender verzeichnet sei. Es handelt sich um den heiligen Josaphat von Indien.

Dies läßt sich nachprüfen: Der Gedenktag ist im alten katholischen Heiligenkalender der 27. November und im orthodoxen Kalender der 26. August.

Der Name Josaphat hat eine häbräische Bedeutung, andererseits ist dieser Name auch die syrisierte Form des Namens Bodhisattva. Den Namen Bodhisattva gibt man dem Buddha für die Zeit, in der er noch nicht erwacht, d.h. noch nicht erleuchtet war.

Die Legende des indischen Königsohns Josaphat spielt im 3. oder 4. Jahrhundert. Sie hat in weiten Zügen Parallelen zur Lebensbeschreibung des Buddha. Allerdings wurde Josaphat durch den Einsiedlermönch Barlaam zum Christentum bekehrt.

Natürlich ist der heilige Josaphat von Indien, wie ihn die christlichen Kirchen kennen, nicht wirklich der historische Buddha. Dieser lebte 500 Jahre vor Christus und konnte naturgemäß nicht von Barlaam im 3. oder 4. Jahrhundert nach Christus zum Christentum bekehrt werden. Aber in religiösen Legenden geht es nicht in erster Linie um historische Wahrheiten, es geht um geistige Zusammenhänge. So können wir hier zwar keine Bekehrung verzeichnen, wohl aber große Übereinstimmungen zwischen den Lehren von Jesus und Buddha. So sagt der Buddha sagt ganz allgemein von sich:

„Wovon andere Weise sagen „Das ist", davon sage auch ich „Das ist".
Wovon andere Weise sagen „Das ist nicht", davon sage auch ich „Das ist nicht"."

Diese Toleranz des Buddha macht es leicht, seine Lehre zu betrachten. In ihr geht es darum, die Existenz zu meistern, d.h. das Leid zu mindern bis hin zur Auflösung des Leidens.

Die Lehre des Buddha ist mit ihrem systematischen Aufbau und ihrer strengen Darstellungsweise von einer Art, wie wir sie aus dem modernen Wissenschaftsbereich kennen. Hier geht es um empirische Nachprüfbarkeit.

Hier muß noch einem möglichen Missverständnis vorgebeugt werden. In diesem Beitrag wird kein Buddhismus behandelt. Es hat nach dem historischen Buddha über viele Jahrhunderte immer wieder Neugründungen von buddhistischen Schulen gegeben, die sich auf den Buddha berufen, aber dabei die ursprüngliche Lehre ergänzt und verändert haben. Alle diese Schulen sind heute unter dem Begriff Buddhismus bekannt. Die weiteren Betrachtungen werden sich nur auf die ältesten Quellen des Buddhismus beziehen, den Palikanon, der auf vielen tausend Seiten die Lehrreden des Buddha in der Pali-Sprache festgehalten hat.

Dieser historische Buddha ist kein Gott, und seine Rolle nicht mit der von Jesus in der Christlichen Kirche vergleichbar. Der Buddha war ein großer Lehrer, der von den Menschen seiner Zeit „der Asket Gotamo" genannt wurde.

Aussagen aus den Lehrreden des Buddha

Die nun folgende Darstellung einiger zentraler Aussagen der Lehrreden des Buddha stützt sich auf seine Lehrreden selbst sowie auf die Forschungsarbeiten dazu von Paul Debes und anderen. Dabei beschränkt sie sich auf solche Aussagen, die die Aspekte Außen- und Innenperspektive, Körper und Geist sowie Bewußtsein im Sinne unseres Themas behandeln.

Hierzu gibt die folgende Tabelle eine sehr kurze Übersicht über die Zusammenhänge von Wahrnehmung und Dasein.

Es geht hier wieder um Außen- und Innengebiete:

6 Innengebiete	6 Außengebiete	Teilerfassung
Auge	Formen	Aug-Erfassung
Ohr	Töne	Ohr-Erfassung
Nase	Düfte	Nasen-Erfassung
Zunge	Säfte	Zungen-Erfassung
Körper	Tastobjekte	Körper-Erfassung
Geist	Dinge	Geist-Erfassung

Tab. 1

Zu sechs Innengebieten (Auge, Ohr usw.) kommen sechs Außengebiete (Formen, Töne usw.) und daraus ergeben sich Teilerfassungen
(Aug-Erfassung, Ohr-Erfassung usw.)

Mit Erfassung ist die Bewußtwerdung des jeweiligen Sinneseindruckes
gemeint. Aus diesem Grund übersetzt Karl Eugen Neumann diesen Begriff auch mit Bewußtsein. Im Begriff der Erfassung kommt aber zusätzlich der aktive Charakter dieses Vorganges zum Ausdruck. (Dazu später
noch mehr.)

Betrachten wir zunächst den ersten Sinn, das Auge. So heißt es zum
Beispiel in der 28. Lehrrede der Mittleren Sammlung: „Durch das Auge
und die Formen bedingt erscheint die Aug-Erfassung." Zu diesem Vorgang kommt es nach den Aussagen der Lehrrede nur, weil dem menschlichen Körper und jedem Sinnesorgan ein gewisser Drang innewohnt. So
wohnt dem Aug-Sinn ein Drang zum Sehenwollen inne. (Ich will nicht irgend etwas sehen, sondern etwas ganz bestimmtes, etwas, was mir
wohltut.) Das Gleiche gilt für die anderen Sinne. Die Dränge nennt man
Tendenzen, sie sind mit den Sinnesorganen verbunden. Die Gesamtheit
dieser Tendenzen bildet den Empfindungskörper.

In diesem Sinne ist mit „Auge" auch diese innewohnende geistige Ei-
genart und nicht das fleischliche Auge allein gemeint. Darum werden die
Sinne auch als Innengebiete bezeichnet.

Es fällt auf, das hier nicht nur eine Liste der fünf Sinne entsteht (Auge,
Ohr, Nase, Zunge, Tastsinn). Besonders seltsam erscheint, daß hier als
6. Sinn der Geist mit aufgeführt ist. In der buddhistischen Lehre haben wir
es auch tatsächlich mit 6 Sinnen zu tun. Der sechste Sinn ist es, der im
Archiv der gespeicherten Sinneseindrücke nachschaut. (So kann ich mich
z.B. an ein Gesicht erinnern, weil mein Geist in seinem Archiv nach-
schauen kann.)

Der sechste Sinn ist der Geist. Er selbst ist auch ein Innengebiet. Dieses erscheint auch plausibel. Die Dinge aber – also die Inhalte des Geist-
Archives – sind Außengebiet. Das ist eine sehr überraschende Darstellung.

Die „Dinge" sind die Inhalte des Geistes, sie sind dort gespeichert. Erst
bei der Geisterfassung erfolgt eine Hereinnahme von außen nach innen
im Akt der Wahrnehmung, wenn ich mich erinnere.

Hier hat der Buddha vor 2500 Jahren eine Unterscheidung zwischen
Außen- u. Innenperspektive vorgenommenen, wie wir sie vorhin auf der
Basis der Komplexitäts- und Kognitionswissenschaften auf anderem Weg
gefunden haben.

Doch betrachten wir zunächst den Empfindungskörper (Abbildung 10).

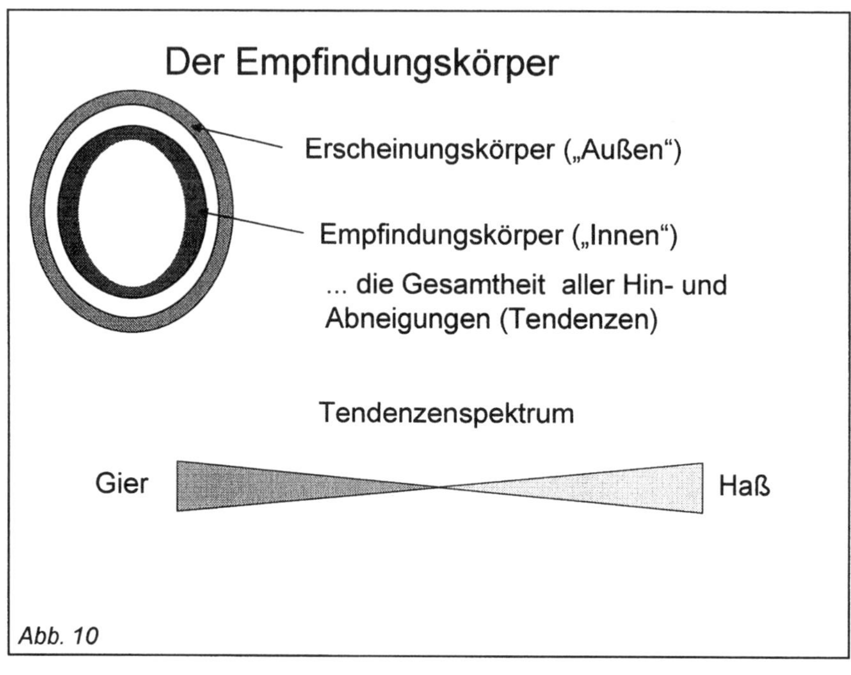

Der Buddha unterscheidet Erscheinungskörper und Empfindungskörper. Der Erscheinungskörper ist das, was wir mit unserer Außenperspektive erkennen können: der Fleischkörper. Diesem Erscheinungskörper wohnen die schon betrachteten Tendenzen inne. Sie sind die Gesamtheit aller Hin- und Abneigungen und bilden den Empfindungskörper.

Die Tendenzen umfassen ein Spektrum zwischen den Extremen Gier und Haß. Dies gilt für alle Menschen, auch für solche die keine Gier und keinen Haß in sich spüren. Ihre Tendenzen liegen irgendwo unterhalb der Extreme; sie sind aber auf jeden Fall vorhanden. (Ausnahmen machen hier nur Geheilte im buddhistischen Sinne.)

Dieses voraus geschickt, kommen wir im nächsten Schritt zu einer kurzen Analyse des Daseins.

Die 5 Daseinsgruppen (Zusammenhäufungen)
1. Form
2. Gefühl
3. Wahrnehmung
4. Aktivität
5. Erfassungsvermögen

Diese fünf Daseinsgruppen zählen zum Kern der Lehre des Buddha. Der Pali-Begriff „Upadanakkhandha" wird von Dahlke mit Daseins-Gruppen übersetzt, Paul Debes nennt sie „Zusammenhäufungen".
Die fünf Gruppen sind:

1. Form
   Hiermit ist alles gemeint, was mit den fünf Sinnesorganen erfasst werden kann: sichtbare Formen, Töne, Düfte, Säfte und Tastobjekte

2. Gefühl
   Ein Gefühl entsteht, wenn es durch die Erfassung (z. B. durch die Aug-Erfassung) zu einer Berührung zwischen der äußere Form und dem Empfindungskörper kommt. Diese Berührung löst einen Gefühl zwischen Wohl und Wehe aus.

3. Wahrnehmung
   Der Buddha sagt: „Was man fühlt, das nimmt man wahr." Der dahinter stehende Pali-Begriff „sanna" bedeutet so viel wie „Zusammenwissen". Es handelt sich hier also um eine gefühlsbesetzte Wahrnehmung, denn die Wahrnehmung bezieht sich nicht nur auf ein Objekt von außen, das die Sinnesreize bieten. Die Wahrnehmung liefert immer beides: den Sinnesreiz und das Gefühl. Damit ist sie nicht objektiv.

4. Aktivität
   Auf die Wahrnehmung reagieren wir mit Aktivität in drei Weisen: Denken, Reden und Handeln.

5. Erfassungsgewöhnung
   Dieses Element ist das verborgenste und am schwersten zu durchschauende innerhalb der fünf Daseinsgruppen. Der Pali-Begriff „vinnana" wird sehr unterschiedlich übersetzt. So versteht Karl Eugen Neumann darunter „Bewußtsein". Dieser Begriff gibt nicht den aktiven Charakter dessen wieder, was wirklich dahintersteht. Darum übersetzt Paul Debes diesen Begriff mit Erfassungsgewöhnung und Fritz Schäfer mit Erfahrungssuchlauf.
   Gemeint ist folgendes: Jeder Erfassungsakt geht vom Geiste aus, indem er die Aufmerksamkeit auf die äußere Form richtet. Die Erfassungsgewöhnung ist nun darauf gerichtet, immer solche Formen zu erfassen, die ein wohltuendes Gefühl auslösen. Sie weicht andererseits unangenehmen Gefühlen aus. Dieser Prozess spielt sich wie ein Programm ein. Wir können diesen Vorgang mit einem Lernprozess vergleichen, der allerdings wie ein großes Schwungrad immer in Bewegung bleibt. Die Erfassungsgewöhnung sucht also immer nach äußeren Formen, die Wohlgefühle auslösen. Sie versucht aber auch die

Erfassung von Formen zu vermeiden, die Wehgefühle auslösen. Natürlich gelingt ihr das nicht immer. Das ist ein Grund für das Leiden.

Das Dasein ist durch einen ungeheuer schnellen Wechsel der 5 Daseinsgruppen gekennzeichnet: Form und Gefühl rufen Wahrnehmung hervor, darauf reagieren wir mit Aktivität, das Ganze spielt sich im Programm der Erfassungsgewöhnung ein. Der Buddha sagt, eine Person, ein Ich, sei nur von diesen fünf Daseinsgruppen vorgetäuscht. Er gibt hier eine Modellvorstellung:

Die fünf Daseinsgruppen sind vergleichbar mit fünf Fackeln, die an einem rotierenden Rad befestigt sind. Von diesen fünf einzelnen Feuern an fünf Fackeln ist nur ein in sich geschlossener Feuerkranz wahrnehmbar. Diese Täuschung eines in sich geschlossenen Feuerkranzes ist mit dem wahrgenommenen Ich zu vergleichen.

Die Durchschauung dieses Zusammenhanges kann durch die Verlangsamung des ganzen Vorganges in der Meditation erreicht werden. (Davon später mehr.)

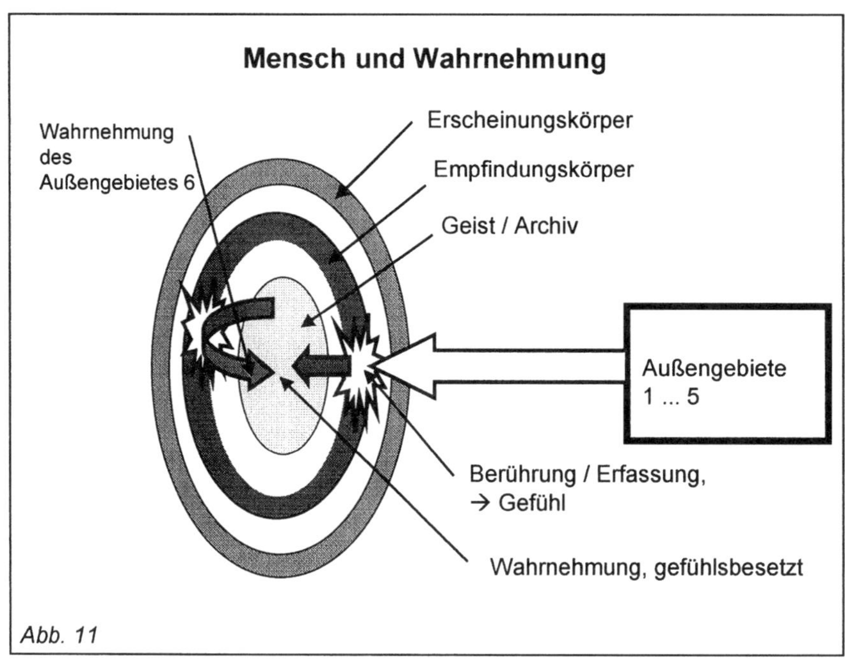

Abb. 11

Diese Zusammenhänge werden im Palikanon auf vielen 1000 Seiten beschrieben. Darum soll jetzt versucht werden, diese noch etwas abstrakten Inhalte in sehr einfachen Bildern zusammenzufassen. Diese Bilder haben Modellcharakter und sind stark simplifiziert.

Wir betrachten in Abbildung 11 Mensch und Wahrnehmung. Zunächst haben wir wieder den Erscheinungskörper und den Empfindungskörper. Nun kommen noch die fünf Außengebiete hinzu, die mit den fünf Sinnen erfasst werden können: Formen, Töne, Dürfte, Säfte, Tastobjekte.

Es kann nun zu einer Berührung zwischen den Formen der Außengebiete und dem Empfindungskörper kommen. Diese Berührung löst ein Gefühl zwischen Wohl und Wehe aus. Was man fühlt, das gewahrt man im Geiste. Es handelt sich um eine gefühlsbesetzte Wahrnehmung.

Die Wahrnehmung bezieht sich also nicht allein auf ein Objekt von außen. Die Wahrnehmung liefert immer beides: den Sinnesreiz und das Gefühl. Sie ist nicht objektiv. Wahrnehmung, im Pali „sanna", bedeutet ja „Zusammen-Wissen".

Ein Beispiel: Wir sehen mit unserem Aug-Sinn eine menschliche Gestalt, mit bestimmten körperlichen Eigenschaften. In unserer Wahrnehmung erscheint aber ein häßlicher Mensch, dem wir mit einer gewissen Abneigung gegenüberstehen. Die Wahrnehmung „häßlicher Mensch" kommt dadurch zustande, daß die an sich neutrale äußere Form unseren Empfindungskörper berührt, der lieber in Kontakt mit schönen Formen ist als mit häßlichen.

Alle diese Wahrnehmungen werden als Daten in das Archiv des Geistes eingetragen. Die Dateninhalte des Geistes, also die Dinge, sind das 6. Außengebiet. Hier kann nun der gleiche Vorgang auftreten, wie bei den fünf anderen Außengebieten: Betrachtet der Geist Inhalte aus seinem Archiv, so kommt es zu einer Berührung zwischen den Dingen und dem Empfindungskörper. Diese Berührung löst ein Gefühl aus, das wahrgenommen wird. Auch hier wird wieder das Ding aus dem Geist zusammen mit dem Gefühl wahrgenommen, das die Berührung des Empfindungskörper auslöst.

Nach dieser Darstellung gibt es also aus buddhistische Sicht keine Wahrnehmung einer Welt an sich. Unsere Weltsicht ist immer durch Hin- und Abneigung, also durch die Gier- und Haß-Eigenschaften unseres Empfindungskörpers, beeinflußt. Diese Tatsache wird mit Blendung bezeichnet.

Das sind drei wichtige Begriffe der buddhistischen Lehre: Gier, Haß und Blendung.

In unserem Geist funktioniert die Erfassungsgewöhnung. Im Geiste mit seinem Archiv sind die gesammelten Daten in Bewegung. In welche Richtung nun die geistige Aufmerksamkeit gesteuert wird, bestimmt die Erfassungsgewöhnung.

Dies zeigt die Abbildung 12 als sehr einfaches Modell:

Erfassungsgewöhnung

Modell

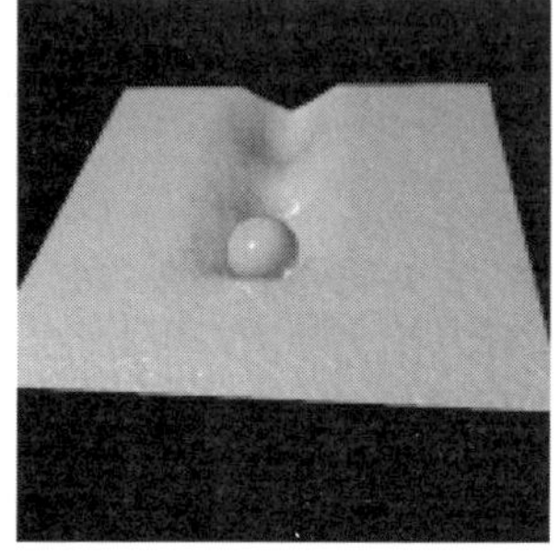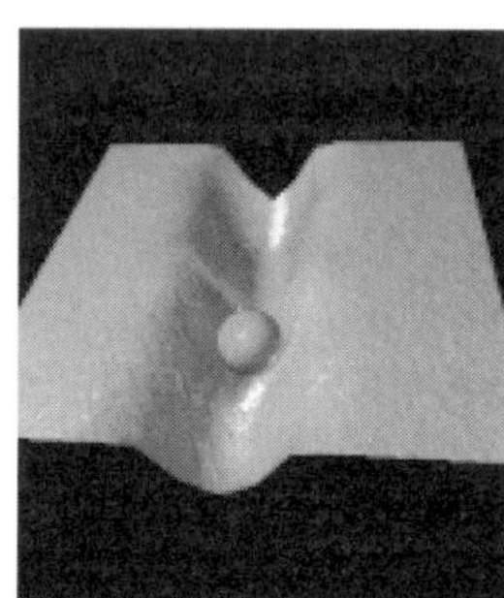

Abb. 12

Wenn in das Archiv des Geistes das erste Mal eingetragen wird, daß auf einen bestimmten Weg über die Erfassung einer äußeren Form ein Wohlgefühl ausgelöst wird, so bleibt dieser Eindruck wie nach einen Lernprozeß im Geiste als Spur zurück. Dieses soll das linke Bild modellhaft zeigen. Die rote Kugel symbolisiert den aktuellen Erfassungsvorgang. Die zurückbleibende Spur ist zunächst sehr schwach, sie wird mit jeder Wiederholung eines vergleichbaren Erfassungsaktes vertieft. Das zeigt das rechte Bild.

Mit Hilfe der Erfassungsgewöhnung läßt sich die Entstehung von Charaktereigenschaften des Menschen erklären.

Ein Beispiel: Stellt ein Mensch fest, daß er sich aus einer unangenehmen Situationen durch eine Lüge retten kann, so ruft dieses Erlebnis eine Erleichterung, ein Wohlgefühl, hervor. Dieses hinterläßt eine Spur im Geist. Wenn sich dieser Vorgang oft wiederholt, dann vertieft sich diese Spur und die geistige Aufmerksamkeit wird ihr in vergleichbaren Situationen folgen.

Spuren dieser Art werden vertieft, indem eine geistige Erfassung durch den Geist positiv bewertet wird. Eine negative Bewertung hat einen umgekehrten Effekt. So läßt sich eine Spur durch eine negative gedankliche Bewertung wieder entfernen; allerdings muß genauso wirkungsvoll negativ bewertet werden wie vorher irgendwann positiv bewertet worden ist. Das wird oft unterschätzt, wenn man versucht, gute Vorsätze in sich umzusetzen.

Die Erfassungsgewöhnung spielt sich automatisch ein. Spuren werden also automatisch erzeugt. Es ist aber auch möglich, solche Spuren gezielt zu erzeugen oder allmählich zu löschen. Dieser Vorgang wäre eine Form der Meditation. Eine andere Form läßt sich mit dem folgenden Modell beschreiben (Abbildung 13).

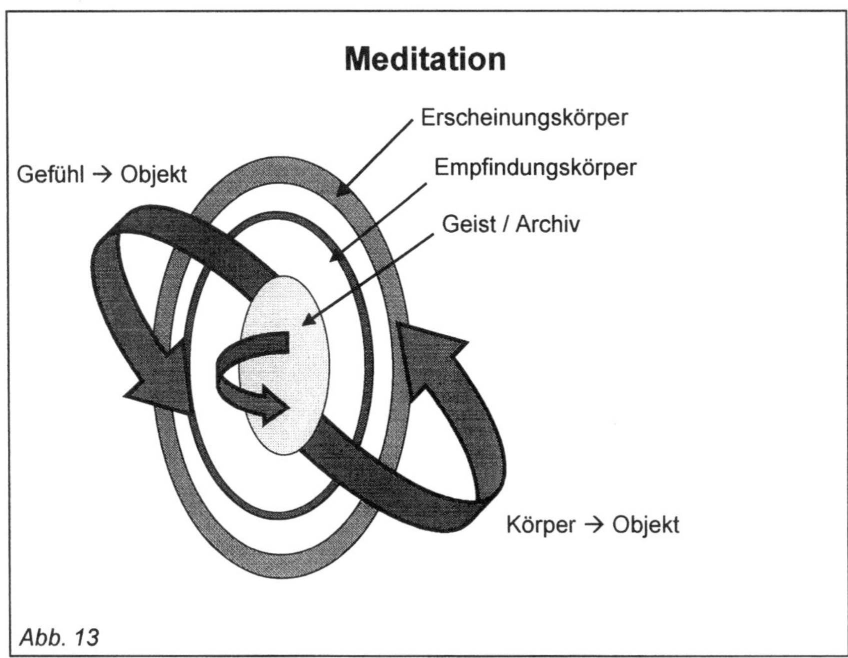

Abb. 13

Hier ist wieder der Mensch mit seinem Erscheinungskörper, dem Empfindungskörper und dem Geist gezeigt.

Der Geist richtet in der Meditation seine Aufmerksamkeit nicht auf die Außenwelt, sondern er macht Teile von sich selbst zum Objekt. So kann er zum Beispiel seinen Körper betrachten. Er wird zum Objekt. Die einfachste Art besteht dabei darin, eine wichtige Aktivität seines Körpers zu beobachten: den Atem.

Der Geist kann aber auch seine Gefühle zum Meditationsobjekt machen. Das Gleiche gilt für den Geist.

Dies ist eine sehr vereinfachte Vorstufe der Satipatana-Übungen des Buddha, aus denen später andere Formen der Meditation (z.B. Zen und Vipassana) entstanden sind.

Eine solche Art der Beobachtung führt zu einer Beruhigung der körperlichen und geistigen Vorgänge. Dies ist einer der Gründe, warum Menschen meditieren.

Eine ganz besondere Wirkung ergibt sich aber daraus, daß wir Teile von uns selbst (Körper, Gefühle, Geist) zu Objekten in unserer Betrachtung machen. Da wir uns normalerweise als Person mit unserem Körper, unseren Gefühlen und unserem Geist identifizieren, führt dies zu einer grundlegenden Veränderung in unserer Wahrnehmung. Das, was wir als Objekt betrachten (Körper, Gefühle, Geist), kann nicht das betrachtende Subjekt sein.

So sagt ja der Buddha, daß es keine Person, kein Ich, gäbe; sondern daß dieses Ich durch den ungeheuer schnellen Wechsel der 5 Daseinsgruppen vorgetäuscht wird.

Diese Meditation sorgt also dafür, daß wir uns als Beobachter selbst gegenüberstehen.

In der Beobachter-Position ist es auch möglich, unseren Empfindungskörper durch die vorher beschriebenen Art der Meditation zu verändern. Wenn wir eingespielte Erfassungsgewöhnungen durch negative Bewertung mindern, so ist auch der Empfindungskörper gemindert.

Ist auf diese Weise der Empfindungskörper völlig verschwunden, haben wir es mit einem Geheilten im buddhistischen Sinne zu tun.

Zunächst soll aber ein besonderer Zustand beschrieben werden, der in der Meditation auftritt: Entrückung bzw. Samadhi

Wenn in der Meditation die Körpersinne ganz still werden, d. h. keine Sinneswahrnehmungen und damit keine Berührungen zwischen den Außengebieten und dem Empfindungskörper stattfinden, dann kann es zu einer inneren Seligkeit kommen, die die gesamte Aufmerksamkeit des Geistes auf sich zieht. Diese Seligkeit ist nur schwer beschreibbar, hat aber den Charakter einer Einheitserfahrung.

Wie ist das zu verstehen? Die Sinne vergleicht der Buddha mit Wunden und die Wahrnehmung mit Insekten, die an den Wunden nagen. Die Wahrnehmung selbst ist eine Form des Leidens, die wir aber nicht so empfinden, weil dies für uns der Normalzustand ist. Erst wenn die sinnliche Wahrnehmung ganz aufhört, spüren wir eine extreme Erleichterung, und innere Seligkeit kann aufsteigen.

Von einem Meditierenden, der in diesem Zustand ist, keine Wahrnehmung mehr hat, innerlich aber größtes Wohl verspürt und Einheitserfahrung hat, sagt man, er sei entrückt.

Dieser Zustand ist in vielen Kulturen bekannt. Er wird aber nicht immer richtig verstanden. So glauben manche Meditierende, wenn sie einmal in diesen Zustand gekommen sind, sie seien jetzt erleuchtet. Wenn sie sich aber anschließend wieder selbst zum Objekt machen, stellen Sie fest, daß es noch nicht so weit ist.

Nach den Aussagen des Buddha sollte dieser Zustand der Entrückung oft angestrebt werden, um dadurch Wohl und Kraft zu gewinnen, um unabhängig von den äußeren Sinneseindrücken den Weg der inneren Entwicklung gehen zu können.

In der Meditation geht es also auch darum, Teile von uns selbst zum Objekt zu machen: Körper, Gefühle und Geist. All dies ist vergänglich. Ein sehr fortgeschrittener Ansatz ist es, alles Vergängliche zum Objekt zu machen. Damit tritt der Beobachter aus dem Vergänglichen heraus und stellt sich dem Vergänglichen gegenüber. Auf diese Weise gründet er sich im Unvergänglichen. (Hier wird die sprachliche Aussage praktisch unmöglich, denn „er" kann nicht im Unvergänglichen gründen, hier ist ja keine Person mehr.) Für den, der im Unvergänglichen gründet, gibt es keine Zeit mehr. Dieses wird oft mit Ewigkeit übersetzt, was eine unendlich ausgedehnte Zeit meint. Richtiger ist es vielmehr, von einem Zustand jenseits der Zeit zu sprechen (aber da hört das Sprechen auch auf).

Manche dieser Darstellungen zur Lehre des Buddha haben Ähnlichkeiten mit Beschreibungen aus der christlichen Mystik.

Aussagen der Christlichen Mystik

Im nun folgenden Teil sollen Aussagen aus der christlichen Mystik den vorher gemachten Aussagen aus dem naturwissenschaftlichen und dem buddhistischen Bereich gegenübergestellt werden. Die nun folgenden Zitate zeigen insbesondere die Aspekte von Innen/Außen sowie Zeit/ Ewigkeit. Wie vorher auch, ist hier Innen nicht nur im Sinne einer Unterscheidung im physikalischen Ortsraum gemeint. Hinzukommt noch die völlig anderer Eigenschaft der inneren Wahrnehmung.

Das erste Zitat stammt von Meister Eckehart:

„In jedem Menschen sind, wie die Meister lehren, eigentlich zwei Menschen: einmal der äußere oder Sinnenmensch; diesem dienen die fünf Sinne – die aber in Wahrheit auch ihre Kraft von der Seele haben; zweitens der innere Mensch, des Menschen Innerlichkeit. Jeder Mensch nun, der Gott lieb hat, verwendet die Kräfte der Seele in dem äußeren Menschen nur so weit, als die fünf Sinne es unumgänglich nötig haben: Sein innerer Mensch wendet sich den Sinnen nur zu, sofern er ihnen ein Weiser und Leiter ist ... Aber den Überschuss an Kräften über das, was sie den Sinnen gibt, den wendet die Seele ganz dem inneren Menschen zu; ja wenn dieser etwas recht Hohes und Edles zum Gegenstande hat, so zieht sie auch noch die Kräfte, die sie den fünf Sinnen geliehen hatte, an sich, und dann heißt der Mensch sinnenlos und entrückt."

Ein zweites Eckehart-Zitat befaßt sich mit Erfahrungen von Zeit und Raum in der Meditation:

„Weiter wird man erlangen: die Vollendung und Stetigkeit der Ewigkeit. Denn da ist nicht Zeit noch Raum, nicht vor und nach, sondern alles gegenwärtig beschlossen in einem neuen grünenden Nun! in dem tausend Jahre so kurz und so schnell sind wie ein Augenblick."

Und ein Zeitgenosse Eckeharts, Jan van Ruisbroeck, sagt mit Blick auf Bewußtseinszustände der Meditation und Entrückung:

Ich habe die selige Ewigkeit funden!
Ich habe sie gefunden im innersten Grunde
Des freut sich mein Geist und es jubelt die Seele,
besiegt ist die Erde, verschwunden die Zeit ...

So kehre denn einwärts und lebe im Grunde,
steig über die Sinne, hier lebet das Leben.
O selig der Geist, der dahin ist gekommen,
ihm gleichet wohl keiner, wer immer es sei.

Und in der anonymen Schrift „Wolke des Nichtwissens" („The cloud of unknowing") aus dem England des späten 14. Jahrhunderts wird noch einmal auf das „Innen" eingegangen, das ja nicht nur das Innere eines physikalischen Ortsraumes meint:

„Sei keinesfalls darauf bedacht, in deinem Inneren zu weilen, und ich will auch, kurz gesagt, nicht, daß du außer dir, über dir, hinter dir noch auf dieser oder jener Seite von dir seist.
„Wo also soll ich dann sein? Nach deinen Worten also nirgends?" fragst du und hast damit ganz richtig gesprochen, gerade dort möchte ich dich nämlich haben. Denn leiblich Nirgendwo ist geistig Überall ...
... Wer nimmt sich heraus, es das Nichts zu nennen? Sicher unser äußerlicher Mensch, nicht unser innerer; unser innerer nennt es das All, denn es hat ihn gelehrt, alles Existierende, sei es körperlich oder geistig, zu erkennen, ohne irgendein Ding oder Wesen für sich gesondert zu betrachten."

Man kann nun fragen: Sind diese Erfahrungen echt? Hierzu eine Aussage von C.G: Jung:

„Religiöse Erfahrung ist absolut. Man kann darüber nicht diskutieren. Man kann nur sagen, daß man niemals eine solche Erfahrung gehabt habe, und der Gegner wird sagen: Ich bedauere, aber ich hatte sie."

Der Bereich der christlichen Aussagen soll nicht ohne ein Wort von Jesus abgeschlossen werden. Dieses Wort läßt sich vor einen Hintergrund stellen:

Komplexitätswissenschaften, Neurowissenschaften und Kognitionswissenschaften hatten uns auf das vorläufige Ergebnis geführt, daß wir mit einer Außenperspektive keinen Zugang zum Inneren eines andren Menschen finden können.

Dieser Aussage steht das zentrale Wort von Jesus gegenüber:

„Liebe deinen Nächsten wie dich selbst."

Manchmal wird dieser Satz auch etwas anders übersetzt und dabei in der Sache noch zugespitzt:

„Liebe deinen Nächsten als dich selbst."

Da ist die Außenperspektive verlassen, und wir geraten in den Bereich der Identifikation mit dem Nächsten. „Das bist du."

Ohne die verschiedenen Bereiche zu vermischen, können wir in Form einer Gegenüberstellung diese Aussage in die Sprache der Komplexitätswissenschaften übersetzen:

Mit der christlichen Nächstenliebe identifizieren wir uns mit einem größeren Zusammenhang. Im Sinne des Erreichens einer weiteren Integrationsstufe heißt das auch, wir integrieren nicht nur in der Horizontalen – also von Mensch zu Mensch – sondern es kommt noch etwas anderes hinzu in der Vertikalen.

In christlicher Sprache dürfen wir wohl sagen: In dieser Entwicklung steht das Vertikale für das Göttliche.

Ausblick

Ein Ausblick soll immer etwas Neues bieten: Es ist die Intelligenzfalle (Abb. 14). Der Begriff der Intelligenzfalle stammt von Edward de Bono. Er soll auf unser Thema angewendet werden:

Zunächst haben wir folgende Ausgangssituation: Da ist irgendein Gegenstand, der von zwei Personen (W1 und W2) wahrgenommen wird. Auf Grund ihrer unterschiedlichen Perspektiven nehmen Sie unterschiedliche Realitätsabschnitte wahr.

Es soll weiterhin die folgende Annahme gelten: W1 ist intelligenter als W2. Für beide Personen ist es schwierig, den ganzen Gegenstand zu erfassen. Für die intelligente Person ist es aber leicht, der anderen Person nachzuweisen, daß deren Auffassung vom betrachteten Gegenstand falsch ist. Da wir in einer Wettbewerbsgesellschaft leben, ist dies die in solchen Fällen vorherrschende Verhaltensweise. Sie ist besonders nachteilig für die intelligente Person, denn sie hat nun keinen Grund mehr, die

Perspektive der anderen Person einzunehmen und damit eine umfassendere Anschauung vom betrachteten Gegenstand zu gewinnen. Das ist die Falle.

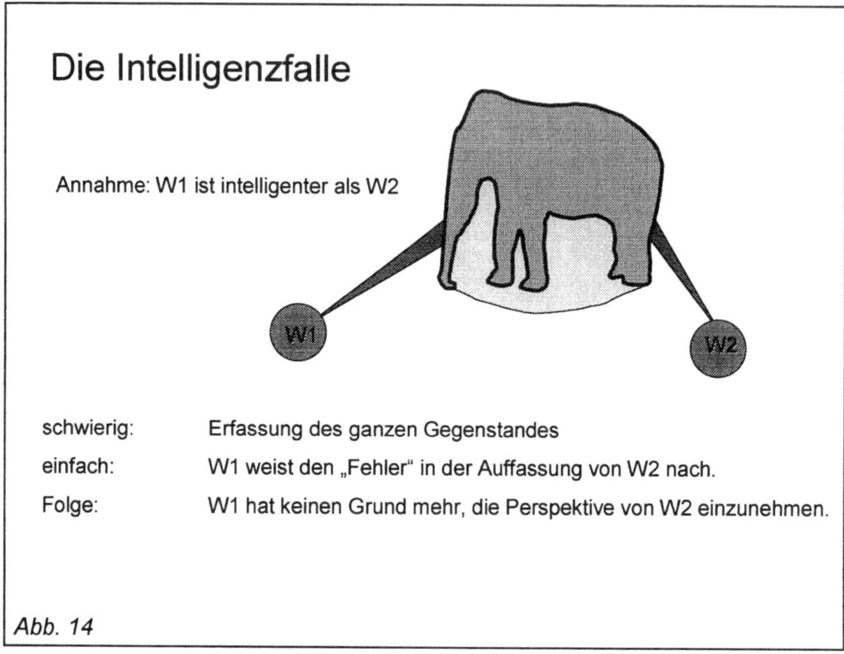

Abb. 14

Steven Covey erklärt uns: „Wenn zwei Menschen die gleiche Meinung haben, dann ist das eine Meinung zuviel." Gut wäre es, zu sagen: „Zwei Meinungen – welch wunderbare Erfahrung! Laß mich sehen, was du siehst."

Wenn wir diese Erkenntnis auf unser Weltbilder mit ihren sehr unterschiedlichen Außenperspektiven sowie mit ihren Innenperspektiven anwenden, dann haben wir eine echte Chance, unseren Horizont zu erweitern. Dazu können Komplexitätswissenschaften, Kognitionswissenschaften, Neurowissenschaften genauso ihren Beitrag leisten wie die Erfahrungsbereiche der Religionen und der Meditation.

Damit kommen wir zum Schluß.

Nachdem am Anfang das Zitat eines Physikers stand, soll nun mit je einem Zitat eines Physikers, eines Dichters und eines Sufi-Mystikers geschlossen werden:

Zunächst der Physiker Max Planck:

„Ich bin fromm geworden, weil ich zu Ende gedacht habe und dann nicht mehr weiterdenken konnte. Wir hören alle viel zu früh auf zu denken."

Hermann Hesse:

„Die eigentlichen Weisheiten aber und Erlösungsmöglichkeiten sind nicht zur Belehrung und auch nicht zur Unterhaltung da, sondern nur für die, denen das Wasser bis an den Hals geht."

Und zum Schluß denken wir daran, daß wir mit Mühe versucht haben, eine Tür zwischen Außen und Innen zu finden. Dies meint auch der Sufi-Mystiker des 13. Jahrhunderts Rumi:

„Ich habe an der Schwelle des Wahnsinns gelebt, wollte die Gründe wissen und klopfte an eine Tür. Als sie sich auftat, bemerkte ich, daß ich von innen geklopft hatte."

Literatur:
Heidegger, Martin: Die Zeit des Weltbildes, in: Holzwege, Vittorio Klostermann Verlag, Frankfurt, 1950
Wilber, Ken: Eros, Kosmos, Logos, Wolfgang Krüger Verlag, Frankfurt, 1996
Wilber, Ken: Eine kurze Geschichte des Kosmos, Fischer Taschenbuch Verlag, Frankfurt, 1997
Die Sammlung UDANA und andere Strophen des Buddha aus dem Palikanon, Verlag Beyerlein & Steinschulte, Stammbach, 1998
Die Reden des Gotamo Buddhos aus der Mittleren Sammlung, Artemis Verlag, Zürich, 1956
Debes, Paul: Meisterung der Existenz durch die Lehre des Buddha, Buddhistisches Seminar, Bindlach, 1997
Meister Eckehart: Schriften, Eugen Diederichs Verlag, Jena, 1943

9. Auf der Suche nach der eigenen Identität
Vom Öffentlichkeitsarbeiter zum Innerlichkeitsarbeiter

Paul J. Kohtes

> Mit vier oder fünf Jahren wusste ich noch nichts von Religion,
> von Gott und von all dem Durcheinander,
> das die Menschen angerichtet haben,
> indem sie über diese Dinge sprachen.
>
> Aus: Susanna Tamaro, Geh wohin dein Herz dich trägt

Vorbemerkung

Auf dem Weg zur eigenen Identität entdecken wir stets mehr Fragen als Antworten. Und die Antworten, die schließlich auftauchen, erweisen sich immer wieder als „fragil", als nur temporär gültig oder gar als Illusion. Deshalb mag die Vermutung nahe liegen, daß unsere Identität keine zu entdeckende Form hat, sondern lediglich eine sich immer wieder neu konzipierende Annahme eines Kontinuums darstellt. Wenn das zuträfe, hätte das zwei gravierende Auswirkungen auf unser Bewußtsein: Erstens würde unsere eigene Bedeutung als ICH, als Person, relativiert, denn das ICH wäre nur ein kurzfristiger momentaner Zustand in einem niemals endenden Veränderungsprozess. Zweitens bräuchten wir keine Angst mehr zu haben, denn Angst ist die Folge des Wunsches nach Stabilität und Sicherheit, die es in einem sich permanent verändernden Fließen ohnehin nicht geben könnte. Allerdings scheint diesem Konzept die Erfahrung der Wirklichkeit entgegenzustehen. Das ICH wird hier als ein stabilitätsstiftendes Kontinuum erlebt, das lediglich durch immer wieder „aus der Reihe tanzende" Ereignisse, die wir dann Zufall, Glück, Pech oder Schicksal nennen, unterbrochen wird. Mit Hilfe religiöser Vorstellungen versuchen wir, das Delta zwischen Kontinuitätserfahrung und Chaoserfahrung im Bewußtsein zu schließen. Der traditionelle religiöse Kitt erweist sich jedoch auf Dauer als wenig verlässlich, was zumindest bei Menschen, die nicht schon vor ihrem Lebensende gestorben sind, den Kreislauf der existentiellen Fragen wieder neu eröffnet. Durch Meditation, besser gesagt: mit einer meditativen Sicht besteht die Chance, die Widersprüchlichkeiten unserer Welterfahrung zu durchbrechen. Die dafür notwendige umfassende Bewußtseinserweiterung kann erreicht werden durch Fragen, weil Fragen Offenheit voraussetzen. Das ist der Grund, warum dieser Beitrag vor allem Fragen anbietet. Die Antworten sind nur ein Impuls, neue Fragen zu provozieren. In der Zen-Meditation nennt man so etwas „Koan“. Das ist eine Art „Denksportaufgabe“, zu der es keine konventionelle, kognitive Lösung gibt – viel mehr geht es um eine Seinserfahrung, in der sich idealerweise die Widersprüche des Lebens durch Grenzüberschreitung des Bewußtseins auflösen.

1. Ist Erfolg durch persönliches Engagement „machbar“ – oder ist ohnehin alles weitgehend vorherbestimmt oder gar beliebig machbar?

Marc Aurel sagt: *was dir auch zustößt, es ist dir von Ewigkeit her vorbestimmt*. Seit der „Erfindung“ des Individualismus würde diesen Satz heute wohl niemand mehr unterschreiben. Reformation und Aufklärung haben unglaubliche Erfolge auf allen Ebenen menschlicher Entwicklung in Gang gesetzt. Die Folge: wir glauben an die Machbarkeit. Das gilt nicht nur für die Technik, wir glauben inzwischen auch an die Machbarkeit der Person. Im Behaviorismus gilt die Grundannahme: „Wir sind Autoren unserer eigenen Biographie“.

Aus eigener Erfahrung weiß ich, wie sehr die Vorstellung von der Machbarkeit – insbesondere in Wirtschaftskreisen – als ein ehernes Prinzip fest verankert ist. Alle Planungen, alle Strategien, alle Konzepte beruhen letztlich auf der Idee, das Ergebnis durch kluge Annahmen erfolgreich prognostizieren zu können. Meine Beratungsgesellschaft für Kommunikation (Öffentlichkeitsarbeit) ist mit diesem Vorgehen zum Marktführer geworden. Obwohl der Wunsch nach strategischer Präzision so ausgeprägt ist, wissen alle aus der Praxis, daß jede Planungsgenauigkeit relativ ist. Sieben von 10 Markenartikel-Neueinführungen sind ein Flop. Henry Ford hat gesagt: „Fünfzig Prozent unserer Werbung sind vergeudetes Geld – allerdings wissen wir nicht welche fünfzig Prozent...“. Jeder von uns kennt vermutlich mehr Beispiele von durchkonzeptionierten, perfekt inszenierten Aktionen oder Unternehmungen, die dann letztlich doch nicht funktionieren. Oder manchmal wurde die Sache zur Überraschung aller Beteiligten eben doch noch ein großer Erfolg, ohne daß irgendjemand wirklich erklären kann warum.

Auf der anderen Seite hat jeder die Erfahrung gemacht, daß ‚laizzezfair‘ auch nicht gerade ein Lebenskonzept zu sein scheint, daß Zufriedenheit oder gar Glück garantiert. Deshalb ist die Frage berechtigt, wie denn eigentlich unsere Wirklichkeit entsteht

2. Prägen innere Bilder (visions) die Realität – oder ist unsere Wirklichkeit nur Fiktion?

Erfolgreiche Sportler nutzen Imaginationstechniken, stellen sich vorab bildhaft vor, wie sie ihre Spitzenleistung siegreich erbringen. So arbeiten auch wir in der Öffentlichkeitsarbeit: mit Hilfe von Visionen des Unternehmens über seine Zukunft wird das gewünschte Bild entwickelt und präzisiert. Die Idee dahinter ist, daß damit Energien auf einer sublimalen Ebene gebündelt werden und sich so leichter manifestieren können. Auch Werbung „funktioniert" so: Bilderwelten werden erzeugt, die Wünsche wecken, die nach Realisierung schreien. Das Wirk-Geheimnis sind allerdings nicht so sehr die Bilder, sondern die **Wünsche**. Antoine de Saint Exupery sagt: „Wenn Du ein Schiff bauen willst, dann trommle nicht die Männer zusammen, um Material zu beschaffen, sondern lehre sie die Sehnsucht nach dem weiten, endlosen Meer." Wenn das so ist, dann ist unsere Wirklichkeit nicht eine zufällige oder von einem Gott gesteuerte Vorgabe, sondern könnte vielmehr Folge unserer Wünsche sein. Für diese These sprechen auch viele Märchen, in denen bekanntlich uraltes Wissen in Bilder gekleidet daherkommt. In diesen Geschichten wird auch das **Risiko des Wünschens** nicht verschwiegen. Haben wir uns schon einmal ernsthaft überlegt, was geschähe, wenn alle unsere Wünsche wahr würden? Die Geschichte „Vom Fischer un sin Fru" ist ein schönes Beispiel dafür. Oder denken Sie an „Hans im Glück", der auf unkonventionelle Weise wunschlos glücklich wird.

Paul Watzlawik, einer der großen Psychotherapeuten unserer Zeit, hat in seinem Buch „Wie wirklich ist die Wirklichkeit?" sehr plastisch die unterschiedlichen Wirklichkeitswahrnehmungen von Menschen beschrieben. Deshalb stellen Sie sich einmal – nur spaßeshalber – vor, die ganze tolle Wirklichkeit um uns herum wäre nur eine Fiktion, genauso wie im Traum, in den wir zutiefst verwickelt sind, ihn für real halten – solange wir träumen! Wenn Shakespeare sagt, die ganze Welt ist eine Bühne, meint er genau das: wir sind nicht wirklich, wir leben in Rollen.

Eine Geschichte: *Ein koreanischer General war – vor vielen hundert Jahren – mit seiner Truppe auf einen Gegner gestoßen der ungleich größer war. Was war zu tun? Sich zurückziehen – dennoch kämpfen? Die Mannschaft war ziemlich beunruhigt. Da ließ der General ein Ritual durchführen, um das Schicksal zu befragen. An deren Ende wurde eine Münze geworfen; sollte der Kopf oben sein, würden sie in die Schlacht ziehen und gewinnen. Der Kopf kam zuoberst. Es wurde eine große Schlacht, bei der schließlich der General mit seiner kleineren Truppe souverän den Sieg davon trug. Befragt, ob er wirklich dem Münzwurf getraut*

*habe, lachte er und zeigte die Münze: sie hatte einen Kopf auf beiden
Seiten.*

Selbst die physikalische Wirklichkeit ist seit Einstein relativ geworden.
Heisenbergs Unschärfe-Relation geht davon aus, daß der Beobachter
das Objekt allein durch die Beobachtung bereits verändert.

Zurück zur Frage: ja, offensichtlich prägen Bilder die Wirklichkeit
– diese wiederum ist fiktiv – wiederum nur ein Bild. Nichts ist „wirklich"
verlässlich, alles fließt. Aber das kennen Sie doch schon vom alten Grie-
chen Heraklit.....

Deshalb die Frage: warum und wohin fließt „es"? Im nächsten Kapitel
versuchen wir eine Antwort darauf.

3. Ist Wachstum die natürlichste Sache der Welt – oder verhindert Wachstum Evolution?

Nach neuesten Erkenntnissen dehnt sich das Universum seit dem Urknall
immer weiter aus – es wächst sozusagen. Ist diese Ausdehnung, dieses
Wachsen gleichzeitig das Grundmuster für alle Prozesse auf der Erde?
Liegt darin der überall zu beobachtende Druck zu Wachstum?

Ich selbst habe immer gesagt: ein Unternehmen, das nicht wächst,
verliert seine Dynamik, es geht rückwärts, es stirbt. Die Entwicklung in der
Wirtschaft scheint das zu bestätigen. Alle Prognosen von Grenzen des
Wachstums wurden immer wieder widerlegt. Ende des vorletzten Jahrhunderts gab es für die Stadt London die ernsthaft berechnete Prognose,
daß wegen der raschen Zunahme der Pferde-Kutschen, die Stadt in spätestens 50 Jahren im Pferdemist ersticken würde. Wie Sie wissen, hat es
sich anders ergeben.

„Grow or go" heißt die konsequente Devise im „Dot-com-Kapitalis-
mus". Da diese krebsartige Wachstumsphilosophie letztlich nicht akzeptabel zu sein scheint, wurde als Gegenmodell die Idee vom „qualitativem"
Wachstum geboren: ist das verhinderte Wachsen eines Bonsai-Baumes
„qualitatives Wachsen?" Oder ist qualitatives Wachsen nur eine Ausrede
für die Faulen?

Vielleicht finden wir eine bessere Erklärung für das Phänomens
Wachstum, nämlich dann, wenn wir von <u>Veränderung</u> sprechen. Denn
Wachsen ist nur eine bestimmte Form der Veränderung – und Veränderung, das erfahren wir alle jeden Tag und jede Sekunde, ist das einzig
Verlässliche in der Welt. Im Sanskrit, der uralten indischen Traditions-
sprache, gibt es dafür einen eigenen Begriff, „anicca", das meint Veränderung im umfassenden Sinn. Der Begriff „anicca" bedeutet auch, daß es

144

keinen Sinn hat, sich an irgendetwas zu klammern, oder irgendetwas als sicher anzunehmen.

Auch wenn wir es nicht gerne wahrhaben wollen: wir selbst sind Teil dieses permanenten Veränderungsprozesses, bei dem zum Beispiel Tausende unserer eigenen Zellen sterben, neue entstehen, und schon allein dadurch sind wir eigentlich niemals „derselbe". Das ist wie bei einem Fluß: stehe ich am Ufer des Mains, ist das, was da vorbeifließt, immer der Main? Natürlich nicht, denn da fließt höchstens Wasser vorbei. „Main" ist eben nur ein Begriff, ein abstrakter Name, letztlich leer. Vielleicht hilft uns dennoch der Fluß weiter als Synonym für natürliches Wachsen, denn ein Fluß wächst ja, wird stärker – bis er schließlich in einen größeren Strom einmündet oder ins Meer: „Fusion" würde man diesen Vorgang heute vermutlich nennen. Was ist aber, wenn der Fluß anschwillt, über die Ufer tritt, das ist dann kein evolutionäres Wachsen mehr, oder? Dann entsteht sprunghafte Entwicklung, Revolution, würden wir gesellschaftlich sagen. Und daß Überschwemmungen sehr wohl Entwicklungsschübe verursachen können, ist bekannt. Die Geschichte von der Sintflut und der Arche Noah erzählt davon.

Inzwischen haben Sie sicher schon das „Muster" meines Frage- und Antwortspiel durchschaut: Wir geraten immer wieder ins Paradoxe, weil alle Entweder-oder-Fragen mit Sowohl-als-auch beantwortet werden können. Bevor Sie ärgerlich fragen, was dieser Unfug soll, haben Sie noch ein wenig Geduld – es gibt noch vier weitere Fragen.

4. Schließen sich Business und Spiritualität aus – oder gibt es eine „Mystik der Betriebsamkeit"?

Zwei kürzlich veröffentlichte Untersuchungen der Identity Foundation über das „Selbstverständnis von deutschen Spitzenmanagern", haben neben vielen interessanten Detail-Ergebnissen gezeigt, wie sehr sich diese elitäre Zielgruppe mit Fragen zu Leben und Tod und mit der Frage nach dem Sinn des Lebens beschäftigt. Klar geworden ist jedoch, daß sie dabei meistens in zwei Welten leben, der inneren, privaten und der äußeren, der Geschäftswelt. Und sie leiden unter dieser Diskrepanz.

Meister Eckhart, deutscher Prediger und Professor im 13. und 14. Jahrhundert, hat schon damals erstaunt gefragt: „Ein Kaufmann unternimmt unendliche Mühen auf seinen Reisen in ferne Länder, gerät an Räuber und Mörder – alles für einen kleinen Gewinn. Warum verwendet er so wenig Einsatz für die ewige Seeligkeit?".

Lassen Sie mich über meinen eigenen Prozess, meine Entdeckungsreise zu mir selbst berichten. Ich habe sehr unter dem Leben in zwei konträren Welten gelitten, hier die Welt der Öffentlichkeitsarbeit – da die Ahnung von den Tiefen der Innerlichkeit. Bis ich mich schließlich auf den Weg gemacht habe, die beiden Welten wieder zusammen zu führen. Und diesen Weg gehe ich nunmehr schon seit über zwanzig Jahren – und noch ist kein Ende in Sicht. Dennoch hat sich vieles verändert.

Vielleicht sind Sie daran interessiert, die Stufen der Erkenntnis kennen zu lernen, über die ich auf dem Zen-Weg geklettert – oder oft gestolpert bin:

1. **Staunen**, das heißt entdecken, daß es nicht nur die Welt des Berufes, des Business, der Sachzwänge gibt,
2. **Begeisterung**: nämlich wie viele positive Effekte, psychische mentale und körperliche mit der Meditationserfahrung verbunden sein können.
3. **Enttäuschung**, weil die Diskrepanz zwischen Innen und Außen immer unerträglicher wird und sich nicht mehr verdrängen läßt.
4. **Fluchtwunsch**, d. h. der dringende Wunsch auszusteigen, was „ganz anderes zu machen“,
5. **Weitergehen,** so wie Karfried Graf Dürckheim sagt: „bis man begreift, daß der Weg selbst das Ziel ist“,
6. **Integrieren:** Boddhidarma, einer der großen Zen-Patriarchen antwortete auf die Frage nach der Essenz der Zen-Meditation: „leere Weite, nichts von heilig“. Das heißt, im Hier und Jetzt.
7. **Staunen**, ja, wiederum staunen. Denn der Kreislauf beginnt immer wieder auf ein Neues, wie wunderbar!

Wieder eine Zen-Geschichte: *Ein Mann kommt auf den Markt und sagt beim Metzger „ich hätte gern ein schönes Stück, aber vom Feinsten!“ Da stemmt der Metzger die Hände in dies Seite und fragt entrüstet: „Mein Herr, was glauben Sie wohl, was wäre hier nicht vom Feinsten?!“*

Vordergründig ist das eine Story, die sicher gut geeignet wäre zur Illustration auf einem „Total-Quality-Kongress“. Die wahre Bedeutung der Geschichte geht natürlich weit darüber hinaus. Es geht letztlich darum daß das, was gerade ist, immer das Feinste ist. Das ist ein Ja zum bewußten Leben, in dem alles integriert ist, auch wenn es vordergründig nicht gerade „fein“ daherkommt.

Dieses Akzeptieren von Allem und Jedem als „das Feinste“, bedeutet lebenslanges Training – manchmal um eine Form der Bewußtheit wieder zu finden, die wir als Kinder einmal hatten – und die uns verloren ging beim Erwachsenwerden. Dieses Bewußtsein erfordert eine engagierte Offenheit, ein „wu-wie“, wie es bei Konfuzius heißt, was soviel wie „absichtliche Absichtslosigkeit“ meint. Das könnte sogar soweit gehen, daß irgendwann einmal Verlieren genauso viel Spaß macht, wie Gewinnen.

Oder „schlimmer" noch: daß es möglich wird, sogar die „Feinde zu lieben ...".

5. Ist Meditation eine Methode zur Optimierung der Arbeitsqualität – oder führen alle Meditationsformen letztlich zum Ausstieg?

Meine erste Erfahrung mit einer Spiritualität, wie sie unsere Kirchen bedauerlicherweise weitgehend verlernt haben, war ein Yoga-Kurs! Ich war gerade 18 Jahr... und habe dabei wunderbar erfahren, wie hilfreich Entspannung sein kann. Der ganze „spiritueller Zauber" des Yoga interessierte mich damals nicht so sehr. Später lernte ich das Autogene Training kennen, eine sehr hilfreiche Methode, die eigentlich in jeder Grundschule als Standard vermittelt werden müsste. Denn Entspannung, wie sie beispielsweise beim Autogenen Training systematisch vermittelt wird, hilft bei Konzentrationsmängeln, ist gut gegen Ängste und Aggression und nützlich bei vielen psychosomatischen Leiden, wie Kopfschmerzen, Sodbrennen, Rückenschmerzen.

Sich entspannen können ist auch für die Meditation hilfreich, ja sogar unabdingbar. Weil Meditation immer mit Stille und Warten verbunden ist, treten stets aufgestaute innere Spannungen auf, die sich auch somatisieren können. Dieses einfach ansehen zu können – ohne zu fliehen (was wir als typisches Muster bei Schmerz internalisiert haben) oder gar hysterisch zu reagieren, dafür „brauchen" wir Entspannung.

Dogen, einer der großen japanischen Zen-Lehrer aus dem Mittelalter gab schon damals die Anweisung, daß das Sitzen in der Zenhaltung angenehm sein sollte ... Es geht nämlich bei der Meditationserfahrung nicht um extreme oder besonders raffinierte Sitzhaltungen, es geht einfach nur um das Sitzen. Dieses Einfache ist schon eine Provokation für sich. In meinem ersten Sesshin, das ist eine sehr intensive Meditationswoche (übrigens vor fast 20 Jahren bei Michael von Brück, einem der Autoren in diesem Buch) bin ich fast verzweifelt: da komme ich aus der Komplexität des Geschäftslebens direkt in die Einfachheit des Sitzens – nur sitzen! Das ist erschreckend (weil so radikal ungewohnt) und berauschend zugleich – weil ich erstmals eine ganz andere Welt als die eigene entdecke, eine Welt, die bewußter ist, langsamer tickt – und, das ist das Wunder, dennoch funktioniert.

Da liegt der Wunsch nahe, die stressige, hektische Business-Welt zu verlassen und das Heil in einer beschaulichen, sinnenhaften, scheinbar sinn-volleren Welt zu suchen – einfach auszusteigen. Manche tun das – auch ich habe das erwogen – raus aus dem Kreislauf von Konsum, Geldverdienen, Amüsement und Stress – stattdessen vielleicht ein einfaches Häuschen in der Toscana, oder ein kleiner Bungalow in Florida...?

Wie kann man auf so spannende Fragen die richtige Antwort finden? Vielleicht hilft das nächste Kapitel.

6. Ist es möglich, alle Probleme rational zu lösen – oder bleibt der Mensch immer von Emotionen dominiert?

Mein Beruf ist das „Meinungsmanagement". Dabei bin ich konfrontiert mit vielen Ungewissheiten, beispielsweise: wie entstehen Meinungen? Wer beeinflusst wie und wen? Was sind die gesellschaftlichen Entwicklungen, die wichtigen Determinanten? Trotz aller wissenschaftlichen Erkenntnisse überwiegt in unserem Business **das, was wir nicht wissen**. Sie werden bestätigen, daß dies auch in anderen Managementdisziplinen gilt. Selbst in den scheinbar so erkenntnisreichen Naturwissenschaften dominiert das Nicht-Wissen. Und insbesondere gilt das für die Medizin – aber das ist ein anderes Kapitel. Um bei all den Ungewissheiten dennoch halbwegs verlässliche Ergebnisse zu produzieren, brauchen wir die Kunst der Strategie, der logisch abgeleiteten Annahmen. Ähnlich wie die großen Unternehmensberater, wie die McKinseys, die BCGs, die Roland Bergers dieser Welt haben wir in der ECC Kohtes Klewes versucht, in unserer Arbeit des „Meinungsmanagements" den zufallsbedingten Anteil zu minimieren. Das ist tatsächliche möglich durch eine saubere strategische Durchdringung des Problems. Das allein reicht allerdings nicht – sonst wären ja sehr schnell alle Probleme dieser Welt zu lösen. Was fehlt, ist eine weitere Kraft, die intuitiv-kreative Komponente, die in Amerika der „Einstein-Faktor" genannt wird. Der Begriff verweist auf Einstein, weil von ihm bekannt ist, daß seine genialen Ideen nicht aus rationalen (=digitalen) Wissen allein entstanden sind, sondern vor allem der bildhaften, der intuitiven (=analogen!) Gedankenwelt entsprungen sind.

Wir im Westen (und zunehmend auch die asiatischen Völker) sind so konditioniert, daß das Rationale, also das Analytische, Messbare, das Zählbare, eben: die digitale Welt, die absolut höchste Priorität hat. Das ist verständlich, weil es in der digitalen Welt keine Unsicherheiten gibt: es gibt nur ‚richtig' oder ‚falsch' – nur ‚Null' oder ‚Eins', wie beim Computer.

Interessanterweise entspricht dies ziemlich exakt der Funktion der linken Hirnhälfte: wir sind links-hirnlastig geworden. Dabei haben wir den Zugang zur Welt der rechten Hirnhälfte weitgehend verloren. Unsere rechte Hirnhälfte ist – vereinfacht gesagt – zuständig ist für das **analoge** Denken, für ganzheitliches, emotionales, eben kreatives Denken.

Was hat das mit Meditation zu tun? Die Stille der Meditation bringt die auseinandergedrifteten Hirnhälften wieder zusammen – was inzwischen hinreichend wissenschaftlich belegt ist. Das **kann** (!) zu einem erfüllten, ganzheitlichen Leben führen. Und das kann zu neuen unkonventionellen

Ideen, sogar Lebensentscheidungen führen. Ist also Meditation ein neues weiteres Heilsversprechen, das auf einfache Weise zu Glück und Frieden führt? Die Antwort ist Ja und Nein. Also lesen Sie auch noch das letzte Kapitel dieses kleinen Exkurses zum Selbst.

7. Gibt es einen „mittleren Weg" – oder bringen nur Extreme uns weiter?

Bei der Betrachtung der Erdgeschichte entdecken wir, daß die entscheidenden Veränderungen meistens sprunghaft waren, selten „evolutionär" im Sinne eines Aneinanderreihens von Dominosteinen. Weltgeschichtlich gesehen ist das Verschwinden der Dinosaurier ein ziemlich plötzliches Ereignis. Und auch der Entwicklungssprung vom Affen zum Menschen ist irgendwann erfolgt, ohne eine lückenlose Entwicklung. Daraus könnten wir schließen, daß wichtige Entwicklungsstufen immer Brüche, Sprünge, radikale Einschnitte brauchen – so wie die Geburt eines Menschen ja auch nicht nur nett und friedlich verläuft, sondern – selbst bei einer sogenannten „sanften Geburt" – zumindest für das Neugeborene eine erhebliche traumatische Erfahrung bedeutet.

Mao-Tse-Tung hat zu seiner Zeit die Frage nach der Dynamik der Entwicklung für sich und Millionen Landsleute klar beantwortet: nur die permanente Revolution verändere Mensch und Gesellschaft ausreichend radikal und schnell genug, war seine Ansicht. Er ist damit – wie wir heute sehen – gescheitert. Einen anderen Weg haben große Persönlichkeiten der Menschheitsgeschichte vorgeschlagen, z.B. Buddha oder Jesus von Nazareth. Insbesondere bei Buddha ist der Entwurf sehr klar und einfach nachzuvollziehen: „Geh´ den mittleren Weg", lautet seine zentrale Botschaft. Der Ausweg aus dem lebensimmanenten Leiden ist demnach nicht der Ausstieg. Dieser mittlere Weg führt allerdings auch nicht in die asketischer Selbstverleugnung – noch ist er der hemmungslose Einstieg in das volle Leben – wie es vielfach Maxime ist. Dieser Mittlere Pfad, wie er heißt, umschließt beide Pole: links **und** rechts, richtig **und** falsch – ja sogar Leben **und** Tod: gleichzeitig und gleichwertig!

Oh je, das ist schwer zu ertragen, sind wir doch in unserem ganzen Leben auf „entweder-oder" konditioniert. Deshalb werden Sie mit Recht sagen, sowohl als auch, das geht doch nicht: entweder ist etwas schwarz, dann ist es nicht weiß; entweder ist etwas richtig, dann ist es nicht falsch; entweder ist es Tag, oder es ist Nacht. Es „geht" tatsächlich nicht. Und es geht doch, es ist eben ein Paradox. In der Mystik heißt die Auflösung dieses Paradox´ „conjunctio oppositorum", die Vereinigung der Gegensätze, im Osten wird sie „Sartori" oder Erleuchtung genannt und im Westen „die große Befreiung". Die Idee dahinter ist, daß eines das andere bedingt:

ohne Tag keine Nacht, ohne Frieden keine Kriege, ohne Tod kein Leben. In letzter Konsequenz führt das zur Akzeptanz aller Erscheinungen „so wie sie sind", ohne Wertung, ohne Anhaften.

Die Reaktion auf diese Überlegungen ist oft eine Polarisierung: die einen, die sagen, das klingt ja gut, Erleuchtung, „das klingt nach Paradies auf Erden, will ich auch haben". Andere reagieren vielleicht mit Ablehnung „Das ist nichts für mich, dieser esoterische Kram".

Beide Reaktionen sind verständlich, werden aber den Weg zu einer weiteren persönlichen Entwicklung erschweren, da sie wiederum zu einer Fixierung führen. Die Fixierung heißt hier entweder ‚Haben-wollen' oder ‚Nicht-Haben-Wollen'. Und Fixierungen führen bekanntlich zur Erstarrung – erstarrt sein ist Tod. Der Weg der Meditation dagegen heißt „flow", er ist ein Wagnis mit offenem Ausgang. Das macht ihn auch so spannend. Unabdingbar für diesen Weg ist ein Offen-sein, ein immer wieder neu Beginnen. „Zen-Geist ist Anfänger-Geist", sagt der bekannte Zen-Lehrer Suzuki. Im Neuen Testament ist es – wie ich finde – noch poetischer ausgedrückt, wenn Jesus fordert: „Wenn ihr nicht werdet wie die Kinder, könnt ihr nicht ins Himmelreich eingehen." Dabei ist mit Himmelreich nicht irgendetwas Fernes gemeint, sondern das neue Bewußtsein im Hier und Jetzt. So wie Kinder (idealtypisch) sind: für Kinder gibt es kein Entweder-oder. Im Spiel ist alles möglich. Selbst dieses Leben kann dann zu einem lebendigen, fließenden lustvollen Ereignis werden: Faîtes votre jeux?

Literatur:

Paul J. Kohtes, 3. Dezember 2002
Die Bibel in heutigem Deutsch (1982), Deutsche Bibelgesellschaft, Stuttgart
Feild, Reshad (1977): Ich ging den Weg des Derwisch, Diederichs, Köln
Fromm, Erich (1979), Die Kunst des Liebens, Reihe Weltperspektiven, Ullstein, Berlin
Gibran, Kahlil (1994), Der Prophet, Walter, Düsseldorf
Gnädiger, Louise (Hg. 1999), Meister Eckhart Deutsche Predigten, Manesse, Zürich (CH)
Hesse, Hermann (1950), Siddhartha, Suhrkamp, Frankfurt/M
Krishnamurti, Jiddu (Hg. Mary Lutyens 2001), Einbruch in die Freiheit, Ullstein TB, Berlin
Lao-Tse (1988): TAO TE KING, Das Heilige Buch vom TAO und der Wahren Tugend, Ansata Verlag, Interlaken (CH)
Lehmann, Karl (2002), Mut zum Umdenken, Klare Positionen in schwieriger Zeit, Herder spektrum, Freiburg

Landauer, Gustav (Hg. 2000), Meister Eckhart, Mystische Schriften, Insel, Düsseldorf

Meister Dogen (2002): Shobogenzo, Die Schatzkammer des wahren Dharma Auges, Band 1, Werner Kristkeitz Verlag, Heidelberg

Engel, Klaus (1999): Meditation; Geschichte, Systematik, Forschung, Theorie, Peter Lang Europäischer Verlag der Wissenschaften, Frankfurt/M

Quint, Josef (Hg. 1963), Meister Eckhart, Deutsche Predigten und Traktate, Hanser, München, auch TB Diogenes (1979)

Shapiro, Eddie & Debbie (2002), Kleine Meditationsschule, Buch und 30 Karten, Bauer, Freiburg

Shibayama, Zenkei (1986), Zu den Quellen des Zen, Die berühmten Koans des Meisters Mumon, Heyne, München

Snela, Bogdan (Hg. 1980), Der Ochs und sein Hirte, mit Kommentaren und Texten von Hugo M. Enomiya Lassalle, Kösel, München

Sogyal Rinpoche (1993), Das Tibetische Buch vom Leben und Sterben, Ein Schlüssel zum tieferen Verständnis von Leben und Tod, Mit einem Vorwort des Dalai Lama, Scherz für O.W. Barth, München, Bern, Wien

Stephan, Jürgen (Hg., ohne Jhrg.): Den Mond kann man nicht stehlen, Beispielhafte Zen-Geschichten aus tausend Jahren, Weisheit der Welt, Band 2, Scherz, Bern, München, Wien (für O.W. Barth)

Suzuki, Daisetz Teitaro (1991): Der westliche und der östliche Weg: Essays über christliche und buddhistische Mystik. Ullstein Weltperspektiven. Frankfurt/M

Suzuki, Shunryu (1970): Zen-Geist Anfänger-Geist, Unterweisungen in Zen-Meditation, Theseus, Zürich (CH)

Watzlawick, Paul (1983), Wie wirklich ist die Wirklichkeit? Wahn Täuschung Verstehen, Piper, München, Zürich

Wetering, van de Janwillem(1982): Der leere Spiegel, Erfahrungen in einem japanischen Zen-Kloster, rororo, Reinbeck bei Hamburg

(weiterführende Medien auf Anfrage)

10. Zen im Führen

Erik von Barnekow

> „Man erkennt den großen Chef an diesem Zeichen:
> seine bloße Anwesenheit ist für die Menschen, die er leitet,
> eine Anfeuerung, sich selbst zu übertreffen.
> Ersetzen Sie das Wort *‚Anwesenheit'* durch die Worte
> *‚Denken an ihn'* und Sie haben die ganz großen Chefs!"

So schrieb Abbé Gaston Courtois, einer der engsten, ständigen Ratgeber von General Charles de Gaulle. Abbé Courtois war überzeugt, daß jeder Mensch auf seine persönliche Art ein großer, und sogar ein ganz großer Chef werden könne.

Im Rückblick auf Erfahrungen vieler Jahrzehnte im Verkauf ebenso wie als Trainer von Außendienst und Führungskräften in zwölf Ländern begegneten mir eine Anzahl großer Chefs. Zwei Persönlichkeiten ragen sehr weit heraus. Beide haben viele Menschen zu ständigem inneren ‚Unterwegs-Sein' begeistert, also dazu ‚sich selbst zu übertreffen', wirklich zu wachsen, an Kraft und Format zu gewinnen. In beiden Fällen genügte dazu das ‚Denken an ihn'. Die Präsenz dieser Menschen war derart intensiv, daß sie einem immer wieder in den Sinn kommen, einfallen.

In beiden Fall-Studien zeigt sich, daß ein 'goldener Schlüssel', zur Größe und zum Einfluß des großen Chefs in der Übung der Achtsamkeit im Alltag liegt. Und man erkennt begeisternde Folgen, die diese Übung mit sich bringt.

Bei näherer Betrachtung hat eine Mehrheit aller ganz besonders großen und entsprechend erfolgreichen Menschen, Künstler, Dichter, Wissenschaftler, Manager, Star-Verkäufer – Achtsamkeit geübt, in vielen Fällen ohne zu wissen, daß es sich um Zen handelt.

Ich habe Ihnen die beiden Fall-Studien mitgebracht. Eine der beiden herausragenden Persönlichkeiten habe ich nur einmal sprechen können, während zwei Stunden. Das Gespräch wirkt heute, 40 Jahre und sechs Monate später, immer noch nach, löst Entfaltungen und, damit zusammenhängend, zusätzliche Lebensfreude, Begeisterung, Enthusiasmus aus. Er erfüllt damit die Bedingung, die Abbé Gaston Courtois an den ganz großen Chef stellt. Der Betreffende hatte eine ähnlich intensive und positive Wirkung auf fast alle seiner Gesprächspartner.

Es war Prof. C. G. Jung, als Wissenschaftler bedeutend und an menschlichem Format ein humorvoller Gigant. Das erste, das mir auffiel, war die tiefe, tröstliche und heitere Weisheit, die aus den sehr alten Augen von Prof. Jung buchstäblich leuchtete.

Die Antworten C.G. Jung's auf meine Fragen waren noch besser als erhofft. Aber die Ursachen der (im besten Sinne) überwältigenden Eindrücke und der erwähnten Nachwirkungen bis zum heutigen Tage lagen auf einer anderen Ebene: **sie lagen in der hohen Qualität und der ebenso großen Intensität seines Horchens.** Zu jener Zeit hatte ich schätzungsweise 50 000 Verkaufsgespräche geführt, beruflich wie auch privat in einem bewegten Leben viele Menschen kennen gelernt. Bis dahin war ich einer solchen Qualität des Horchens und der bei ihm darin wirksamen Intensität, Höchstspannung noch nie begegnet.

Er war während des Zuhörens spürbar frei von allen eigenen Gedanken, Urteilen und anderen Ablenkungen. Und er blieb frei.

Dieses Frei-Sein (von allen denkbaren Ablenkungen) machte und hielt den Weg frei für die erwähnte Hochspannung, für die so einmaligen Intensität seines Hinhorchens, ein Hinhorchen mit Kopf + Herz.

Ich glaube, es war Tolstoy, der schrieb: „Steige vom Kopf hinab in das Herz !“. Und der Fuchs im „Petit Prince“ von Antoine de Saint-Exupery sagte: „Man sieht nur mit dem Herzen gut. Das Wesentliche ist für das Auge unsichtbar.“

Auf dieser Ebene lag neben der gesteigerten Konzentration das große Geheimnis des Horchens von C.G. Jung: er horchte mit einem sehr klaren und freien 'Kopf', einem superwachen Verstand – verbunden mit einem sehr großen und engagierten 'Herzen'.

Er wollte wirklich helfen, das Ausmaß seines Interesses am Mitmenschen war so gigantisch wie das ganze menschliche Format von C.G. Jung.

Aus dem Gespräch mit ihm ergab sich für mich eine ungemein hilfreiche Zusammenarbeit mit Prof. Jungs engster Mitarbeiterin, der Psychologin Aniela Jaffé, während 10 Jahren so gut wie jede Woche 2 Stunden analytische Gespräche.

Ich konnte Frau Jaffé fragen: „konnte Prof. Jung so einmalig fokussiert UND intensiv horchen, weil er als Wissenschaftler und an menschlichem Format eine solche Größe entwickelt hatte, ODER lag das Geheimnis vielmehr darin, daß er diese Größe entwickelten konnte WEIL er 65 Jahre lang Patienten, Mitmenschen, Familienmitgliedern mit einmaliger Qualität und Intensität zugehört – auf diese Weise vom Leben gelernt hatte?

Frau Jaffé hegte auch nicht den leisesten Zweifel: Prof. Jungs außerordentliche Qualität des Horchens auf den Ebenen des Kopfes und des Herzens war für ihn der Schlüssel zu seinen Entwicklungen. Diese waren damals, als er schon 84 Jahre alt war, noch immer in vollem Gang. Er lernte und wuchs immer weiter.

Mit gutem Grund gilt das Zuhören als die wichtigste Tätigkeit im Umgang mit Mitmenschen. Was passiert, wenn wir wirklich fokussiert Achtsamkeit im Zuhören üben?

„Wer 'ganz Ohr' wird, gehört nicht mehr sich selbst, tritt, ekstatisch gleichsam, aus seinem Ego heraus...“ (Kurt Marti, Bern, bekannt als Dichter und Theologe). Wenn das Ego beiseite tritt, kann das 'Herz' = die Wesenstiefe direkt durchkommen, 'durchwirken'. Das wirklich Wahre ist immer einfach. Kann es sein, daß hier ein großer Teil des Geheimnisses der großen Chefs und der ganz großen liegt ?

C.G. Jung empfahl mir gegen Ende des Gesprächs recht eindringlich, 'einfach' Meister Eckhart zu folgen. Ich hatte an Prof. Daisetz Taitaro Suzuki geschrieben mit einigen Fragen zum Thema Zen. Die Antwort enthielt die Empfehlung, mich an einen jungen Japaner zu wenden, der zur Zeit in Marburg bei Prof. Benz und Prof. Heiler Religionswissenschaft studierte, sich auf 'die mystische Anthropologie Meister Eckharts und ihre Konfrontation mit der Mystik des Zen-Buddhismus ' spezialisiert hatte.

Der damalige Student, heute Prof. Shizuteru Ueda, ist in Japan zumindest in Fachkreisen sehr bekannt, ist Zen Buddhist und gehört heute noch zum Kreis meiner Ratgeber. Von ihm lernte ich, **daß (auch) Meister Eckhart zur Schlussfolgerung kam daß die große Übung der Achtsamkeit, also auch das Hinhorchen mit Kopf und Herz – die völlig natürlichen Entfaltungen der Persönlichkeit einerseits fördert, andererseits unbehindert geschehen läßt, wie bei C.G. Jung erkennbar.**

In Japan beeindruckte mich oft, daß viele Zen-Meister und Laien sich sehr für die Philosophie von Prof. Martin Heidegger interessierten. Prof. Heidegger schrieb über das Horchen, das 'ganz Ohr werden':

„Höre ! Aber indem du hörst, vergiss den Hörer ! Werde ganz und gar Hören. Nur Ohren und Ohren und Ohren. Als verwandle sich dein ganzer Körper in Ohren – und sonst nichts. Deine Augen hören. Deine Hände hören. Deine Füße hören. Jede Zelle deines Wesens soll hören...!“

Heutige Atomphysiker würden zustimmen. Die Beschreibung passt auf das Hinhorchen von Prof. C.G. Jung. Die Wirkungen / Auswirkungen waren so intensiv wie die Energie im Horchen – und bleiben mehr als 40 Jahre lebendig.

Die unmittelbare Wirkung auf mich als rat-suchenden Besucher war überwältigend begeisternd. Ich fühlte mich wunderbar gut aufgehoben. Gehoben auch auf ein wohltuend hohes Niveau. Unwichtiges schien zu schwinden, Wesentliches konnte ich klarer sehen. Wäre ich ein Patient gewesen, hätte ich den Wunsch verspürt alles offen und vertrauensvoll auf den Tisch zu legen.

Wäre Prof. Jung mein Chef gewesen, hätte seine hier im Hinhorchen zutage tretende Einstellung bewirkt, daß ich für ihn 'durchs Feuer gegangen wäre'.

Natürlich geht es um **weit mehr** als 'nur' um hervorragendes Zuhören. Es geht zum Beispiel auch um die Pflege der Beziehung zum 'inneren Meister', um das achtsame Horchen auch auf dessen Stimme, die innere Stimme.

Die zweite Fall-Studie befasst sich mit einem ähnlich bemerkenswerten Menschen, der eine große Anzahl von Menschen in seinem Unternehmen dazu bewegte und beflügelte, sich selbst zu übertreffen. Das Denken-an-ihn genügte völlig, um erhebliche Kraftreserven, Freude, Enthusiasmus zu aktivieren und auch in Gang halten. Auch seine Präsenz war derart intensiv, daß man oft an ihn dachte.

Irgendwie erinnerte dieses Phänomen an einige wenige große Heerführer, so vielleicht an Prinz Eugen von Savoyen. Gefragt, worauf er seinen Einfluß zurückführe sagte er: „das liegt wohl daran, daß ich nie sage *'Vorwärts* !' – sondern immer nur : **„mir nach !"**.

Mit Sicherheit meinte er keineswegs nur den Befehl zum Angriff, sondern inneres 'Unterwegs-Sein'. Das begeistert dann Menschen im Umfeld aus verschiedenen Gründen. Zum einen stecken Quantität und Qualität der Lebens-Energie im starken Menschen seine ganze Umgebung an. Zum anderen wird in den Menschen in dieser Umgebung das angesprochen, was Prof. Karlfried Graf Dürckheim **'das zur Verwirklichung drängende Potential'** genannt hat.

Wie fast alle anderen im Unternehmen tat ich für Anders Thustrup Dinge, die ich nur für mich selbst niemals getan hätte. Während zwei Jahren z.B. ging ich als Verkäufer unserer hervorragenden und teuren Registrierkassen in Vancouver, B.C. an der kanadischen Westküste von Ladentür zu Ladentür. Am Freitag Abend nach der letzten Vorführung vielleicht gegen 22.00 Uhr war ein geruhsames Wochenende sicher verdient und angebracht. Auf diese Idee kam ich nicht.

Für Anders Thustrup besuchte ich selbstverständlich den ganzen Samstag und den halben Sonntag Tankstellen, Restaurants und Coffeeshops. Die immer weiter zunehmende Freude an allen Begegnungen und den zu findenden Chancen steigerte neben der Quantität dieser Verkaufsarbeiten auch deren Qualität, Intensität.

Zu verkaufen macht eine enorme Freude. Es ist schön, einem Kunden Nutzen zeigen zu können und einen Auftrag abzuschließen. 20% Provision machen es finanziell sehr interessant. Das weitaus wichtigste für uns war aber: daß Anders Thustrup davon erfahren würde.

Und hier beginnt sich sein großes Geheimnis zu offenbaren: es interessierte Anders Thustrup ganz gewaltig. Ich wusste, daß es ihn beschäftigen würde. Er würde vielleicht wieder sagen: „der Erik Barnekow ist immer noch der 'unbegabteste', introvertierteste Verkäufer den wir weltweit haben, aber er verkauft wieder mal am meisten..." Und er würde sich ganz echt darüber freuen.

Gegen Ende meiner 11 Jahre in Anders Thustrups blühendem Unternehmen hat er mich während 4 Monaten persönlich 'ge-coached'. Ich saß an einem zweiten Schreibtisch in seinem Büro in Stockholm und habe seinen Tageslauf miterleben können.

Während der über 100 Tage, die ich mit ihm in seinem Büro verbrachte, sah ich ihn kein einziges mal ungeduldig. Er war einfach immer extrem wach. So gut wie nichts entging ihm. Immer wieder wurde gesagt, man müsse zu Anders Thustrup gehen um selbst die besten Einfälle zu bekommen. Das Gesprächsklima bei ihm war immer von großer innerer Ruhe aber zugleich intensiv. Er hörte hervorragend gut zu, mit deutlich spürbarem persönlichem Interesse. Ich habe nie erlebt, daß er mit „halbem Ohr" zuhörte.

Der Kern der Ursachen des großen Erfolges im Führen von Anders Thustrup läßt sich in zwei Erkenntnissen zusammenfassen:

„Wenn du jemanden dazu bewegen willst, sein Bestes zu leisten, mußt du dieses Beste in ihm sehen und daran glauben !" (Goethe). Thustrup interessierte das enorme Potential in jedem Menschen. Er sah, wer Chancen hatte, dieses Potential weitgehend zu verwirklichen. Daran glaubte er. Mehr noch, er wusste, es würde gehen.

So erzeugte er ein einmalig stimulierendes, motivierendes Gefühlsklima. Wir aktivieren im Mitmenschen immer vor allem genau das, was wir vordringlich in ihm sehen, ahnen, fühlen.

Zu Recht beeindruckt waren wir von einer weiteren, besonderen Fähigkeit Thustrups: es gab natürlich Probleme. Manchmal fiel es den Verantwortlichen schwer, die optimale Lösung zu entdecken. Was tat man ? Man legte Anders Thustrup das Problem vor. Ich habe mit Faszination beobachtet, was dann geschah, und mit ihm darüber gesprochen.

Er schaute das betreffende Problem, die Herausforderung einfach nur an. In aller Ruhe, im vollen Fokus. Er wusste genau, wenn er nur das tut, ohne Urteil, ohne zu benennen oder in eine Kategorie einzustufen, wird ihm die beste Lösung einfallen. Auf diese Weise sah er durch die allermeisten Herausforderungen total durch. Hätte er sie benannt, eingestuft, oder etwa vielleicht befürchtet, keine Lösung von höchster Qualität zu finden, wäre seine Achtsamkeit, sein Fokus entsprechend gespalten gewesen = hätte den Einfallsreichtum behindert oder verhindert.

„Es gehört zum Schwierigsten, etwas ganz einfach nur anzuschauen...." schrieb die Psychologin Aniela Jaffé.

Auch diese Fähigkeit, die besten möglichen Lösungen von Problemen zu finden – Lösungen, die kein anderer erkennen konnte – gehörte zu den Ursachen des so großen Erfolges von Anders Thustrup, des Erfolges

auf mehreren Ebenen. Ein erfreulich stressfrei errungener Erfolg, ein oft
gleichsam spielendes Gelingen.
Auch hier spielte die Achtsamkeit die entscheidende Rolle.

„Zen kann in irgendeiner Richtung für jede vorstellbare Betätigung Anwendung finden. Wo immer Zen verwirklicht wird, verleiht es der Tätigkeit eine unverwechselbare, hohe Qualität.

(Prof. Alan Watts)

Der Geist des Zen geht natürlich noch sehr weit hinaus über alle Tä-
tigkeiten.Das wird oft deutlich in den Haikus, den berühmten Gedichten in
3 Zeilen, die jeweils eine bestimmte Gestimmtheit vermitteln, die diesen
so wunderbaren Geist des Zen ahnen lassen. Ein Beispiel:

„Der Dieb
vergaß ihn
den Mond im Fenster"

(Ryokan)

Der Dieb vergaß den Mond. Die Übung der Achtsamkeit kann ich selten oder nie ganz vergessen, weil ich die Menschen nicht vergessen
kann, die sie so begeisternd vorgelebt haben und vorleben.

11. Erfahrungen mit werteorientierter Führung

Wilfried Guth

Lesung Thomas Bernhard, aus „Der Stimmenimitator":

Ein berühmter Tänzer
In Maloja hatten wir die Bekanntschaft eines ehemals berühmten Tänzers der
Pariser Oper gemacht, der eines Abends im Rollstuhl in unser Hotel hereingefah-
ren worden war von einem jungen Italiener aus Castasegna, den sich der Tänzer
auf mehrere Jahre verpflichtet hatte. Wie wir von dem Tänzer erfuhren, sei er
mitten in der von Béjart nur für ihn choreografierten Premiere des *Rafeal* von
Händel zusammengebrochen und seither gelähmt gewesen. Er habe, sagte der
Tänzer, plötzlich das Bewußtsein verloren und es erst zwei Tage später wieder-
erlangt. Möglicherweise, so der Tänzer, welcher in einem sehr teuren Nutriapelz
eingehüllt gewesen war, sei sein Unglück darauf zurückzuführen, daß er zum er-
stenmal in seiner Karriere während des Tanzes an die Kompliziertheit einer
Schrittkombination gedacht hat, wovor er sich die ganzen fünfzehn Jahre seiner
Karriere, die ihn an alle großen Opernhäuser der Welt geführt habe, gefürchtet
habe. Der Tänzer, meinte er, dürfe, während er tanzt, niemals an seinen Tanz
denken, er dürfe nur tanzen, sonst nichts.

So wäre es mir vor einem Vierteljahrhundert – im übertragenen Sinne – vielleicht ergangen, hätte mir jemand gesagt, ich solle werteorientiert
führen.

Edzard Reuter hat einmal formuliert: „Man kann nicht sozialdemo-
kratisch oder christdemokratisch, sondern nur gut oder schlecht führen."

Im Grunde geht es also bei werteorientiertem Führen um <u>gutes Führen</u>
– und das ist sicher ein sehr beherzigenswertes Postulat.

Aber es wirft auch eine Reihe von Fragen auf:

1. Woraus resultiert die heutige Betonung der Werte? Waren sie damals
   eher selbstverständlich, und ist es die vermehrte Erkenntnis, daß ihre
   Beachtung heute im Zuge materialistischen Wohlstandsdenkens verloren zu gehen droht? In der Tat deuten viele empirische Untersuchungen und Befragungen gerade bei der Jugend darauf hin.
   Oder ist es eine Modeerscheinung wie die Flut von Artikeln und Büchern über Ethik?
   Die derzeitige Inflation der Wertedebatten, Wertekommissionen etc.
   ist als Gegentendenz gegenüber nur profitorientiertem „Kapitalismus"
   zwar sicher begrüßenswert, läuft aber Gefahr, den Blick auf die persönliche Werteorientierung zu verstellen, um die es mir und uns hier in
   diesem Seminar geht.

2. Die Frage ist, wie man diese neue Tendenz zu bewerten hat; schafft die ständige Betonung der Werte nicht eher Abstumpfung oder Überdruss? Ich bin gegenüber der klischeehaften Wertedebatte eher skeptisch, beispielsweise, wenn ich an die Wertekommissionen der Parteien denke. In der Frankfurter Allgemeine Zeitung war kürzlich so treffend zu lesen: „Philosophie, auch Ethik gibt es jetzt immer öfter sogar im Fernsehen. Sollte man sich nicht darüber freuen? Doch alle naslang tönt ein Amtsträger oder Fachmann in Gesprächsrunden, man brauche dringend eine ‚neue Ethik für ...' ."

3. Verstärkt das nicht die Gefahr, daß hehre Worte und Taten auseinanderklaffen? Der Journalist Peter Martin schrieb am 19. März in der Financial Times zu einem aktuellen „Paradebeispiel" für einen solchen Tatbestand: „Andersen's fall from grace shows that companies are judged on what they do, not what they say their values are"

Aus all dem ziehe ich aber <u>nicht</u> den Schluss, daß die neuerliche Betonung der Werte unnötig oder „wertlos" sei. Im Gegenteil, die Werteorientierung von Führungspersönlichkeiten ist entscheidend wichtig und ein durchaus lohnendes Diskussionsthema. Gerade angesichts der Kritik z.B. der Globalisierungsgegner am angeblich kalten, seelenlosen, nur geldorientierten Kapitalismus ist sie positiv zu werten, vorausgesetzt, sie vergisst nicht den Grundsatz „An ihren <u>Taten</u> sollt ihr sie erkennen!" Es ist nur wichtig und unverzichtbar, sich bei dieser um sich greifenden Wertedebatte zu bemühen, die „Spreu vom Weizen zu unterscheiden".
<u>Aber jetzt kommen die entscheidenden Fragen:</u>
Um welche Werte geht es, wer gibt den Maßstab?
Es mag etwas pathetisch klingen, aber Freiheit und Menschenwürde sollten sicher bei den Werten obenan stehen, nicht zuletzt beim Verhältnis zu den Mitarbeitern.
Wirklich religiöse Orientierung ist heutzutage sicher nicht sehr häufig, aber es gibt doch die Ausrichtung an christlichen Tugenden oder auch denen anderer Religionen. Vielleicht besteht sogar die Gefahr, daß die esoterische Hinwendung zu fremden Religionen und Denkweisen auf Kosten der christlichen Religion und Lebensgestaltung geschieht. Hans Küng propagiert bereits seit geraumer Zeit ein „Weltethos".
Einen verbindlichen Kodex für verantwortungsbewußtes, ethisch fundiertes Führen gibt es sicher nicht, unbeschadet vieler Bücher und Ratgeber. Jeder Unternehmensführer wird aus Erziehung, Glauben und Lebenserfahrung heraus seinen eigenen Wertekanon in sich tragen, der ihm Maßstäbe gibt und wohl auch hilft, die Belastungen zu tragen, die die Aufgabe mit sich bringt. Dies ist um so wichtiger, als in vielen Meinungsforschungsberichten in der Gesellschaft im Ganzen ein Rückgang der

Orientierung an sittlichen Werten und normativen Tugenden festgestellt wird.

Bei der Vorbereitung dieses Vortrags stellten sich mir folgende Fragen, die ich für diskussionswürdig halte: Haben sich wesentliche Änderungen in der Gewichtung der Werte in den letzten Jahrzehnten ergeben? Ist „Werteorientiertes Führen" überhaupt erlernbar, ist es lehrbar (anders als Meditation!)? Bedarf es nicht auch einer speziellen Begabung? Kann man Eliten heranbilden – daß wir sie brauchen, wird heute wohl kaum mehr bestritten. Und wie viele Führungskräfte sind überhaupt offen für Werteorientierung?

Wenn ich meine Führungserfahrungen in den 70er Jahren rückschauend aus heutiger Sicht zu analysieren versuche – Vorsicht, Geschichte vom Tänzer! – und Erkenntnisse kluger Persönlichkeiten, die sich mit dem Thema beschäftigt haben, hinzu nehme, ergeben sich vielleicht diese Schlussfolgerungen (wobei ich bei Gott hier nicht behaupten will, daß ich all diese edlen Tugenden vorbildlich vorgelebt habe, aber es gilt wohl das Goethewort: „Wer immer strebend sich bemüht ..."):

Das eigene Wesen und Handeln sind ausschlaggebend für Glaubwürdigkeit und Überzeugungskraft. Ich könnte auch sagen: Nur <u>Echtheit</u> überzeugt, nicht aufgesetzte Rollen. Die Führungsverantwortung beginnt also bei einem selbst, bei Selbstdisziplin und, etwas philosophisch gesprochen, beim „Arbeiten an sich selbst", sich seiner selbst bewußt werden. Nur das schafft natürliche Autorität. Dr. Peter Zürn hat treffend formuliert: „Führen heißt vorangehen". Das bedeutet Vorbild und Initiator sein; es heißt auch bereit und fähig sein, Verantwortung zu tragen (Hans Jonas: „Das Prinzip Verantwortung").

F. H. Ulrich hat einmal als entscheidendes Kriterium für Führungsbefähigung einen anständigen Charakter genannt, fachliches Können und Stamina vorausgesetzt. Aber das ist natürlich leichter gesagt als erkannt. Wer kann sich anmaßen, das zu beurteilen?

Max Weber stellte drei Eigenschaften eines guten Unternehmers heraus mit der Formel: Leidenschaft, Verantwortungsbewußtsein und Augenmaß = Urteilskraft. Mir scheint, daß gerade heute in dieser Zeit raschen Wandels – aber auch früher schon – ein paar weitere Eigenschaften zur Führungsbegabung gehören müssen: Offensein und Gespür für strukturellen Wandel im wirtschaftlichen Umfeld, in der Wissenschaft oder in der Technik und Mut, Entscheidungs- und Durchsetzungskraft, um bei allem Respekt vor gewachsenen Traditionen in der Strategie des Unternehmens die notwendigen Veränderungen vorzunehmen. Etwas überspitzt würde ich sagen: Phantasie ja – aber Vorsicht vor „Visionen"!

Bereitschaft und Fähigkeit zur Selbstkritik gehören unabdingbar zum Vorbildcharakter, und nur daraus können fruchtbare Korrekturbemühungen entstehen. Kritik von außen läuft eher Gefahr, zu Verstärkung falscher Haltungen zu führen.

Auch die neuerdings so genannte Corporate Identity ist entscheidend abhängig von Vorbild und Stil der Führenden. Ihr Auftreten beeinflußt das Bild des Unternehmens in der Öffentlichkeit. Gefragt ist: kommunikative Kompetenz. Mit noch so gut formulierten Texten einer „Corporate Identity", auf die ich am Schluss zu sprechen komme, ist es nicht getan.

Ein weiteres Kriterium, das mir wichtig erscheint, ist ein Sinn für Maß und Mitte, wie ihn schon Wilhelm Röpke postulierte.

Der Lebensstil der Führenden wird beachtet! Harte Arbeit und Verzicht auf manche Vergnügungen werden erwartet. Das bedeutet auch, sie dürfen nicht „auf allen Hochzeiten tanzen" wollen.

Goethe („Ilmenau"):
„Der kann sich manchen Wunsch gewähren,
Der kalt sich selbst und seinem Willen lebt;
Allein, wer andre wohl zu leiten strebt,
Muß fähig sein, viel zu entbehren."

Aber gleichzeitig wird eher positiv bewertet, wenn der Betreffende Zeit für Muße und Kontemplation findet und gegebenenfalls auch kulturelle Anstöße weitergibt. Ich erwähne hier ein sehr lesenswertes Buch von Josef Pieper: „Glück und Kontemplation" (nach dem Inhalt könnte man auch sagen: Glück aus der Kontemplation). Für Zen-Meditation wird der Unternehmensführer im Geschäft kaum Gelegenheit haben – vielleicht aber zu Hause. Jedenfalls sollte er Zeit haben zum Nachdenken und Zuhören! So wie Zuhörenkönnen eine wichtige Tugend für Führende ist, sollte es auch die Bereitschaft sein, eigene Fehler oder Irrtümer zuzugeben – als Zeichen echter Souveränität.

Das legt für mich die wichtige Frage nahe, welches Alter Unternehmensführer oder Bankchefs idealiter haben sollten (wobei dies in der Praxis selbstverständlich nie so genau zu verwirklichen ist). Sicher war es früher oft so, daß die Betreffenden zu lange im Amt blieben und dann häufig zu alt waren, um für neuere Entwicklungen aufgeschlossen zu sein. Auf der anderen Seite gibt es freilich heute auch Beispiele, die zu der Frage Anlass geben, ob nicht eine gewisse Lebenserfahrung notwendig ist, um andere Menschen führen zu können. Es gibt sicher kein Patentrezept – beurteilen kann man es nur case by case –, aber wir sollten die Frage diskutieren!

Noch ein Wort zum Typus des modernen Workaholic, der manchmal sogar bewundert wird: Überbewertung der Arbeit beschädigt oft die Seele und verengt das Menschsein. In der Bibel heißt es: „Was hülfe es dem Menschen, wenn er die ganze Welt gewönne und nähme doch Schaden an seiner Seele?" Im Stress gedeiht auch keine Kreativität. Der entspannte, zu Muße und Kultur fähige Chef, der auch noch Humor hat, ist in der Regel der bessere Inspirator und Motivator für die Mitarbeiter. Um es mit einem Ausspruch von Thomas Bernhard zu sagen: „Wer nicht lachen kann, ist nicht ernst zu nehmen."

„Im Stress zu sein" erzielt weder Lob noch Bewunderung, allenfalls Respekt. Kaum aber weckt es den Willen zur Nachahmung, eher das Gegenteil. Jeder Führende sollte daher nicht über <u>Stress</u> klagen, sondern selbst lernen, damit fertig zu werden. Zen-Erfahrene sprechen da von „Übung in Achtsamkeit".

Professor Hans Merkle beschrieb vor einigen Jahren in einem bemerkenswerten Vortrag sein Führungskonzept mit „Führen und Dienen" – der Sache, dem Unternehmensziel dienen, nicht dem eigenen Ehrgeiz und Erfolg. Dazu gehört auch <u>Bescheidenheit</u> im Auftreten.

Besonders schwierig ist das Unterscheiden zwischen gesundem und falschem Ehrgeiz. Menschen ganz ohne Ehrgeiz bringen es meist zu nichts. In der Regel ist Ehrgeiz für das Unternehmen konstruktiver als persönlicher Ehrgeiz, aber die Trennungslinien können verschwimmen.

Ehrgeiz darf aber nicht verwechselt werden mit <u>Passion</u>, der Freude am Gestalten, der eigenen Begeisterungsfähigkeit und damit der Fähigkeit, Mitarbeiter zu begeistern. Professor Merkle nannte das: Eine gemeinsame Willensanstrengung hervorrufen können.

Dies alles sollte nicht zu dem Trugschluss verleiten, es sei alles in bester Ordnung, wenn nur der Unternehmenschef selbst die richtigen Tugenden verkörpert. Der Kreis derer, die das Erscheinungsbild des Unternehmens prägen, ist wesentlich größer. Daher ist es eine entscheidende Führungsaufgabe, guten Nachwuchs heranzuziehen, was z.B. Aufgabe und Ziel der Baden-Badener Unternehmergespräche ist.

Dazu gehört vor allem zunächst Anerkennung und Achtung der Persönlichkeit jedes einzelnen Mitarbeiters – es sind keine „Untergebenen". Anerkennung der Persönlichkeit bedeutet auch – im Interesse des Unternehmenserfolgs – Erkennen der jeweiligen Talente und Fähigkeiten und entsprechenden Einsatz, Ermutigung zu eigener Initiative.

Charakter als entscheidendes Kriterium für Führungspersönlichkeiten muß auch die Auswahl von Nachwuchsführungskräften bestimmen. Wer vorrangig ehrgeizige Streber fördert, wird kein gutes Klima im Team schaffen. Vorsicht vor Ja-Sagern und Liebedienerei! Es sollte Gerechtigkeit herrschen in der Behandlung von Mitarbeitern, keine „Günstlingswirtschaft".

Ein wesentliches Auswahlkriterium ist die Fähigkeit zu eigenständigem, unabhängigem Denken. Das erfordert vor allem Menschenkenntnis der Führenden, die über die Auswahl entscheiden.

Eine zentrale Frage ist selbstverständlich die nach der gerechten und angemessenen Entlohnung bzw. Gehaltszahlung. Sie spielt heute sicher eine weit größere Rolle als früher, auch aufgrund der höheren Lebenshaltungskosten; bei vielen gilt sie auch als eine Art „Statussymbol".

Leistungsorientierte Bezahlung der Mitarbeiter sollte sich von selbst verstehen – sie ist ein entscheidendes Mittel der Motivation, aber „Geld ist nicht alles". Ansporn sind auch Lob und Anerkennung, wo sie verdient sind, und Unternehmenschefs sollten daran nicht sparen.

Als negatives Beispiel für eine m.E. exzessive Rolle des Geldes bei der Anerkennung von Leistung kann man das Investment Banking nennen. Dort sind die Dinge aus dem Ruder gelaufen. Der Vergleich der bei der eigenen Bank mit anderswo gezahlten Gehältern und Boni ist an die Stelle von Loyalität getreten – mit dem Ergebnis einer Art „Landsknechtsmentalität".

Wenn ich ausnahmsweise einmal mich selbst in diesem Zusammenhang aus einem früheren Vortrag zitieren darf: „Wenn für immer mehr Geld rund um die Uhr immer mehr Finanzgeschäfte gemacht werden, um in den wenigen Ruhestunden immer extravaganter leben zu können, dann werden Lebenssinn und Arbeitsethos verfehlt."

Wichtig für die Motivation der Mitarbeiter war und ist ihre Mitwirkung bei der Diskussion der Unternehmensziele. In „Laborem Exercens" hat Papst Johannes Paul II den Satz geprägt, der Arbeitende „müsse das Bewußtsein haben können, in eigener Sache zu arbeiten". Wenn von den Mitarbeitern solche Identifizierung mit den Unternehmenszielen erhofft wird, muß freilich auf Seite der Führenden Offenheit für Kritik der Mitarbeiter in geeigneter Form bestehen.

Soweit zur Wertediskussion, wie sie auch schon früher, wenn auch keineswegs so intensiv, geführt wurde. Heute wird sie nun ergänzt – bezeichnenderweise unter angelsächsischem Einfluß – um Erörterung und Bewertung verschiedener „values".

Vor allem wird in letzter Zeit der Begriff „shareholder value" diskutiert – ich will das Thema hier auch kurz anschneiden, denn zu werteorientierter Unternehmensführung gehört bei Aktiengesellschaften selbstverständlich auch die Verantwortung gegenüber den Aktionären.

Das bedeutet zunächst einmal das Streben nach <u>ausreichender Gewinnerzielung</u> zur Sicherung einer dauerhaften Existenz des Unternehmens, um den Einsatz der Aktionäre zu erhalten und ihnen natürlich auch einen möglichst hohen Gewinn zu bescheren.

Selbstverständlich aber ist ein wichtiges Kriterium bei der Gewinnerzielung deren <u>Nachhaltigkeit</u> – übrigens in der Wertedebatte jetzt ein immer wieder gebrauchter Begriff.

Gewinnerzielung der Unternehmen steht nicht nur nicht im Widerspruch zu Postulaten der Ethik – vorausgesetzt, der Gewinn wird nicht mit unlauteren Mitteln erzielt (Übervorteilung der Kunden etc.) –, sondern ist auch Voraussetzung für Arbeitsplatzsicherung, also einen der wichtigsten values in der „Hierarchie der Werte". Freilich steht die Notwendigkeit der Gewinnerzielung heute in vielen Fällen – auch bei den Banken – im Widerstreit mit diesem Gebot, wenn die Unternehmen zur Erhaltung von Wettbewerbsfähigkeit und Ertragskraft Entlassungen vornehmen müssen. Weitgehend ist die Starrheit der Tarifpolitik Schuld an diesem Dilemma.

Es ist sicher richtig, daß „zu meiner Zeit", als der Begriff shareholder value noch nicht existierte, der Aktienkurs, also die „Vergütung" der Aktionäre, eher zu wenig als wichtig angesehen wurde – in der Zeit der „Deutschland AG" konnten sich viele Unternehmen auf ihre Großaktionäre, insbesondere die Banken, verlassen.

Aber heute besteht die Gefahr, daß um des Aktienkurses und der Aktionäre willen Ergebnisse „geschönt", also z.B. Reserven aufgelöst werden, und damit der Aktionär im Grund irregeführt wird – das Gegenteil der gerade erwähnten Nachhaltigkeit. Zur Verantwortung gegenüber den Aktionären gehört daher auch offene, ungeschönte Präsentation des Unternehmens, Transparenz im Sinne der neuen corporate governance. Zu warnen ist allerdings angesichts der Sensationssucht mancher unserer Medien vor „Medienhörigkeit". Noch nicht ausgereifte Pläne und Entscheidungen gehören nicht in die Presse.

Das Hauptziel muß die Glaubwürdigkeit sein, und zur Glaubwürdigkeit gehört auch der transparente Umgang mit der Macht, denn Macht ist nur annehmbar, wenn sie mit Verantwortung gepaart ist.

In der neueren Diskussion über die „values" wird zu Recht auf die Verantwortung gegenüber den <u>Kunden</u> besonders hingewiesen. Und dies leuchtet auch sofort ein, wenn man nur an die jüngsten Erfahrungen mit der BSE-Krise und die Lipobay-Schäden denkt. Das sind extreme Beispiele, aber jeder von uns weiß, wie sehr man im täglichen Leben von der Solidität und Qualitätsverantwortung der jeweiligen Hersteller abhängig ist. Der Pharmaindustrie obliegt dabei natürlich eine ganz besondere Verpflichtung.

Auch bei den Banken spielt die Verantwortung gegenüber dem Kunden eine wichtige Rolle – nicht umsonst gibt es das Schlagwort vom „Kunden als König". Hier gab es früher oft Negativbeispiele, etwa von herablassender Behandlung durch „Schalterbeamte"! Heute besteht die Verantwortung gegenüber dem Kunden vor allem in uneigennütziger Beratung – d.h. beispielsweise für den Kundenbetreuer, auch der Versuchung zu widerstehen, um des Umsatzes willen Käufe von Wertpapieren zu empfehlen, deren Absatz im Interesse der Bank liegt, den Kunden aber nur zusätzliches Risiko bringt. Natürlich – und das gilt genauso für andere Sparten – kann und soll der Mitarbeiter das Umsatzinteresse der Bank nicht außer Acht lassen – "man soll dem Ochsen, der da drischt, nicht das Maul verbieten" –, aber im Endeffekt wird ein zufriedener Kunde längerfristig am meisten zu Umsatz und Gewinn beitragen.

Wenn ich jetzt noch etwas über die gesellschaftspolitische Verantwortung als wichtigen Aspekt der Werteorientierung sage, so möchte ich mit Fontane vorausschicken: Das ist ein weites Feld!

Zunächst ist aber festzuhalten: Gute, erfolgreiche Führung des eigenen Unternehmens als Teil der gesamten Volkswirtschaft bleibt die Hauptverantwortung. Nur auf dieser Basis hat die Stimme der Unternehmer oder Bankchefs auch Gewicht. Alles Reden über gesellschaftspolitische Verantwortung ist sonst unglaubwürdig und eher peinlich. Aber der Unternehmer – und der Banker wahrscheinlich noch mehr – kommt gar nicht umhin, zu gesellschaftspolitischen Fragen Position zu beziehen, z.B. auf Pressekonferenzen, Hauptversammlungen oder bei Vorträgen.

Es ist wohl kaum notwendig, die wirtschafts- und gesellschaftspolitischen Werte im einzelnen aufzuzählen, für die der Unternehmer sich engagieren sollte, für die auch ich immer eingetreten bin; natürlich steht dabei das Eintreten für die freiheitliche Wirtschaftsordnung der sozialen Marktwirtschaft an erster Stelle, wobei es auch auf die moralische Bedeutung dieses ordnungspolitischen Rahmens ankommt. Eine so konzipierte und konsequent verwirklichte Wirtschafts- und Sozialpolitik ist Voraussetzung für die Sicherung des eigenen Unternehmenserfolgs. Das kann für den Unternehmer mit sich bringen, sich kritisch gegenüber Aspekten der Regierungspolitik stellen zu müssen; das erfordert Zivilcourage und kann unbequem sein, aber das Gegenteil, „lieb Kind" sein zu wollen, ist unwürdig und geschmacklos.

Wichtig ist freilich, daß das Unternehmen in seinem Eintreten für die soziale Marktwirtschaft glaubwürdig ist – immer wieder gebrauche ich diese Vokabel –, d.h. nicht etwa für Abschottung gegenüber dem Wettbewerb oder irgendwelche staatlichen Hilfen plädiert (Holzmann, Kirch, Bankgesellschaft Berlin).

Anders als zu meiner Zeit muß der Unternehmensführer oder Bankenchef heute auch Position in der Globalisierungsdebatte beziehen. Das selbstverständliche Bekenntnis zur Offenheit der Märkte (WTO) muß gepaart sein mit der Anerkennung der Tatsache, daß die – vielleicht sogar zunehmende – Diskrepanz zwischen Arm und Reich heute eines der zentralen ungelösten Weltprobleme ist, mit dem auch die Terrorbedrohung in gewisser Weise zusammenhängt. Deshalb wäre die Vernachlässigung sinnvoller Entwicklungshilfe ein verhängnisvoller Fehler. Weltweit tätige Firmen mit Standorten in Entwicklungsländern tragen hier eine besondere Verantwortung, insbesondere bei der Einstellung, der Entlohnung und der Schulung lokaler Kräfte.

Ähnliches gilt für das große Thema Umweltschutz, das heute Gott sei Dank eine wesentlich größere Bedeutung hat als zu meiner Zeit. Einzelheiten wie Schutz der Regenwälder sind hier nicht aufzuzählen. Aber auch hier kommt es in erster Linie darauf an, daß hehre Worte nicht zum Handeln im Gegensatz stehen, d.h. daß den Unternehmen selbst nicht rücksichtslose oder auch nur fahrlässige Verseuchung von Land, Luft und Wasser zur Last gelegt werden kann. Hier berührt das Postulat des Umweltschutzes auch das Thema der Verantwortung gegenüber dem Kunden.

Zum Schluss möchte ich noch einmal den Begriff der <u>Unternehmenskultur</u> aufgreifen, der mir – nicht nur aus Abwehr gegenüber zu vielen Anglizismen – besser gefällt als Corporate Identity. Verschiedene Unternehmen, so auch die Deutsche Bank unter dem Motto „Leading to Results", haben so etwas zu formulieren versucht, was freilich immer wieder die Gefahr in sich birgt, als zu idealistisch, zu pathetisch und zu sehr im Widerspruch zur rauhen Wirklichkeit stehend empfunden zu werden. Aber gleichwohl ist es sicher besser als kein solcher Versuch; es ist vielleicht doch ein einigendes Band und ein unverwechselbares „Markenzeichen".

In aller Kürze: Unternehmenskultur sollte die Summe der hier beschriebenen einzelnen Aspekte der Werteorientierung und Verantwortung sein. Sie sollte stehen für Fairness, Offenheit, Ehrlichkeit, Engagement nach innen und außen und so im Unternehmen ein Gefühl der Zusammengehörigkeit schaffen. Aus ihr sollte auch deutlich werden, daß in dem Unternehmen Bestechlichkeit oder unlauterer Wettbewerb keinen Raum haben. Sie sollte zum Inhalt haben, daß das Wirken des Unternehmens in Wirtschaft und Gesellschaft seinen Platz und einen positiven Sinn hat und damit auch jeder Einzelne in seiner Arbeit über die Erfüllung seiner Pflichten hinaus einen solchen Sinn sieht. Als besonderen – und erfreulichen – Aspekt der Unternehmenskultur sehe ich es, wenn das Unternehmen in der Lage ist, aufgrund seiner Leistung nachhaltig fördernd Mittel für Wissenschaft, Bildung, wohltätige Zwecke und Kultur zur Verfügung zu stellen (auch die Aktionäre sollten damit nicht rechten, so lange sie ordentlich bedient werden). Als Beispiel kann auch die Alfred Herrhausen-Stiftung „Hilfe zur Selbsthilfe" dienen.

All dies trägt dazu bei, eine Einheit zwischen Arbeits- und Lebenswelt zu schaffen, wie Peter Koslowski (Professor für Philosophie an der Universität Witten/Herdecke) es ausgedrückt hat. Es läßt auch den einzelnen Mitarbeiter vielleicht Stolz – nicht Überheblichkeit! – empfinden, daß er in einem solchen Unternehmen tätig ist.

12. Auf den Punkt gebracht

Dr. Peter Zürn

1. Führung und Vorbild

Führung ist Vorbild
in Handlung und Haltung.

Für den Erfolg der Führung
bürgt das persönliche Format.

Unternehmenskultur folgt der
Selbstkultur der maßgebenden
Menschen im Unternehmen –
oder sie erfolgt gar nicht.

Richtung weisen kann nur,
wer Richtung weiß und hat –
wer selbst (auf-)richtig ist.

Um Führung für heute und
morgen zu legitimieren,
muß an die Stelle der Absicht zu
herrschen die Bereitschaft zu
dienen treten.

Nur was begeistert
kann auch beherzigt werden.

Es sind nicht die Verhältnisse,
die der Veränderung bedürfen,
sondern es ist unser Verhalten.

Krach und Krise enthalten die
Chance zu Besserem, wo nicht
Verdrängung, sondern Bewälti-
gung gesucht wird.

2. Vom Umgang mit sich und Anderen

Wer leicht außer sich gerät,
sollte öfter in sich gehen.

Wer nicht aus der Fassung gerät,
wird auch nicht aus dem Rahmen
fallen.

Wirklich kritisch wird der
Umgang mit sich selbst erst dort,
wo man sich von sich selbst nicht
mehr alles gefallen läßt.

Den wirklich Großen
erkennt man am Umgang
mit den Kleinen.

Rede nur, wenn Du gefragt wirst,
aber lebe so, daß man Dich fragt.

Kein Getriebener, sondern ein
Gelassener zu sein:
Zeichen der Meisterung des
Selbst.

Individuelle Vielfalt ist
besser als kollektive Einfalt.

3. Fehlsamkeit und Vertrauen

Wer keine Fehler macht,
macht sicher etwas falsch.

Nur durch das Recht auf Fehler
kann Kennen zum Können
werden.

Was nicht eingeübt wurde, kann
auch nicht ausgeübt werden.

Vertrauen läßt sich nur
gewinnen,
wenn man es gewährt.

Um Stärke und Vertrauen
auszustrahlen,
muß man sie in sich haben.

Nur was man merkt,
kann man sich merken.

Es gibt auf der Welt einen
einzigen Menschen, den jeder
wirklich und wirksam zu ändern
vermag: sich selbst.

4. Haben und Sein

Das Haben-Wollen
ist der Feind des Sein-Können.

Wichtiger ist es zu sein,
als etwas zu sein.

Zu zeigen, was er hat,
scheint manchem wichtiger
als zu sein, was er ist.

Man kann viel haben,
ohne etwas davon zu haben.

Wer die Menschen nur so nimmt,
wie sie sind,
macht sie schlechter, als sie sein
können.
Ganzheitlichkeit im Denken und
Fühlen bedarf des ganzheitlichen –
des ganzen Menschen.

Nicht jedem die gleiche,
aber jedem seine Chance.

5. Wissen und Weisheit

Wissen ist Macht – aber:
Weisheit macht mächtig.

Wer das Sagen hat,
bekommt oft Schwierigkeiten
mit dem Hören.

Mut und Demut schützen vor
Hochmut und Übermut,
helfen zu Gleichmut und Anmut.

Augenmaß ist eine Sache des
Herzens,
nicht des Verstandes.

Die richtigen Maßnahmen kann
nur treffen,
wer selbst Maß genommen hat
und bereit bleibt, Maß zu halten.

Eitelkeit ist auch,
wenn man immer wieder
hören will, was man
längst weiss.

Wir müssen wissen, was wir sagen,
wir müssen wollen, was wir tun,
wir müssen werden, was wir sind.

6. Wahrheit und Wirklichkeit

Besser, als die Wahrheit
kennen,
ist, die Wahrheit lieben –
noch besser: sie zu leben.

Wahrheit ist die
Identität mit der Realität.

Was lange genug wirkt,
wird langsam Wirklichkeit.

Daß wir etwas nicht wahrnehmen
können, liegt oft daran,
daß wir es nicht wahrhaben
wollen.

Ein Scherz ist oft
das letzte Loch,
aus dem die Wahrheit pfeift.

Zur Rücksichtnahme auf andere
gehört auch,
ihnen die Wahrheit nicht um die
Ohren zu schlagen.

Wahrheit ist Himmelsweg,
ihn zu verwirklichen, ist Menschenweg.

7. Leben und Tod

Geburt und Tod sind die zwei
Seiten der einen Münze, die Leben
heißt.

Den eigenen Schatten nicht überspringen,
sondern bewußt annehmen und
integrieren.

Zu dem, der warten kann,
kommt alles mit der Zeit.

Man sieht erst,
wieviel Zeit man hat,
wenn man aufhört zu glauben,
man habe keine.

Ein jedes Leid hat seinen Sinn,
den man jedoch erst erfährt,
wenn man sich seiner nicht mehr
erwehrt, sondern es akzeptiert.

Als Individuum ist jeder
Mensch ein einmaliger, einzig-
artiger, unverwechselbarer
Entwurf zum Bilde dessen,
als der er gemeint ist:
ein individueller Gedanke Gottes.

Raum ist die Form des Seins,
Zeit ist die Kraft des Werdens.

Aus: Dr. Peter Zürn „Führung und Vorbild – Existential-Aphorismen", FAZ-
Verlag 2002

13. Mehr Mensch werden...

Willigis Jäger

Während der Fahrt nach Münster las ich eine sehr alte Geschichte. Ein Jünger des Konfuzius traf einen alten Mann, der gerade seinen Garten bewässerte. Er hatte Stufen in die Brunnenwand geschlagen und holte jeden Eimer Wasser von unten herauf. Der Jünger des Konfuzius erklärte ihm, daß es eine Vorrichtung gäbe, mit der man am Tag hundert Gärten bewässern könnte und erklärte ihm die Funktion eines Ziehbrunnens (eine lange Stange, an einem Ende der Eimer, am anderen Ende ein Gewicht).

Der Alte entgegnete ihm: „Ich habe von meinem Lehrer gelernt: Wer Maschinen benutzt, der arbeitet auch wie eine Maschine. Wer wie eine Maschine arbeitet, bekommt ein Maschinenherz. Wer aber ein Maschinenherz in seiner Brust hat, der hat nicht mehr die unverdorbene reine Einfalt. Wer aber nicht mehr seine unverdorbene reine Einfalt hat, der wird in seiner Seele wankelmütig, und wo die Seele wankelmütig ist, ist für das Tao kein Platz. Ich kenne solche Dinge wohl, doch scheu ich mich, sie zu gebrauchen. – Nur wer das Tao ergriffen hat, kann die naturgewollte Wirkung ganz erfüllen. Nur wer die Fülle des naturgewollten Wirkens hat, kann auch des Lebens Fülle haben. Nur wer des Lebens Fülle hat, kann auch des Geistes Fülle haben. Des Geistes Fülle, das ist der Weg des wahren Heiligen." (Tschuang-Tse S. 43)

Tschuang-Tse, der diese Geschichte geschrieben hat, lebte in einer politisch sehr bewegten Zeit, im 3. Jahrhundert v. Chr..Er erzählt von einem Alten am Brunnen, der seinen Garten bewässert. Tschuang-Tse hatte in seiner Jugend eine staatliche Stelle, vermutlich war er wiederholt verheiratet, er hatte Kinder und stand einem Haushalt vor. Er will gewiss nicht den Rückschritt propagieren. Was er da erzählt, ist eine Warnung. Es gibt einen Weg nach innen, in die ruhende Potenz, aus der aller Fortschritt kommt. Wer dort nicht verankert ist, verläuft sich.

Unsere Spezies hat sich einseitig entwickelt. Provoziert von äußeren Umständen haben wir eine individuelle Struktur entfaltet, unser Ich. Andere Möglichkeiten, die ebenso in uns schlummern, vernachlässigen wir. Das Ich macht uns zu Menschen, aber durch seine Abgrenzung hindert es uns daran, auch andere Möglichkeiten zu entwickeln, die unser Menschsein erfüllter machen könnten. Das Ich hat sich dazu noch in eine Egozentrik hinein entwickelt, die uns hindert, eine menschenwürdige Gemeinschaft aufzubauen. Ich und Polarität lassen sich offensichtlich nicht trennen. Wer ‚ich' sagt, muß auch ‚du' sagen. Das Ich zieht Grenzen. Das führt zu Konflikten zwischen einzelnen Menschen, Generationen, Rassen und Ländern. Wir haben ein überholtes, ja gefährliches Menschenbild.

Um als Spezies zu überleben und uns gegen viele Konkurrenten in der Evolution durchzusetzen, benötigten wir Aggressivität, Egozentrik und einen starken Willen zur Selbstbehauptung. Wir mußten andere und anderes ausschalten, um zu überleben. Diese Muster und Konditionierungen sind heute kontraproduktiv geworden. Sie hindern uns am Zusammen-Leben. Ethische Grundsätze, seien sie von den Religionen oder vom Staat aufgestellt, brachten uns nicht weiter. Das „du sollst" und „du mußt" veränderte uns Menschen kaum und nützt auch heute nur wenig. Ethische Grundsatzprogramme sind leicht aufzustellen, aber woher nehmen wir die Motivation, sie zu erfüllen?

Wir stehen als Spezies, wie schon einige Male in unsrer Geschichte, vor einem Wendepunkt. Die darwinsche Entwicklungslehre legt nahe, daß vor allem der überlebte, der den giftigsten Stachel besaß und das größte Gebiss. Neuere Forschungen aber sagen uns, daß vor allem das Biotop überlebt hat und auch heute noch die größten Überlebens-Chancen besitzt. Evolution ist Co-Evolution. Wir werden feststellen, daß absoluter Konkurrenzkampf, daß Krieg und Unterdrückung die Domäne der Dummen sein werden.

Die Spezies homo sapiens wird sich verändern. Die alte Weltsicht scheint überlebt. Selbst die Naturwissenschaft spricht von der holistischen Welt. Die Astrophysik, die Molekularbiologie und die Forschung im subatomaren Bereich suchen Parallelen in der Mystik des Ostens. Sie sind dabei, sich vom bisherigen trennenden, in Teile zerfallenden Weltbild zu verabschieden. Jedes Atom ist mit jedem Atom im Weltall verbunden. Unser mechanistischen Vorstellungen verwickeln uns mehr und mehr in Dissonanzen. Dieser Kosmos folgt eben keinem mechanistischen Entwurf. Er ist a-rational oder transrational organisiert. Hinter allem steht das Eine, für das wir so viele Namen gefunden haben und das unser Verstand nicht fassen kann. Einst haben die Naturwissenschaften die Weisheitslehren ins Abseits gedrängt. Heute nehmen viele Naturwissenschaftler die Weisheitslehren zur Deutung ihrer Erkenntnisse. So schreibt der Nobelpreisträger Zukav: „Falls Bohms oder eine ähnliche Physik in Zukunft zur Hauptrichtung der Physik werden sollte, könnten die Tänze (Weltsichten) des Ostens und des Westens in außerordentlicher Harmonie ineinander übergehen. Seien Sie nicht überrascht, wenn die Vorlesungsverzeichnisse über Physik im 21. Jahrhundert Vorlesungen über Meditation enthalten." (Zukav, S.351)

Wir haben den Zugang zu unserem wahren Wesen zu finden, um dort noch einmal zu unseren eigentlichen Ressourcen hinab zu steigen, um ergänzende Muster und Formen des Zusammenlebens zu entwickeln. Dieses unser wahres Wesen entfaltet sich wie ein Fächer. Nichts kann herausfallen. Alles ist mit Allem verbunden. Jeder Teil beeinflusst den anderen. Nichts steht isoliert. Selbst unsere Gedanken und Gefühle sind wirksam in der Evolution. Dieses Eine, um ein anderes Bild zu gebrauchen, gleicht einem Punkt, den man aufbläst. Alles was wir im Ballon finden ist bereits im Punkt vorhanden. Aber das Aufblasen folgt nicht einem starren Ablauf, es verändert sich, weil kleinste Abweichungen zu vollkommen neuen Möglichkeiten führen.

Zen und andere spirituelle Wege ermöglichen es uns, an unserem eigentlichen Grund noch einmal zu beginnen. Sie bescheren uns die Erfahrung der Einheit mit allen Wesen. Daraus resultiert eine Verbundenheit, die aus dem Erleben kommt und nicht auf einem „du sollst" und „du mußt" basiert. Diese Einheitserfahrung ist die eigentliche Grundlage der Ethik.

Charon, ein französischer Naturwissenschaftler und Nobelpreisträger, erkennt in der Tendenz zum Einen den „Urtrieb" und er scheut sich nicht, ihn 'Liebe' zu nennen. Selbst in einem Atom, sagt er, liegt bereits die Tendenz sich zum Größeren hin zu öffnen. Die Evolution drängt zur Selbsttranszendenz, zum Einen. Liebe ist die Grundstruktur des Universums, *nicht* Liebe als Gebot, sondern Liebe als Einheitserfahrung. Wer sich nicht öffnen kann zum anderen hin, bleibt verkrüppelt und kann nicht wachsen. Wer sich der Selbsttranszendenz verschließt, geht unter und ertrinkt in seinem eigenen Bild, wie Narziss aus der griechischen Sagenwelt.

Liebe ist das Weltbaugesetz, das Strukturgesetz des Universums. Aber es ist keine Liebe, die aus dem Gebot kommt. Es ist die Liebe, die aus der Einheitserfahrung kommt, wie sie uns die spirituellen Wege schenken.

Das mystische Bewußtsein verweist auf Einheit. Wer sich mit dem anderen eins erfährt, kommt zu einer ganz neuen Verhaltensweise. Es gibt eine gute Zusammenfassung dieses Ethos' in einem Text, der vermutlich aus dem Taoismus stammt:

„Pflicht ohne Liebe macht verdrießlich –
Verantwortung ohne Liebe macht rücksichtslos
Gerechtigkeit ohne Liebe macht hart –
Wahrheit ohne Liebe macht kritiksüchtig
Erziehung ohne Liebe macht widerspruchsvoll –
Klugheit ohne Liebe macht gerissen
Freundlichkeit ohne Liebe macht heuchlerisch –
Ordnung ohne Liebe macht kleinlich
Sachkenntnis ohne Liebe macht rechthaberisch –
Macht ohne Liebe macht gewalttätig
Ehre ohne Liebe macht hochmütig –
Besitz ohne Liebe macht geizig
Glaube ohne Liebe macht fanatisch."

„Je tiefer meine Erfahrung, um so größer mein Mitgefühl", charakterisiert sich diese Erfahrung. Nur die Erfahrung der Einheit bringt das rechte Verhalten zu allen Wesen. Das Auge sagt zum Fuß nicht: Ich liebe dich. Sie gehören zusammen und sorgen in dieser Einheit füreinander.

Ich hoffe auf den neuen Menschen, nicht den Übermenschen eines Nietzsche, sondern auf den Menschen, der sein transpersonales Potential entdeckt und entfaltet.

Dort geht die Evolution weiter und auch die Entwicklung unserer Spezies. Wir Menschen sind unglaublich genügsam. Menschsein kann so viel mehr bedeuten. Aber wir haben noch kein Curriculum entwickelt, diese anderen Bewußtseinsmöglichkeiten zu erreichen. Wir trainieren 20 Jahre unseren Verstand und lassen Anderes brach liegen. Zen kann uns helfen, mehr Mensch zu werden.

Spiritualität ist Lebensqualität. Erst wenn wir erkennen, daß transpersonale Bewußtseinsräume eine Bereicherung für unser Leben bedeuten und darüber hinaus die Motivation schaffen, eine menschenwürdige Ethik wirklich einzuhalten, erst dann werden wir uns auch bemühen. Unsere Zukunft liegt im transpersonalen Bewußtseinsraum.

Literatur:
Dahlke R., Der Mensch und die Welt sind eins, München 1990
Tschuang-Tse, Dichtung und Weisheit, Insel Verlag 1936
Zukav G., Die tanzenden Wu Li Meister, Ro TB 7910
Dürr H.P., Physik und Transzendenz, Bern 1986
Murken S., Gottesbeziehung und physische Gesundheit, Münster 1998

Europäische Zen-Akademie für Führungskräfte

Ehrenurkunde

Benediktinerpater Willigis Jäger
Ko – un – Roshi

ist zum ersten Ehrenmitglied der Europäischen Zen-Akademie für Führungskräfte ernannt worden. Er hat sich als Zen-Meister in Europa verdient gemacht um die Führungskräfte, indem er das Beste zweier Welten
für sie kombiniert hat, nämlich westliche Rationalität und christliche Mystik
mit fernöstlicher Spiritualität. Mit seinen Zen-Kursen, Vorträgen und Büchern ist es ihm gelungen, vielen Führungskräften neue Orientierung zu
geben und ihnen die Kraft aus der Stille zu erschließen.

Mit dem Weg nach innen lehrt Willigis Jäger nicht den Weg aus der
Welt, sondern er zeigt auf, wie Führungskräfte für ihr Berufs- und Privat-
leben durch die Erschließung ihrer inneren Kräfte alle Energien freisetzen
können, die in ihnen aufgespeichert sind, die aber durch die Bedingungen
des täglichen Lebens häufig blockiert werden. Der von ihm gezeigte Weg
ermöglicht Führungskräften, ihr inneres Gleichgewicht wieder zu finden,
ihre Konzentrationsfähigkeit zu verbessern, ihre psychische und physische Gesundheit zu fördern, viele Formen der Angst besser zu überwinden, sich gegenüber Veränderungen zu öffnen, Stress besser abzubau-
en, die Arbeit positiver zu sehen und ihre Sensibilität gegenüber Mitarbeiter zu erhöhen.

Münster, den 15. April 2002

(Prof. Dr. Hans Wielens, Leiter)

14. Busines Ethik – Welche Wirtschaft braucht die Welt?

Niklaus Brantschen und Pia Gyger

Ethik ist in. Alle reden davon und viele schreiben darüber. Ethik boomt. Im Alltagsgeschäft ist Ethik allerdings noch kaum ein Thema. Und wenn es ein Thema ist, dann wird Ethik nicht selten mit der Frage verwechselt: Wie komme ich ungeschoren durch? Diese Haltung nennen wir „Slalomethik". Für sie gilt: Moral ist, was legal ist. Als ob Gesetze alles und jedes regeln könnten. Als ob Vorschriften die Menschen von ethisch-reflektiertem Handeln dispensieren würden. Nicht alles, was legal ist, ist ethisch richtig. Einen Mindestlohn zu zahlen, mag vor dem Gesetz in Ordnung sein. Ob es auch ethisch richtig ist, bleibt eine Frage.

Was aber ist die Grundlage eines Handelns nach dem „Prinzip Verantwortung" (Hans Jonas)? Was ist Ethik? Anders gefragt: Was ist das ABC des menschlichen Handelns?

Es ist die nicht mehr zu hinterfragende Übereinkunft: So was tut man nicht. Dieser knappe Satz schließt die eigene Erfahrung mit ein, zum Beispiel: „Quäle nie ein Tier zum Scherz, denn es fühlt wie du den Schmerz". Oder: „Was du willst, das man dir tut, das tue auch dem anderen". Diese in allen großen spirituellen Traditionen bekannte Verhaltensregel nennt man die „Goldene Regel". Sie besagt, daß ethisches Handeln durchaus im eigenen Interesse liegt.

Ethik fängt bei mir an

Genießen können, hat mit Ethik zu tun. Wer sich etwas gönnt, gönnt auch anderen etwas. Wer sich annimmt und sich in seiner Haut wohl fühlt, schließt auch Fremde, Andersdenkende nicht so schnell aus. Ehrfurcht vor dem Leben in seinen vielfältigen Formen ist die Basis für ein menschenwürdiges Leben und Handeln, für eine tragfähige Ethik. Leben ist isoliert gar nicht denkbar. Es beruht auf einem ständigen intensiven gegenseitigen Austausch von Energien und Informationen. Alles hängt mit allem zusammen. Alles wirkt auf alles zurück. Grundlage ethischen Handelns ist demnach nichts weniger als eine umfassende Selbst- und Welterfahrung, eine tiefere Sicht der Wirklichkeit.

Ein Konzept der Bio- und Genethik zum Beispiel ist demnach überfällig. Eine solche Ethik wird dann eine Chance haben, wenn sie sich auf eine breite Öffentlichkeit stützen kann. Wir sind alle gefordert, in unserem

eigenen Interesse und im Interesse der kommenden Generationen mitzu-
denken. Denn in einer Zeit, da fast alles möglich ist, darf die Frage:

Was wollen wir tun? nicht einigen Spezialisten und ethischen Gutach-
tern überlassen werden.

Ein (fast) ganz anderes Institut

Zu den Standards ethischen Handelns in der „postmodernen Beliebigkeit"
gehört auch eine Kultur der Gleichberechtigung und der Partnerschaft von
Mann und Frau. Das Lassalle-Institut setzt auf die Pflege dieser Kultur einen besonderen Akzent. Man hat gesagt, dieses Jahrhundert werde das
Jahrhundert der Frau sein. Wir meinen, es wird das Jahrhundert der
Partnerschaft sein. Nicht nur Frauen, auch Männer haben schöpferisch-
bewahrende, schützende und fördernde, also „weibliche" Kräfte. Und sie
sind beide aufgerufen, diese auf ihre Weise zu entdecken, zu entfalten
und einzusetzen – zum Wohl einer humaneren Welt. Die Menschheit ist
wie ein Vogel mit den beiden Flügeln Mann und Frau. Der Vogel Menschheit ist ein „schräger", kommt nicht vom Fleck, wenn ein Flügel schwä-
cher ist als der andere.

Die Basis der Arbeit im Lassalle-Institut bildet demnach die Pflege der
emotionalen und spirituellen Intelligenz. Im Geiste H. E. Lassalles, einem
Brückenbauer zwischen Ost und West, befähigt das Institut durch qualifi-
zierte Zen-Angebote Führungskräfte zu ganzheitlichem, nachhaltigem
Handeln, das dem Gewinn durchaus förderlich ist.

The business of business is business

Gewinn muß sein. Denn ohne Gewinn hat es die Ethik schwer. Was nicht
heißt, daß Ethik zu einem Wohlstandsthema verkommen darf: Wieviel
Ethik kann ich mir leisten? Die Frage ist falsch gestellt. Eine Firma, die
nur dann ethisch handelt, wenn sie blüht, blüht bald nicht mehr. Mit anderen Worten: Verantwortetes Tun und Lassen lohnt sich. Firmen-eigene
Verhaltens-Codes für soziales und ökologisches Handeln fördern die
Unternehmenskultur und die Motivation der Mitarbeiterinnen und Mitarbeiter. Sie schaffen zugleich Vertrauen nach außen. Unternehmen fangen
an, das zu verstehen. Ein Beispiel: Ein deutscher Chemiekonzern wurde
in den USA wegen unlauteren Wettbewerbs bestraft. Der Chef, nachdem
er in Amerika die Rechnung über eine Milliarde beglichen hat, kam nach
Deutschland zurück und beschloss, das „Wertemanagement" (wie es so
schön heißt) zu verbessern. Er bestellte ein Ethikteam. Zu diesem Team

gehören unter anderem – man höre und staune – eine Theologin und ein
Philosoph.

15. Hugo Makibi Enomiya-Lassalle – Ein Westfale als Brükkenbauer zwischen den Kulturen und Religionen Asiens und Europas

Hans Wielens

Hugo Lassalle wurde am 11. November 1898 auf Gut Externbrock, im Teutoburger Wald, mitten in der fruchtbaren Landschaft Westfalens geboren. Er starb am 7. Juli 1990 im Haus Sentmaring in Münster, dem „Seniorenheim" der Jesuiten. Sein Leichnam wurde aber nicht in Westfalen bestattet, sondern auf Anordnung der Jesuiten in Japan, deren Provinz Pater Lassalle angehörte, wurde er verbrannt und die Urne nach Japan überführt, und zwar in die Krypta der von Hugo Lassalle initiierten und gebauten ‚Friedenskirche' in Hiroshima.

Aus der Formulierung der Überschriften seiner Nachrufe kann man schon erahnen, welche Spannweite, welche religiöse Tiefe und welche Bedeutung sein Leben gehabt hat und sein Wirken künftig noch haben wird:

- „Brücken von Buddhisten zu Christen geschlagen" (E. Lück)
- „Pioneer of Zen Meditation for Christians" (K. Luhmer)
- „Er öffnete ein Tor" (J. Sudbrack)
- „Einer der Zeichen setzt und zum Zeichen wurde" (R. Ropers)
- „Brückenbauer zum Buddhismus in Münster gestorben (Kirchenzeitung Hildesheim)
- „Mahnende Verpflichtung"
- „Wehen eines neuen Menschen" (Rheinischer Merkur)
- „Wegbereiter des Zen für Christen" (Geist und Leben)
- „Das Feuer weiter tragen" (Pater Johannes Kopp)

Hugo Lassalle wurde schon in jungen Jahren von seinem Orden beauftragt, Japan zu christianisieren. Dieses schien ihm nur möglich, wenn er sich voll mit der japanischen Kultur identifizieren und aus diesem Verstehen heraus den Menschen den Glauben an Jesus Christus vermitteln würde. Den größeren Teil seines Lebens verbrachte er in Japan und sein Leben umfasste zwei Weltkriege, das Ende des deutschen Kaiserreiches, die Explosion der ersten Atombombe, durch die er selbst schwer verletzt wurde, die Kapitulation Japans, das Ende der alteuropäischen und altjapanischen Kultur, die Entstehung einer neuen internationalen Industrie-, Dienstleistungs- und Informationskultur und die Erneuerung der römisch-katholischen Kirche durch das Zweite Vatikanische Konzil. Dieses Leben wurde also geprägt von Zäsuren, die nicht nur das äußere Leben, sondern vor allem auch sein inneres, geistliches Leben beeinflusst haben. Hugo Lassalle hat sein Leben der Suche nach der Erfahrung Gottes gewidmet, er ist nicht in den Brüchen, in der Gewalttätigkeit dieser Welt, den Problemen der jeweiligen Gegenwart stecken geblieben, sondern hat den Schritt hinaus gewagt in ein neues Bewußtsein, in dem die unversöhnlichen Gegensätze aufgehoben werden.

Er begann sein Studium in Holland, und zwar in sHeerenberg und ab 1921 in Valkenburg und setzte es später in England und Frankreich fort. Schon früh war von der Ordensleitung der Jesuiten in Aussicht genommen worden, ihn als Missionar nach Japan zu entsenden, was ihn veranlasste, sich mit Zen-Texten und mit der japanischen Kultur zu befassen.

Im Tertiat, das er in Südfrankreich absolvierte, konnte er von einer Innovation im Jesuiten-Orden profitieren, nämlich eine grundsätzliche planmäßige Einführung in die Mystik zu erhalten. Sein Tertiarier-Meister P. Louis Poullier war nicht nur ein Kenner der klassischen christlichen Mystik, sondern auch einer, der selbst diesen Weg ging. Für ihn war der christliche Wert schlechthin und das Ziel des christlichen Lebens die Vereinigung mit Gott, was für jene Zeit eine ungewöhnliche Zielsetzung war: denn der katholische Katechismus formulierte die Bestimmung des Menschen ausschließlich aus der Perspektive eines Herrschaftsverhältnisses „Gott hat uns erschaffen, daß wir ihm dienen und daß wir in den Himmel kommen." Louis Poullier griff mit seiner Überzeugung, den Wert christlichen Lebens an der Tiefe der Vereinigung mit Gott zu messen, auf die frühen Zeiten des Christentums zurück. Durch die sich verstärkt durchsetzende naturwissenschaftliche Weltsicht verlor das biblische Weltbild rasant an Plausibilität. Die seit Mitte des 19. Jh. einsetzenden textkritischen Untersuchungen der Bibel erhärteten den Verdacht, daß die Heilige Schrift aus Mythen und Legenden bestehe. Wer hier noch Christ sein, aber sein Denkvermögen nicht aufgeben wollte, fand in der Mystik einen gangbaren Weg. Dieser bot eine Möglichkeit, den Bereich des Rationalen zu überschreiten, ohne den Verstand verleugnen zu müssen, er bot einen natürlichen Weg zu Gott.

1929 ging Hugo Lassalle nach Tokyo. Es war sein Ideal, im Armenviertel zu wohnen; denn die christliche Nächstenliebe sollte ganz praktisch werden. Als Pater Minister wurde er zuständig für die Administration der Sophia-Universität, der Ausbildungsstätte für Japaner, an der auch junge Jesuiten Philosophie und Theologie studierten. Schon 1931 gründete er mit seinen Studenten das heute noch bestehende Sozialhilfswerk „Jochi-Settlement" in einem Slum, in dem 13 % der Bevölkerung Tokyos wohnte. Er zog selbst in das Armenviertel und begann mit der Betreuung und Ausbildung von Kindern. Dies geschah in dem Bewußtsein, daß die Werke der christlichen Liebe eine gute Empfehlung für die katholische

Kirche seien und deutlich machen würden, daß in der christlichen Religion große Kraft, Liebe und Selbstlosigkeit wohne. Er verbesserte sein Japanisch, verlangte von sich den Verzicht auf alles, Furchtlosigkeit, Sammlung in der Einsamkeit und Stille, Kreuzesliebe und Arbeit. Nach seiner Auffassung sollte ein Missionar mit völliger Hingabe seine Arbeit tun und jegliche Anhänglichkeit an Bequemlichkeiten und Vorlieben weltlicher Art ablegen. Er müsse nicht nur bewandert sein in der Landessprache und Landessitte, in Geschichte, Geographie und Religion des Landes, sondern auch Verständnis für die Mentalität Japans haben. Erforderlich schien ihm eine innere Übereinstimmung mit dieser Mentalität. Das wichtigste für ihn war, die Innerlichkeit, der eigene geistliche, spirituelle Weg, der sich für übernatürliche Mittel, das Wirken der Gnade Gottes, öffnete. Missionar zu sein, hieß für ihn, sich auf einen persönlichen Umwandlungsprozess einzulassen, die alten Identifizierungen mit Heimat und Herkunft aufzugeben und dies als Teil des spirituellen Weges der Suche nach der Vereinigung mit Gott zu sehen. Diese unio mystica war für ihn das Ziel des Lebens als Ordensmann.

Inzwischen, im Jahr 1935, zum Oberen der Jesuiten-Mission bestellt, regte Rom an, das Noviziat nicht in der Nähe Tokyos, sondern weiter südlich, in Hiroshima zu bauen. Dieses neue Gebäude wurde von Pater Lassalle in einer sprechenden Architektur errichtet, in einer Anpassung an die Mentalität und Architektur Japans. Es handelt sich um eine im japanischen Stil errichtete dreistöckige Pagode, die im Inneren einer Mischung aus japanischer und europäischer Innenarchitektur entsprach. Er nahm Kontakt mit den Professoren der Universität Hiroshima auf und sprach mit ihnen insbesondere über Zen. In Rom setzte er sich dafür ein, Japanisch als Sprache der Liturgie zuzulassen, womit er aber nicht erfolgreich war.

Hugo Lassalle befasste sich aber nicht nur theoretisch mit Zen, sondern besuchte mehrfach Zen-Sesshins in buddhistischen Klöstern, nachdem er schon während seiner Studienzeit beim Beten und Kontemplieren die spezifische Form des Sitzens ausprobiert und gepflegt hatte.

Hugo Lassalle wurde am 6. Aug. 1945 durch den Abwurf der Atombombe auf Hiroshima schwer verletzt. Ein Mitbruder notierte „Pater Lassalle bekam einen Hagel von Splittern in den Rücken und das Bein blutete mächtig. Die meisten Häuser waren eingestürzt. Wo die Stadt stand, ist alles, soweit das Auge reicht, eine Wüste von Asche und Trümmern. Die Ufer des Flusses sind völlig bedeckt mit Leichen und Verwundeten. Die Atombombe forderte 200 000 Menschenopfer.“

Schon bald entstand – unmittelbar aus dem Erleben der Atombombe – die Idee, eine Friedenskirche zu bauen. Sie sollte genau an der Stelle errichtet werden, wo die Kapelle der Jesuiten zerstört worden war. Mit der Errichtung der Friedenskirche wollte Pater Lassalle ein Zeichen setzen. Er sprach weniger über das ethische Problem, das die Erfindung der Atombombe aufwarf, sondern über die Wirkung dieser furchtbaren Waffe, die er als Betroffener besonders eindringlich und überzeugend darstellen konnte. Er war davon überzeugt, daß die Atombombe aufgrund ihrer verheerenden Wirkungen als Kriegswaffe auf der Basis von internationalen Verträgen ausgeschlossen würde – auch wenn das von den Realisten – wie er meinte – als unrealistisch angesehen wurde. Zur Mahnung und Erinnerung sollte der Bau der Friedenskirche, der überall in der Welt Beachtung fand, dienen.

Die Begegnung mit Zen war für ihn der Anstoß, nach einer Form und Gestalt der Nachfolge Christi zu suchen, die den sich wandelnden Umständen von Gesellschaft und Mentalität und den gewachsenen naturwissenschaftlichen Erkenntnissen entsprach. Die hebräische Bibel sagt, daß Gott die Menschen als Ebenbild Gottes geschaffen hat, so daß die Wirklichkeit Gottes in jedem Menschen präsent ist. Andererseits sind die Menschen unfähig, entsprechend zu handeln. Das Neue Testament zeichnet Jesus Christus als jemanden, der diesen heillosen Zustand des Menschlichen in seinem Menschsein überwunden hat, in dessen Leben prototypisch für alle Menschen und die ganze Schöpfung die Wirklichkeit Gottes erscheint.

Für den Aufbau der Friedenskirche sammelte er überall in der Welt finanzielle Mittel. Seine Reisen nutzte er auch, um die Stätten christlicher Mystiker zu besuchen. Für den Aufbau der Friedenskirche konnte er auch japanische Zen-Lehrer begeistern, die ebenfalls Geld von der japanischen Bevölkerung sammelten. Er intensivierte die Gespräche mit den Buddhisten, zumal die Menschen in Japan nach dem Kriege oberflächlicher und weniger religiös wurden. Mit seinem Dialog im meditativen Schweigen, das spirituelle Erfahrungen jenseits von Worten und Lehren sucht, legte er die Grundlagen für die interreligiösen Gespräche mit dem Buddhismus. Nach seiner Meinung sollten sich die Religionen nicht bekämpfen, sondern sich gegenseitig helfen. Nach mehrfachen Anläufen erhielt Lassalle 1948 die japanische Staatsbürgerschaft und nannte sich von nun an Hugo Makibi Enomiya-Lassalle, ein Name, der für ihn gleichzeitig Programm war, nämlich, Brücken zu bauen und feste Verbindungen und Verständnis zu schaffen.

Mit großem Interesse studierte Hugo Lassalle die Bücher von Daisetz Suzuki, der einer der einflussreichsten Vermittler des Buddhismus in den USA und damit im Westen war. Er hat den buddhistisch-christlichen Dialog maßgeblich durch zahlreiche Schriften und durch direkte Begegnungen mit Thomas Merton und mit dem Psychotherapeuten Erich Fromm sowie durch seine Lehrtätigkeit in den USA maßgeblich geprägt. Schon um 1907 glaubte Suzuki in Buddha und Jesus verwandte Geister zu erkennen, die gegen die religiösen Institutionen ihrer Zeit angegangen seien und der Botschaft der Liebe wie dem Vertrauen auf die innere Stimme

Bahn gebrochen hätten. Ab 1957 entdeckte Suzuki Meister Eckhart und die christliche Mystik und ihre Nähe zum Zen. Er schrieb ein Buch über Meister Eckhart.

Die Führung des Jesuitenordens in Japan fiel Pater Lassalle zunehmend schwerer. Ohne Entscheidungsbefugnis zu haben, selbst den engen Regeln entwachsen, in einer Vermittlerrolle zwischen Regierung und dem Orden und in einer Situation, in der die meisten seiner Mitbrüder seine Auffassungen nicht teilten. Was die theologische Integration der Zen-Übung betraf, war er weitgehend auf sich selbst zurückgeworfen. Die nicht-christlichen Religionen galten damals pauschal als „natürliche Religionen" und das katholische Christentum als „übernatürliche Religion". Diese Unterscheidung, so undifferenziert sie auch war, gab ihm jedoch auch große Freiheiten bei der Integration des Zen, indem er die Zen-Praxis als natürlichen Weg zum übernatürlichen Ziel, als natürliches Mittel zur Disposition der Seele für mystische Erfahrungen darstellte.

Ihm war deutlich, daß wir Gott nicht in unsere Begriffe einengen können und er fühlte verstärkt die Unvorstellbarkeit Gottes. Er sah auch die verzweifelte Situation vieler Menschen, die mit Nachdenken allein nicht über ihre Glaubensschwierigkeiten hinwegkommen und oft gerade durch das Nachdenken noch mehr in die Ausweglosigkeit getrieben werden. Gerade darin sah er den Vorteil der östlichen Meditation, die das Denken grundsätzlich einstellt und den Weg in die Tiefe der Seele sucht.

Er las das Buch von Thomas Merton „Aufstieg zur Wahrheit", in dem an den Schriften des Johannes vom Kreuz gezeigt wird, daß der Zweifel an den erlernten Begriffen von Gott eine wichtige Voraussetzung für den Weg der Mystik ist. Das bestärkte Lassalle darin, neue Wege für die Mission einzuschlagen. Durch eine Verbindung des Zen und dem Katholizismus wollte er den Werteverfall in Japan aufhalten. In seinen Vorträgen für Christen begann er damit, die Zen-Praxis zu empfehlen. Allerdings wurde in Rom sein „Postulat zur Einführung der Methode des Zen" nicht genehmigt. Dennoch schlug Pedro Arrupe (als Leiter der japanischen Jesuiten) vor, in Hiroshima einen Ort für die Zen-Praxis einzurichten und junge Jesuiten zum Studium des Buddhismus und zur Zen-Übung anzuhalten.

Zur Vorbereitung des Zweiten Vatikanischen Konzils sollte Hugo Lassalle nach Rom fahren und dort über „Neuzeitliche Seelsorge und Liturgie" informieren. Er nutzte die Reise, um gleichzeitig den Berg Athos, Indien, Burma und Thailand zu besuchen, um sich mit Themen der Mystik und des Glaubens mit Experten verschiedener Religionen zu unterhalten. Er spürte einen innerlichen Wandlungsprozess. Auch sein Glaube veränderte sich, und er erkannte, daß alles Streben sein Motiv in der Liebe haben müsse, auch das Streben nach dem Durchbruch zur Gotteserfahrung. Auf seinen Reisen nach Europa und Asien befasste er sich vor allem mit dem Verhältnis christlicher und asiatischer Mystik und in Rom wollte er sich nachhaltig dafür einsetzen, Zen durch die katholische Kirche als Weg zu Gott anerkannt zu bekommen.

Vorbereitungsgespräche mit Kardinal Frings und den Kardinälen Bea und Marella, um Befürworter für die Neuauflage seines Buches über Zen zu gewinnen, brachten keine positiven Ergebnisse. Der General der Jesuiten, Pater Janssen, sah die Anpassung des katholischen Christentums an die nicht-europäischen Kulturen allerdings ziemlich pragmatisch. Zwar seien für ihn auch die Urteile der Zensoren Roms bindend, aber er setze sich für eine Neuauflage ein. Auch hatte er nichts gegen die Idee einzuwenden, ein „Institut zur Erforschung westlicher und östlicher Mystik" zu gründen. Pater Janssen erlaubte die Anwendung der Zen-Methode für Lassalle und für gereifte Patres und erklärte, daß er die Sache nicht stoppen wolle.

Allerdings erhielt Lassalle am 12. Mai 1963 von dem für das Zen-Projekt zuständigen Consilium in Tokyo die „Normae servandae in usu methodi Zen", die praktisch alles, was Pater Janssen als General zugesagt hatte, blockierten. Lassalle durfte nunmehr selbst nur unter Führung des zuständigen Superiors und des Spirituals Zen üben. Wer von ihm in Zen eingeführt werden wollte, benötigte dafür die Erlaubnis des Provinzials und des Spirituals. Laien bedurften der Genehmigung des Bischofs.

Das Zendo sollte geschlossen werden, wobei es aber pragmatisch der Hochschule für Musik angegliedert wurde, an der Lassalle ebenfalls lehrte. Er hielt sich nicht an die Vorgaben, sondern orientierte sich an den Aussagen des Jesuiten-Generals Janssen. Seine Mitbrüder in Japan hatten nur wenig oder kein Verständnis für seine Haltung. Vor allem verstanden sie nicht, daß er die Stelle eines Spirituals ablehnte, weil die damit verbundenen Richtlinien ihn gezwungen hätten, bei den „Scholastikern" über Zen zu schweigen und nur die gewohnten Wege „ignatianischer Spiritualität" aufzuzeigen. Selbst Pater Dumoulin, ein Kenner des Buddhismus, konnte die Haltung Lassalles nicht verstehen.

Pater Lassalle hatte sich bei der Suche nach der Vereinigung mit Gott auf ein Gebiet menschlicher Erfahrung vorgewagt, das in der katholischen Kirche vielen als gefährlich erschien. Zwar schrieben führende Theologen des Konzils wie Karl Rahner und Johannes Lotz über Bedeutung und Wege zu religiöser Erfahrung, aber sie lebten in Europa und blieben in der Sprache des Thomas von Aquin und damit in der abendländischen Tradition. Lassalle, der sich nicht nur mit der japanischen Denkweise und Kultur identifizierte, sondern sich in das Herz einer fremden Kultur, in ihre Religion begeben hatte, mußte sein Selbstverständnis als Christ und Jesuit in einer neuen Weise formulieren, wenn er seine Identität auch in der Welt des Zen-Buddhismus wahren wollte. Es ging im wesentlichen darum zu klären, was für den Christen „Satori", also die Erleuchtung bedeuten konnte, die beim Zen angestrebt wird. Die im ersten Anlauf versuchte Lösung, zwischen natürlicher und übernatürlicher Mystik zu unterscheiden, war unter den Theologen und Religionswissenschaftlern Europas nicht tragfähig. Selbst Raimon Panikkar, als Theologe und Priester in Indien seit langen Jahren im Gespräch mit Hindus, hatte ihm gegenüber im Gespräch in Rom diese Unterscheidung bezweifelt. Er meinte, wenn es Mystik sei, sei es Begegnung mit Gott und damit übernatürlich.

Lassalle suchte einen neuen Weg, bei dem sich ein Gespräch mit dem Karthäuserpater Porion, einem ausgewiesenen Kenner der Mystik Ruysbroeks, als hilfreich erwies. Porion machte darauf aufmerksam, daß die Fülle, die im Satori erlebt werde, nicht die Fülle des Selbst sei, sondern daß im Gegenteil das Selbst, das empirische Ich, ja vollkommen entblößt werde. Die Fülle sei die Fülle des göttlichen Wesens und würde nach dieser Auffassung als etwas anderes empfunden als das Selbst; sie werde erst erfahren, wenn man bis auf den Grund des Selbst komme.

In Rom hatten inzwischen anonyme Zensoren (möglicherweise Rahner und Lotz) das Buch von Hugo Lassalle „Zen-Weg zur Erleuchtung" mit einigen kleineren Änderungen zur Veröffentlichung freigegeben. Nunmehr sollte es in dem Buch heißen, „daß ein Zen-Buddhist und ein Christ dieselbe Erleuchtung erfahren können, aber diese Erfahrung unterschiedlich interpretieren." Hieraus ergab sich das Dilemma, in dem Lassalle stand. Er notierte in seinem Tagebuch:

„Es versteht sich von selbst, daß es für dasselbe Erlebnis nur eine richtige Interpretation geben kann. Da jedoch eine adäquate Erklärung in Worten tatsächlich nicht oder kaum möglich ist, so ist es verständlich, daß jeder mit den Begriffen seiner Weltanschauung eine Erklärung zu geben versucht, wenn er es nicht vorzieht, auf jede begriffliche Erklärung zu verzichten. Jedenfalls ist das Satori weder ein Beweis für die Richtigkeit der monistischen Weltanschauung, noch kann es im eigentlichen Sinne ein Schauen Gottes genannt werden. Wenn man es als ein Erlebnis des Seins, näherhin des Selbst im eigenen Sein und in seinem Bezug zum Sein-überhaupt bezeichnen kann, so liegt das zumindest in der Richtung eines Gotteserlebnisses, da Gott der Urgrund allen geschöpflichen Seins ist und das Seinserlebnis daher seinen Urgrund irgendwie einschließen muß."

Die Zensoren hatten ferner formuliert: Zen sei als „physisch-psychologische Methode" für Christen akzeptabel, d.h. des „buddhistischen Gehaltes entkleidet." Die Methode sei „weder Gebet noch etwas Spirituelles" und daher nie Ersatz für die christliche Meditation, die „immer irgendwie zum Dialog mit Gott gehen muß". Sie diene „der geschickten Ausnutzung der natürlichen Kräfte", aber ihr fehle „die Nachfolge Christi als Weg und nächstes Ziel, die über die natürliche Tugend hinausgeht, und als letztes Ziel die bewußte Ausrichtung auf die Gottesliebe." Mit diesen und einigen weiteren Änderungen konnte das Buch in deutscher Sprache erscheinen.

Somit waren zwar nicht die Anliegen Lassalles erfüllt, aber der Weg war geöffnet, eine Lösung zu suchen.

Auf dem Weg zu weiteren Erkenntnissen fand Hugo Lassalle Anregungen und Ermutigungen aus den Büchern und Gesprächen bedeutender Persönlichkeiten

- Graf Dürckheim
- Teilhard de Chardin
- Carl Albrecht
- Sri Aurobindo
- Thomas Merton
- Jean Gebser
- Werner Heisenberg
- Und aus dem Thomas-Evangelium

Unter dem Eindruck der Schriften Teilhard de Chardins und von Sri Aurobindo (Schlagwort: Die Zukunft der Menschheit heißt kosmisches Bewußtsein) wurde Lassalle besonders aufgeschlossen für die Überlegungen des deutschen, in der Schweiz lehrenden Kulturanthropologen Jean Gebser, den er 1967 auf einer internationalen Tagung der Gemeinschaft „Arzt und Seelsorger" kennen lernte. Die These der Tagung lautete: technische Entwicklung und neue Medien schaffen eine geistig-soziologische Situation der Entfremdung, in der gehäuft seelische Gleichgewichtsstörungen auftreten, die zu psychischen und organischen Leiden führen. Die Wiederentdeckung der Meditation für westliche Menschen war daher in theologischer und psychotherapeutischer Hinsicht von großer Bedeutung. Mehr als 400 Teilnehmer aus der ganzen Welt nahmen an der Tagung „Abendländische Therapie und östliche Weisheit" teil.

Während in Europa die Kulturen Asiens entweder als exotisch und geistig unterlegen oder als eine Bedrohung der europäischen Identität betrachtet wurden, setzte sich Jean Gebser mit seinem Vortrag „Abendländisch-asiatische Polarität" von solchen Vorurteilen ab. Nach seiner Meinung seien Europa und Asien Polaritäten, aus deren Begegnung eine neue Dimension des Bewußtseins entstehen könne.

Für Gebser ist der Ursprung die zeit- und raumlose Ganzheit, „die Ganzheit, die ganz am Anfang stand, noch vor der Zeit." – „Der Ursprung ist immer gegenwärtig, er ist kein Anfang, denn der Anfang ist zeitgebunden. Und die Gegenwart ist nicht das bloße Jetzt, das Heute oder der Augenblick. Sie ist nicht ein Zeitteil, sondern eine ganzheitliche Leistung." Die Entfaltung des menschlichen Bewußtseins teilt Gebser in vier größere Bewußtseinsstrukturen, die in der Geschichte des Menschen aufgetreten sind. Der Ursprung des Bewußtseins ist eine archaische Grundstruktur, aus der zunächst drei Bewußtseinsstrukturen entstanden sind: die magische, die mythische und die mentale. Diese Strukturierung beruht auf der Erkenntnis, daß sich im Werden nicht nur der abendländischen Menschheit deutlich unterscheidbare Welten abheben, deren Entfaltung sich in Bewußtseinsschüben vollzogen hat.

In seinem Vortrag folgerte Gebser, daß die Menschheit wiederum vor einem Wendepunkt in der Geschichte stehe. So wie es einen Übergang vom magischen zum mythischen und dann zum rationalen Bewußtsein gegeben habe, stehe man nun vor dem Übergang zum arationalen oder aperspektivischen Bewußtsein. In der Begegnung zwischen Asien und Europa, zwischen spiritueller Erfahrung und Rationalität würde dieses neue Bewußtsein entstehen. Diese grundlegenden Gedanken hat Gebser in seinem auch heute noch aktuellen Werk „Ursprung und Gegenwart" niedergelegt und eingehend erläutert.

Gebser erkannte, daß sowohl die Physik als auch Biologie mit ihren neuen Konzepten den Boden des Nichts-als-Mentalen verlassen hatten. „Sie haben beide sowohl magische wie auch mythische Konzepte integriert, die sich in ihren Einheits- und ihren Ganzheits-Postulaten zu erkennen geben. Erst dieser vital-psychisch-mentale Dreiklang ermöglicht den Absprung in die vierte Dimension und erleichtert die Aufzeigung dessen, was sie ist: die integrale, besser die integrierende Komponente und Fähigkeit unserer neuen Bewußtseinsstruktur, die hinsichtlich der vorangegangenen um eine Dimension, die integrierende der Raum-Zeit-Freiheit überdeterminiert ist."

Auch Alexander Mitscherlich verwies auf die Unzulänglichkeit rationaler Methoden, die den unanschaulichen Feinstrukturen, wie in der Atomphysik und in der Tiefenpsychologie, nicht mehr gewachsen sind, in dem er feststellt, daß dem Menschen „urplötzlich wie in Mutationen neue Erkenntnisse zufallen können".

Das neue Bewußtsein kann sich nach Auffassung von Gebser erst dann durchsetzen, wenn es im Alltag gelebt wird. Für den Einzelnen kann das neue Bewußtsein erreicht werden durch die Überwindung des Ich, die eine Überwindung sowohl der Ichlosigkeit als auch der Ichhaftigkeit ist. Ichfreiheit ist Freisein vom Ich, ist nicht Ich-Verlust oder Ich-Verzicht, ist nicht Ich-Mord, sondern Ich-Überwindung. Das Ich-Bewußtsein war und ist das Charakteristikum der mentalen Bewußtseinsstruktur. Die Ichfreiheit ist das Charakteristikum der integralen Bewußtseinsstruktur, also der vierten Dimension. Der ungeteilte, der ichfreie Mensch, sieht nicht mehr die Teile, sondern nimmt das Ganze wahr und integriert das vor allem Ursprung liegende. Für ihn gibt es weder Himmel noch Hölle, weder Diesseits noch Jenseits, weder Ich noch Welt, weder Immanenz noch Transzendenz, sondern über deren magische Einheit, deren mythische Ergänztheit, deren mentale Entzweiung und Synthese hinaus das nun wahrnehmbare Ganze. Dann ist er gegenwärtig in achronischer, zeitfreier

Art, die mit seiner ichfreien Art korrespondiert. Dann ist Ursprung Gegenwart. Wir wahren das Ganze und das Ganze wahrt uns.

Mit diesen Aussagen ist Jean Gebser ganz nahe beim Zen. Das von ihm formulierte Ziel wird in der Zen-Meditation angestrebt.

Lassalle betrachtete die Theorie Gebsers als eine Bestätigung und Möglichkeit zur Weiterentwicklung seiner These, daß die Zen-Meditation zum spirituellen Fortschritt der Menschheit beitragen könne, zu einem neuen Bewußtsein, das durch die Erfahrung des Absoluten getragen wird. Auch Werner von Heisenberg bestätigte in einem späteren Gespräch die Vermutung Lassalles, daß ein neuer Zugang zur Wahrnehmung der Zeit, der vierten Dimension, zu einer Veränderung des Bewußtseins führen werde.

Ähnlich wie Teilhard de Chardin sah auch Sri Aurobindo in der Vergeistigung der Materie den nächsten Schritt der Evolution. Danach wird ein Quantensprung des Bewußtseins erwartet, ein Übergang, der genau so oder bedeutungsvoller sein werde als der Übergang vom Affen zum Menschen. Diese Vision der Zukunft leuchtete Lassalle ein, sie schien ihm die Lösung zu sein angesichts des Verfalls der Religion im Zeitalter der Hochindustrialisierung. Er glaubte, daß das Bild, das die Menschen von sich selbst haben, eine Vision ist, nach der sie ihre Zukunft gestalten wollen. Hier sah er seine Aufgabe: „Es gibt nur wenige Priester, die die Bedeutung des Zen erkennen, aber vielleicht keinen einzigen, der jene andere Mission sieht." An Pedro Arrupe, der inzwischen als Nachfolger von Pater Janssen zum General der Jesuiten gewählt worden war, schrieb er einen Brief, in dem er um Exklaustration für zwei bis drei Jahre bat, weil er in Sachen Zen noch etwas unternehmen wolle. „Und ich glaube, daß der Drang von Gott kommt. Der innere Konflikt ist schon jetzt manchmal unerträglich. Es ist das größte Opfer meines Lebens, den Orden zu verlassen. Aber ich möchte mir in meiner Todesstunde, die sicher nicht mehr fern ist, nicht den Vorwurf machen müssen, aus Furcht vor Opfern in einer wichtigen Sache unterlassen zu haben, was ich für den Willen Gottes hielt." Er teilte weiter mit, daß er nach Tokyo gehen und dort ein Zendo bauen wolle. Dieser Brief brachte die Wende. Arrupe war für die Anliegen Lassalles immer schon aufgeschlossen gewesen. Der Provinzial der Jesuiten in Japan approbierte die Pläne Lassalles und der Erzbischof von Tokyo unterstützte sie ebenfalls.

1968 übersiedelte er von Hiroshima nach Tokyo. Hiroshima verlieh ihm zum Abschied die Ehrenbürgerschaft.

Er erwarb in der Nähe des kleinen Dorfes Koiwa ein Grundstück, auf dem er schon im Mai 1969 mit dem Bau seines neuen Zen-Retreats, sein neues „Shinmeikutsu" begann. Es wurde viel größer als das erste in Kabe. Nur aus der Vogelperspektive ist es als ganzes zu sehen. Ein langgestreckter Gebäudekomplex, nach alter japanischer Bau-Tradition auf

Pfähle gestellt, mit schieferglänzendem Dach. Es liegt auf einem kleinen Plateau aus gewachsenem Fels unterhalb einer schmalen Bergstraße, über der Schlucht des Akikawa, des Herbst-Flusses, der sich bei heftigen Regenfällen aus einem Bergbach in ein reißendes Gewässer verwandelt, das bis ans Haus ansteigen kann. Die Schattenlage macht die Anlage im subtropischen Tokyoter Sommer angenehm kühl, aber im Winter eisig kalt.

In den Schriften von Carl Albrecht, der als Arzt Philisophie bei Jaspers studiert und selbst mystische Erfahrungen gemacht hatte – übrigens von Karl Rahner sehr geschätzt wegen seines wichtigen Beitrags zu einer abendländischen Theologie der Mystik – fand Hugo Lassalle die Möglichkeit, Erfahrungen des Trostes und Erfahrungen der Zen-Praxis in ein und derselben Sprache zu formulieren, nämlich phänomenologisch, d.h. religiös neutral, aber der eigenen Erfahrung angemessen. Ein Vortrag Albrechts über Agape verlieh auch dem Lebensthema Lassalles Worte. Lassalle schrieb in sein Tagebuch darüber „Agape ist Bewegung und Zuwendung in der Form des Sich-Zuneigens, denn das gehört zum Wesen der Agape, da sie ...nicht der Liebe des Geliebten bedürftig ist. Die Agape liebt den Geliebten nicht wegen seiner in ihm wohnenden Werte – ‚sondern „motivlos“, „ursachelos“, in seinem einfachen Dasein...die Formel für Agape ist nicht: ich liebe Dich, weil Du so bist (wie beim Eros), sondern sie heißt: ich liebe Dich, weil Du bist. Oder mit Meister Eckhart „Die Liebe ist „weiselos““, sie ist „Realisation“ der Einen Wirklichkeit.

In seinem Buch „Meditation als Weg zur Gotteserfahrung – Eine Anleitung zum mystischen Gebet“ – das 1972 veröffentlicht wurde, verarbeitete Lassalle die Anregungen Albrechts und stellte die Momente, die Carl Albrecht im Prozess der mystischen Erfahrung wahrgenommen hatte verständlich dar. Es blieb aber ein strittiger Punkt: ist die Erfahrung des Absoluten personal oder apersonal? Ihm kam dazu der folgende Gedanke: „Im apersonalen Absoluten so wie es die Buddhisten sehen, müsse Liebe sein, sonst könnte es nicht das Letzte und alles sein. Nun aber ist Gott die Liebe, und das Letzte müsste doch auch Liebe sein. Dann aber sei es personal. Dann sei (Schöpfung) Erschaffung Liebe und kann auch als Christus verstanden werden, nämlich, daß Gott (das Absolute) sich einmal wirklich selbst gibt: und das ist der Logos, der Mensch wird.“

Für Hugo Lassalle wurde ein erst im Jahr 1945 im Sand der ägyptischen Wüste Nag Hammadi gefundenes Papyrus von besonderer Bedeutung, weil es eine bislang unbekannte Schrift enthielt, nämlich das Thomas-Evangelium. Hierin erscheint Jesus vor allem als Weisheitslehrer, der in Paradoxen – ähnlich denen der Zen-Tradition – spricht. Das Reich Gottes ist in uns, und es erschließt sich jedem, der sich selbst und das göttliche Selbst erkennt. Denn das Reich Gottes ist jenseits aller Geschichte, für alle Menschen zu allen Zeiten gegenwärtig. (Dieses neu gefundene Evangelium gehört allerdings nicht zum anerkannten Kanon der christlichen Kirchen und ist keine durchgehende Erzählung. Wahrscheinlich wurde es von christlichen Wanderasketen in Syrien zwischen 70 und 140 n.Chr. zusammengestellt und Thomas, später Apostel Indiens genannt, zugeschrieben).

Für Lassalle wurde dieses Evangelium ein zusätzlicher wichtiger Wegweiser auf der Suche nach den Quellen christlicher Existenz in einer veränderten Gegenwart. Und die Gegenwart hatte sich gründlich verändert. Schon Ende der 60er Jahre erklärten Molekularbiologen: „Zum ersten Mal überhaupt versteht ein Lebewesen seinen Ursprung und kann es in die Hand nehmen, seine Zukunft zu gestalten." Doch die Stimmen, die eine blanke Zweckrationalität als vorrangige Wertorientierung der Gesellschaft in Frage stellten, wurden lauter. Lassalle war davon überzeugt, daß durch die Meditation die Menschen aus der Verstrickung des Rationalen befreit werden, obwohl das Rationale dabei seine Gültigkeit keineswegs verliert. Daher sei die Erleuchtung des Zen keineswegs ein Rückfall in das Irrationale oder bloß „psychische Erfahrung", die mit dem Geistigen nichts zu tun habe. Durch die Zen-Meditation würde die Fähigkeit der unmittelbaren Wahrnehmung gefördert und so das objektivierende Denken überwunden. Für das neue Denken sei die Welt vom betrachtenden Subjekt nicht mehr trennbar. Damit werde die Überwindung des Dualismus erreicht. Mit dem „neuen Bewußtsein" entwirft Lassalle ein Ziel menschlicher Selbstgestaltung, zugleich aber auch die Skizze einer theologischen Anthropologie, aus der eine christliche Spiritualität erwachsen kann, die in einer säkularen Gesellschaft die Frage nach dem Ziel des Menschen glaubwürdig beantworten kann. Die überkommenen Gottesbilder gaben den Menschen Ende des 20. Jh. immer weniger Orientierung zur Selbstfindung. Die vielen Götter mußten – nach Auffassung von Lassalle – sterben,... und schließlich starb auch der eine Gott. An dessen Stelle traten die Begriffe, die in sich nichts sind. Nun auf einmal entdeckt der Mensch, daß die Begriffe ihn nicht mehr befriedigen können, oder das begriffliche Denken allein nicht zur Ruhe kommen läßt und nun sucht er die wahre Wirklichkeit, die hinter den Begriffen ist.

Buddhismus und Hinduismus zeigen für Lassalle Wege zur Realisierung der Dimension der wahren Wirklichkeit der Nicht-Zweiheit, ebenso die christliche Mystik. Die abendländische Theologie, die seit der Spätantike zu den spekulativen Wissenschaften zählt, hat die Dimension der Mystik und einer spirituellen Anthropologie jedoch vernachlässigt. Daher bedarf es für eine mystische Theologie, die den Bedürfnissen der Gegenwart entspricht – nach Auffassung Lassalles – einer neuen Sprache, für die es keine Vorbilder gibt. Daher muß man zu den Quellen zurück, zu den Evangelien, die, wie Lichtstrahlen, die durch eine Linse gegangen sind, in Brechungen das Bild Jesu zeigen. Die tiefste Quelle christlicher

Existenz aber kann „nur die eigene religiöse Erfahrung sein, die wir im tiefen Gebet und in der Kontemplation finden. Nur dort kann uns unmittelbar von Christus selbst die Antwort gegeben werden." Diese Erfahrung des mystischen Gebets steht jedem offen. Lassalle schreibt dann in einem Brief: Ich bin mehr und mehr geneigt, zu denken, daß es nicht Gott ist, der Grenzen setzt, sondern der Mensch selbst. Gott ist immer bereit, jedem zu geben, was einem menschlichem Wesen geschenkt werden kann."

Lassalles persönliche Vision war ein neuer Orden, in dem sich Meditation und praktische Arbeit für die Armen verbinden. Wie bei den Wanderasketen der frühen christlichen Zeit – oder bei den indischen Sadhus, die er kennen gelernt hatte -, sollte es ein Orden ohne Satzungen sein. Das würde auch dem anfänglichen Konzept des Ignatius von Loyola entsprechen. Nur das Gesetz der Liebe sollte walten. Damals ging das nicht, aber mit dem neuen Denken der 4. Dimension müsste es seiner Auffassung nach gehen. Die 4. Dimension steht für ihn für die Vision einer in der Erfahrung des Absoluten und in der dadurch geeinten und friedlichen Menschheit, in der die Gegensätze, auch die der Religionen und Kulturen, transzendiert sind.

Im Kloster des Johannes vom Kreuz in Segovia machte er seine eigenen Exerzitien, übte Zazen und las die Autobiographie des Ignatius, die ihn immer wieder tief beeindruckte. Gelegentlich tauchte dabei die Besorgnis auf: wie, wenn es tatsächlich kein göttliches Gegenüber gibt... Hier ist bei mir ein Prozess in Gang gekommen, (über den) ich mit keinem reden (kann), der noch einigermaßen fest steht im „traditionellen Glauben". Mir scheint, ich muß den Prozess nicht aufhalten wollen, sondern es geht darum, in einen dunklen Grund (einzutreten), wo es immer noch dunkler wird, so daß man sich vielleicht an einem Strohhalm noch zu orientieren versucht. Es hat eine neue Phase begonnen. Wie lange wird es noch dauern, bis ich am anderen Ufer bin? Werde ich es noch erleben? Auf jeden Fall bleibt wahr: Wenn wir drüben sind, angekommen: es wird keine Enttäuschung sein. Lassalle befand sich weiter in einem Wandlungsprozess. Manchmal war die Lücke zwischen dem Verschwinden des gegenständlichen Gottes und einem neuen Positiven (...) auf einmal ausgefüllt, (...) ein inneres Einssein gegeben, aber dann schwand diese Erfahrung wieder, und Lassalle ging weiter durch innere Dunkelheit.

Seit Mitte der 60er Jahre kamen sowohl in Japan als auch in Europa und insbesondere in Deutschland Menschen zu den Vorträgen und Zen-Sesshins von Hugo Lassalle. Nicht selten erschienen bei den Vorträgen in Europa bis zu 1000 Besucher. In Absprache mit Pater Emmanuel Jungclaussen, dem späteren Abt des Benediktiner-Klosters Niederaltaich wurden in Europa so viel Sesshins organisiert, daß die Flugkosten von Japan nach Deutschland gedeckt werden konnten. So fanden 1968 Zen-

Exerzitien in Niederaltaich, in Weingarten und in Maria Laach statt. Von den Teilnehmern wurde es als unbeschreiblich eindrucksvoll erlebt, wie man durch die Anwesenheit von Pater Lassalle, seine Vorträge und das große Schweigen verändert wurde, ohne daß irgend etwas anderes gefordert wurde, als richtig zu sitzen, so gut Anfänger das eben konnten.

Fortan kam Lassalle jährlich zu Kursen nach Deutschland, bald auch nach Holland, Spanien, Italien, später auch nach Frankreich und Belgien, ja selbst in die DDR. Ab 1979 war seine Hauptwirkungsstätte das Meditationshaus St. Franziskus in Dietfurt/Altmühltal, das Pater Victor Löw erbaut hatte. Die Schüler wurden so zahlreich, daß die strengen Sesshins stets ausgebucht waren und Neulinge auf lange Wartelisten gerieten.

Es hat sehr lange gedauert, bis Pater Lassalle offiziell als Zen-Lehrer anerkannt wurde. Zwar hatte er schon früh eine Lehrerlaubnis erhalten, aber sein Lehrer Yamada Roshi kritisierte ihn, er sei zu sehr verstandesorientiert. Selbstkritisch reflektierte Lassalle: Der Grund dafür, daß Roshi Yamada von mir verlangt, daß ich alle Koans wiederhole, ist vielleicht der, daß er meint, daß ich von der scholastischen Philosophie in einer Weise geprägt bin, wie es bei keinem anderen (der Schüler) der Fall sein dürfte. Zu seinem 91. Geburtstag traf die Nachricht ein, daß sich im Nachlass von Yamada Roshi eine Notiz zu seinem Zen-Namen gefunden habe. Vom Vorstand des Sambokyodan erhielt er daraufhin die offizielle Anerkennung als Zen-Lehrer, d.h. die Anerkennung darüber, daß er genuin die Lehre des Zen anderen vermitteln könne. Der Zen-Name für Hugo Lassalle lautete Ai-un, Wolke der Liebe. Viele Schülerinnen und Schüler Lassalles wirken in Deutschland, in der Schweiz und in Spanien.

Einige Aussagen von Weggenossen unterstreichen die Bedeutung von Hugo Lassalle:

Klaus Riesenhuber, SJ, Leiter des von Hugo Lassalle erbauten Zen-Retreats in Japan
„Was von Pater Enomiya-Lassalles Leben und Werk für uns bleibt, erschöpft sich weder in den von ihm veröffentlichten Schriften noch in anekdotischen Erinnerungen oder biographischen Fakten. Durch seine zahlreichen Werke schimmert seine Persönlichkeit nur undeutlich hervor, denn Pater Lassalles Wirken entsprang zu sehr aus der Mitte seines Wesens, als daß er es – bei der scheuen Zurückhaltung seiner Person und der ihm eigenen Schlichtheit der sprachlichen Form – hätte hinreichend zum Ausdruck bringen können.

Was an Pater Lassalle, besonders in seinen späteren Jahren, beeindruckte, waren weniger Worte und tiefe Gedanken als die einfache, entschiedene Kraft des namenlosen Wesentlichen, die sich durch ihn und um ihn ausbreitete. Wer ihm begegnete, wusste sich in eine klare Weite eingeladen, deren Gegenwart so selbstverständlich wie sein leichtes Lächeln natürlich war. In dieser geistig-geistlichen Weite waren alle Unterschiede sorgfältig bewahrt und doch alle Schranken auf umfassendere Dimensionen hin überstiegen, wie er es im Alter durch das Bild der Vierten Dimension theoretisch zu fassen versuchte. So fanden sich unter seiner väterlich-freundschaftlichen Führung Angehörige der verschiedensten Orden und geistlichen Richtungen, Männer und Frauen, Christen und Nicht-Christen, spannungslos in der Zen-Übung vereint.

Yamada Roshi
Wenngleich Pater Lassalle mein Schüler im Zen ist, kann ich aus der Tiefe meines Herzens sagen, daß er für mich der Meister im Leben ist. Immer wenn ich ihm begegnet bin, war ich unaufhörlich von seiner tiefen Demut und seiner Großmut in seinem Menschsein beeindruckt, Eigenschaften, die ich zutiefst bewundere und schätze.

Karlfried Graf Dürckheim
Ich halte Pater Enomiya-Lassalle für eine der wichtigsten Geistesgestalten unserer Zeit. Weil er das lebt, was er verkündet, ist seine Anwesenheit in dieser Welt von besonderer Bedeutung.

Philip Kapleau Roshi
Ich bin Enomiya-Lassalle wahrhaftig verpflichtet, daß er mir Vorbild und Modell gewesen ist in einer schwierigen Zeit meiner Zen-Übungen.

Ich habe ihn auch aus anderen Gründen bewundert. Meines Wissens ist er einer der wenigen Christen, der das Zen dem Christentum angepasst hat, ohne es aus seiner ursprünglichen Form zu lösen; und er hat beständig die tugendhaften Werte der Zen-Unterweisung und der Zen-Übung bewahrt. Indem er noch im fortgeschrittenen Alter von 90 Jahren Zen-Sesshins leitet, personifiziert er die besten Qualitäten eines Zen-Meisters.

Franz Hengsbach
Pater Lassalle ist für mich überzeugend als Mensch, als Priester und als Jesuit. Es fiele mir nicht schwer, an seiner Person Züge herauszustellen, die ich mir für jeden Priester wünsche. Aber da er selbst wenig über sich spricht, obwohl er als Autor und in seiner Vortragstätigkeit dazu viel Gelegenheit hätte, will ich auch seine Zurückhaltung in den persönlichen Dingen des inneren Lebens respektieren, die ohnedies in großer Deutlichkeit im Zeugnis seines Lebens erkennbar sind. Vielen Menschen in Ost und West hat er einen Weg zum innerlichen Leben erschlossen. Das Ausmaß seines Werkes kennt Gott allein.

Heinrich Dumoulin
Pater Enomiya-Lassalle zählt zu den Pionieren des christlichen Dialogs mit dem Buddhismus in Japan. Er spürte beim ersten Zusammentreffen mit der Zen-Meditation eine neue, ihm bisher unbekannte Möglichkeit für den Fortschritt in der geistigen Konzentration und Sammlung. Diese Möglichkeit konnte und mußte, so fühlte er, für das christliche Beten höchst bedeutsam sein. So begab er sich auf den Weg der Zen-Übung, mit welch heroischem Einsatz und mit viel beharrlicher Geduld konnten seine mit der Zen-Übung vertrauten Zuhörer erahnen.

Bede Griffiths
Es ist die herausragende Leistung von Pater Lassalle, einen Weg zu zeigen, wie Buddhisten und Christen einander begegnen können, ohne die Grundlagen ihrer Religion aufzugeben.

Raimon Panikkar
Eines bleibt fest in meinem Gedächtnis: die Tiefe der ersten Begegnung und die konkrete Situation, in der er sich damals befand. Er war in Verdacht geraten; er hatte das Vertrauen mancher seiner Ordensleute verloren, und Misstrauen der Kirche hatte ihn in seiner Tätigkeit beeinträchtigt. Ich konnte diese Situation, vielleicht aus meiner eigenen Erfahrung heraus, sehr gut verstehen. Ich erlebte einen großen Menschen in einem heiklen und schmerzlichen Zustand. Er war mir gegenüber aufrichtig und offen. Wir wussten uns als Mitbrüder im gemeinsamen Ideal; Mitleidende in gemeinsamer Berufung; verantwortlich für eine, nur dem Anschein nach doppelte, Treue: zur eigenen Religion und zu einer zweiten Tradition. Die Begegnung der Kulturen und Religionen ist keine Spielerei. Er war erst 65 Jahre alt, sein Weg aber schien völlig versperrt: ohne Anhänger, ohne Nachfolger, ohne Aussicht auf Verständnis weder von seinem Orden noch von Rom. Wem sollte er folgen, seinem Gewissen oder seinen Oberen? Gab es einen mittleren Weg?

Wir wussten, daß der Inkarnationsversuch in einer anderen Spiritualität nicht nur schwer, sondern auch lebensgefährlich sein kann. Es handelt sich dabei um keinen Eklektizismus. Die Prüfung, die bestanden werden muß, ist eine doppelte: die theoretische der richtig verstandenen Orthodoxie, und die persönliche der echten Orthopraxis. Er hat beide Feuerproben überstanden.

Bogdan Snela
Dieser Pionier des Zen im Westen hat eine Kette von Entwicklungen ausgelöst, welche die spirituelle Landschaft in Europa wesentlich neu orientiert hat: Zen und christliche Mystik kamen in fruchtbare Berührung.

Michael von Brück

Vor allem der Jesuitenpater Hugo Makibi Enomiya-Lassalle hat das Zen in Deutschland bekannt gemacht, Zen-Kreise inspiriert und Zen-Zentren mitbegründet. An einigen dieser Zentren unterrichten sowohl buddhistische als auch christliche Lehrer, und umgekehrt unterrichten auch seit den 80er Jahren Schüler Lassalles, die Christen geblieben sind, an buddhistischen Zentren. Man sieht: Die katholische Kirche hat in den letzten vier Jahrzehnten einen klar erkennbaren Prozess der allmählichen Öffnung für den Buddhismus bzw. seine Meditation durchlaufen.

Verschiedene katholische Klöster praktizieren heute Zen als selbstverständliche Meditationsmethode, und auch auf evangelischer Seite wurde die Zen-Praxis bereits seit Mitte der 60er Jahre durch die Michaelsbruderschaft in West- wie in Ostdeutschland gefördert. Auch hier kamen die Anregungen von Lassalle. Seither gibt es in jeder größeren Stadt ökumenische Zen-Zirkel.

An den Universitäten Tübingen, Regensburg und München gibt es für Studenten aller Fakultäten seit 1986 regelmäßig ein Lehrangebot für Zen in Theorie und Praxis. Auch diese Aktivitäten gehen auf den Einfluß Lassalles zurück.

Pedro Arrupe

Pater Lassalle ist kein „Guru", kein, „leader", kein „Spiritual", kein „Romantiker", kein „westlicher Jesuit"...Nein, er ist all das und er ist noch viel mehr: er ist ein Apostel, der „allen alles werden" wollte...und das ist ihm gelungen."

Niklaus Brantschen

Wir haben allen Grund, Gott zu loben und ihm zu danken für das Geschenk, das Pater Lassalle für uns, für viele andere, ja, für unsere Zeit war und ist.

Diesen Satz formulierte Pater Niklaus Brantschen bei seiner Ansprache im Rahmen des Requiems für Pater Lassalle am 12. Juli 1990 in Münster.

Ursula Baatz

Sie hat die Biographie Hugo Lassalles geschrieben und ihr verdanken wir, daß die Aufzeichnungen im Tagebuch der Öffentlichkeit bekannt geworden sind. Sie fasst zusammen: „Lassalle war kein Theoretiker. Seine Bücher schrieb er, um Hoffnung zu geben und Suchenden neue Wege und Orientierungen zu zeigen."

Lassalle sah sich selbst als den Suchenden, er wollte neue Wege gehen und Orientierung geben – und – so schrieb er in sein Tagebuch mit

westfälischem Humor: „Sei es auch nur mit der Stalllaterne am hellen Tage."

Literatur:
Enomiya-Lassalle, Hugo M., Kraft aus dem Schweigen, Benziger, 1975
Derselbe, Mein ‚Weg zum Zen, München, 1988
Derselbe, Meditation als Weg zur Gotteserfahrung, Mainz 1980
Fromm Erich u.a. Zen-Buddhismus und Psychoanalyse, Suhrkamp,
    Frankfurt, 1971
Gebser, Jean, Ursprung und Gegenwart, Novalis, Schaffhausen, 1999
Graf Dürckheim, Karlfried, Meditieren – wozu und wie, Herder-Spektrum,
    Freiburg 1993
Graf Dürckheim, Karlfried, Von der Erfahrung der Transzendenz, Herder-
    Spektrum, Freiburg, 1993
Suzuki, Shunryu, Zen-Geist Anfänger-Geist, Theseus, München 1975
Von Brück, Michael, Weisheit der Leere, Kösel, München, 2000

16. Worte des Dalai Lama für das Leben im neuen Jahrtausend

Beachte, daß große Liebe und großer Erfolg immer mit großem Risiko verbunden sind.

Wenn Du verlierst, verliere nie die Lektion.

Habe stets Respekt vor Dir selbst, Respekt vor anderen und übernimm Verantwortung für Deine Taten.

Bedenke: nicht bekommen, was man will, ist manchmal ein großer Glücksfall.

Lerne die Regeln, damit Du sie richtig brechen kannst.

Lasse niemals einen kleinen Disput eine große Freundschaft zerstören.

Wenn Du feststellst, daß Du einen Fehler gemacht hast, ergreife sofort Maßnahmen für Wiedergutmachen.

Verbringe jeden Tag einige Zeit allein.

Öffne der Veränderung Deine Arme, aber verliere dabei Deine Werte nicht aus den Augen.

Bedenke, daß Schweigen manchmal die beste Antwort ist.

Lebe ein gutes, ehrbares Leben. Wenn Du älter bist und zurückdenkst, wirst Du es noch einmal genießen können.

Eine liebevolle Atmosphäre in Deinem Heim ist das Fundament für Dein Leben.

In Auseinandersetzungen mit Deinen Lieben sprich nur über die aktuelle Situation. Lasse die Vergangenheit ruhen.

Teile Dein Wissen mit anderen. Dies ist eine gute Möglichkeit zur Erlangung von Unsterblichkeit.

Gehe sorgsam mit der Erde um.

Begib Dich einmal im Jahr an einen Ort, an dem Du noch nie gewesen bist.

Bedenke, daß die beste Beziehung die ist, in der jeder Partner den anderen mehr liebt als braucht.

Messe Deinen Erfolg daran, was Du für ihn aufgeben mußtest.

Widme Dich der Liebe und dem Kochen mit ganzem Herzen.

17. Wenn ich noch einmal leben würde

Wenn ich mein Leben noch einmal
leben könnte, im
nächsten Leben, würde ich versuchen,
mehr Fehler zu machen.
Ich würde nicht so perfekt sein wollen,
ich würde mich mehr
Entspannen.
Ich wäre ein bisschen verrückter, als
ich es gewesen bin,
ich würde viel weniger Dinge so ernst
nehmen.
Ich würde nicht so gesund leben.
Ich würde mehr riskieren, würde mehr
reisen,
Sonnenuntergänge betrachten, mehr
bergsteigen,
mehr in Flüssen schwimmen.
Ich war einer dieser klugen Menschen,
die jede Minute ihres
Lebens fruchtbar verbrachten;
freilich hatte ich auch Momente
der Freude, aber wenn ich noch
einmal anfangen könnte, würde
ich versuchen, nur mehr gute Augenblicke zu haben.
Falls du es noch nicht weißt, aus diesen besteht nämlich das Leben;
nur aus Augenblicken; vergiss nicht den jetzigen.
Wenn ich noch einmal leben könnte,
würde ich von Frühlingsbeginn an bis in den Spätherbst hinein barfuss gehen.
Und ich würde mehr mit Kindern spielen, wenn ich das Leben noch vor mir hätte.
Aber sehen Sie.... ich bin 85 Jahre alt und weiß, daß ich bald sterben werde.

Jorge Luis Borges (kurz vor seinem Tod)

Autorenverzeichnis

Barnekow von, Erik, Jg. 1925, in Europa und Hawaii aufgewachsen, Jagdflieger, Studium Psychologie und Religionswissenschaft (Berkeley, Kalifornien und San Francisco). Spitzenergebnisse im Verkauf in verschiedenen Ländern für LM Ericssons Kassaregister AB (Stockholm). Erfahrungen als Verkaufsleiter. Seit 1958 Trainer für Führungskräfte und im Verkauf Tätige. Seit 1960 bei bekannten Japanischen Meistern (Kajitani-Roshi, Uchiyama-Roshi) im Zen trainiert, Teilnahme an zahlreichen Sesshins.

Ausbildung im traditionellen Shotokan Karate. Hilft seinen Kunden ihre eigenen Wege zu finden um Angst-Formen weitgehend loszulassen, Kraftreserven zu aktivieren – Bestleistungen zu ermöglichen.

Brantschen, Niklaus SJ, Jg. 1937, ist Jesuit, Priester und autorisierter Zen-Meister. Begründer und langjähriger Leiter des Lassalle-Hauses in CH-Bad Schönbrunn. Erfahrener Seminarleiter, Referent und Autor. Mit Pia Gyger Leitung des Lassalle-Instituts für Zen-Ethik-Leadership in Bad Schönbrunn (Schweiz). Er lebt in Zürich.

Brück von, Michael, Prof. Dr., Jg. 1949, Prof. für Religionswissenschaft, Studium der Theologie, des Sanskrit und der indischen Philosophie in Rostock, Bangalore und Madras. In Indien und Japan Ausbildung zum Yoga- und Zen-Lehrer. Seit 1991 Vorstand des Instituts für Religionswissenschaft an der Universität München. Zahlreiche Veröffentlichungen zu Hinduismus, Buddhismus, zum Zeitproblem (interkulturell) und zum interreligiösen Dialog, u.a.: Einheit der Wirklichkeit, München 1986; Weisheit der Leere, Zürich 1989; Bhagavad Gita, München 1993; Die Welt des tibetischen Buddhismus, München 1996; Buddhismus und Christentum. Geschichte, Konfrontation, Dialog (mit Whalen Lai), München 1997; Buddhismus. Grundlagen, Geschichte, Praxis, Gütersloh 1998; zuletzt: Religion und Politik im tibetischen Buddhismus, München 1999; jahrelanger Gesprächspartner des Dalai Lama (Veröffentlichungen), Herausgeber der Zeitschrift "Dialog der Religionen".

Guth, Wilfried, Dr. rer. pol., Dipl.-Vw., Jahrgang 1919. Nach Krieg und russischer Gefangenschaft volkswirtschaftliches Studium in Bonn, Heidelberg, Genf und London. Berufsstationen ab 1953: Bank Deutscher Länder, Internationaler Währungsfonds, Kreditanstalt für Wiederaufbau,

Deutsche Bank. Dort 1976 bis 1985 Vorstandssprecher und 1985 bis 1990 Aufsichtsratsvorsitzender. Aufsichtsratsmandate in zahlreichen deutschen Firmen, Mitgliedschaften in verschiedenen internationalen Gremien. Aufsätze zu wirtschafts- und währungspolitischen Fragen.

Gyger, Pia, Jg. 1940, ist Sozial-/Heilpädagogin und Psychotherapeutin. Langjährige Leiterin des St. Katharina-Werkes in Basel. Autorisierte Zen-Meisterin. Gefragte Referentin und Kursleiterin. Mit Niklaus Brantschen leitet sie das Lassalle-Institut für Zen-Ethik-Leadership in Bad Schönbrunn (Schweiz). Pia Gyger lebt in Luzern.

Jäger, Willigis, Jg. 1925, Benediktinerpater, langjähriger Aufenthalt in Japan, wo er nicht nur in dem dortigen Benediktinerorden gewirkt, sondern Zazen bei dem bekannten japanischen Zen-Meister Yamada Ko-un-Roshi praktiziert. Er war Gründer und langjähriger Leiter des Meditationszentrums St. Benedikt in Würzburg. Seit 1985 begann er damit, in Europa Zen zu unterrichten. Er gilt als ausgewiesener Kenner der christlichen Mystik und hat viele erfolgreiche Bücher geschrieben, u.a. „Die Welle ist das Meer". Sein großes Anliegen ist es, die verschiedenen Traditionen der Mystik wieder in das Bewußtsein zu bringen und mit dem modernen naturwissenschaftlichen Weltbild zu versöhnen. Anläßlich der Vollendung seines 77. Lebensjahres wurde er in Anerkennung seiner Verdienste um die Neuorientierung der Führungskräfte in Europa Ehrenmitglied der Europäischen Zen-Akademie für Führungskräfte.

Jork, Klaus, Prof. Dr. med., Jahrgang 1937, Studium der Humanmedizin, Physik und Philosophie in Berlin und Mainz, seit 1979 Direktor des Institutes für Allgemeinmedizin, Klinikum der Johann Wolfgang Goethe-Universität Frankfurt am Main. Allgemeinarzt in Langen. Seit 1990 Kooperation mit Trogawa Rinpoche, Direktor des Chagpori Tibetan Medical Institute, Darjeeling. Seit 1994 auch Veröffentlichungen zur Salutogenese, so z.B. K. Jork u. N. Peseschkian (Hrsg.) "Salutogenese und Positive Psychotherapie", Hans Huber, Bern 2002.

Knoll, Meinhard, Prof. Dr., Jg. 1952, über zwei Jahrzehnte in natur- und ingenieurwissenschaftlicher Forschung und Lehre, z.Zt. an der Westfälischen Wilhelms-Universität Münster; drei Jahrzehnte Erfahrung in der Meditation. Verheiratet, drei Kinder.

Kohtes, Paul J., Jg. 1945, Unternehmensberater für Kommunikation in Düsseldorf, Gründer der EEC Kohtes und Klewes, Vorsitzender der gemeinnützigen Wissenschaftsstiftung „Identity-Foundation", Leiter des Meister Eckhart-Haus in Kleve, Zen-Meditation seit 1980, Schüler von

Prof. Michael von Brück, Studienaufenthalte in japanischen Zen-Klöstern, zahlreiche Seminare und Vorträge zu „Zen und Identität", verheiratet, zwei Kinder.

Peltzer, Guido Dr., geb. 1953, Arzt für Psychotherapeutische Medizin, Psychiatrie und Psychotherapie; Supervision, Coaching, Weiterbildungsermächtigung für ärztliche Psychotherapie, Transpersonale Psychotherapie, Meditationspraxis bei Swami Shyam, Indien, und Ulrich Hennigs (Gandhi), Hamburg; niedergelassen in eigener Praxis in Winsen/Luhe.

Wielens, Hans, Prof. Dr., Jg. 1939, Studium der Volks- und Betriebswirtschaft in Innsbruck, Berlin und Münster. Leitende Funktionen im Bankwesen. Vor seiner Pensionierung Vorsitzender des Vorstands der Deutschen Bank Bauspar AG, Frankfurt. Honorarprofessor an der Westfälischen Wilhelms-Universität, Münster. Gründer und Leiter der Zen-Akademie für Führungskräfte. Vorstandsmitglied der Stiftung Westfalen-Initiative für Eigenverantwortung und Gemeinwohl. Verheiratet, vier Kinder.

Zürn, Peter, Dr., Jg. 1933, Studien in Deutschland, Frankreich und Mexiko, jahrelang in leitender Position im Personalwesen großer Unternehmen und in der Personalbratung; von 1987 bis 1998 Leiter der „Baden-Badener Unternehmergespräche". Über dreißigjährige Praxis im Za-Zen, zahlreiche Veröffentlichungen.